Tel.: 01805 / 30 99 99
(0,14 €/Min., Mobil max. 0,42 €/Min.)
www.buchredaktion.de

Zum Buch

Der Zusammenbruch der Sowjetunion wird noch lange Zeit Wissenschaftler, Publizisten und Politiker beschäftigen. Valentin Falin, ehedem enger Mitarbeiter Michail Gorbatschows, legt Dokumente vor, die bestimmte Eigenschaften des Generalsekretärs und späteren sowjetischen Präsidenten illustrieren. Falin gelingt eine klare, emotionslose Analyse der Vorgänge, die den Kollaps der Supermacht mit verursachten. Die in diesem Buch wiedergegebenen vier Dokumente zur Deutschlandfrage vermitteln eine Vorstellung davon, welche Modelle einer europäischen Nachkriegsregelung dem Präsidenten im Jahr 1990 vorgelegt wurden. Da Gorbatschow den Inhalt dieser Memoranden nicht zur Kenntnis nahm, hat er, so Falins Meinung, die legitimen Rechte der UdSSR aufgegeben. Die wichtigste Schlussfolgerung lautet: Der politische, soziale und wirtschaftliche Kollaps, der die Sowjetunion ereilte, ist vor allem auf die Inkompetenz ihrer letzten Führungspersönlichkeit zurückzuführen.

Zum Autor

Valentin Falin, geboren 1926 in Leningrad, war dreißig Jahre im sowjetischen Außendienst tätig, 1971–1978 als Botschafter in Bonn. Von 1986 bis 1988 war er Direktor der Presseagentur Nowosti, 1988–1991 Leiter der internationalen Abteilung des Zentralkomitees. Er war beratend für den Generalsekretär der KPdSU Michail Gorbatschow tätig.

Valentin Falin

Konflikte im KREML

Der Untergang der Sowjetunion

Aus dem Russischen von Helmut Ettinger

edition berolina

Dasein ist Pflicht,
und sei's ein Augenblick
Goethe

eb edition berolina

ISBN 978-3-86789-834-8

1. Auflage dieser Ausgabe
Alexanderstraße 1
10178 Berlin
Tel. 01805/30 99 99
FAX 01805/35 35 42
(0,14 €/Min., Mobil max. 0,42 €/Min.)
© 2014 by BEBUG mbH / edition berolina, Berlin
© 1997 by Karl Blessing Verlag, München. Blessing ist ein Unternehmen der Verlagsgruppe Random House, München.
Umschlaggestaltung: Susanne Weiß, BEBUG
Druck und Bindung: GGP Media GmbH, Pößneck

www.buchredaktion.de

Inhalt

Es gibt ungeklärte Katastrophen, unerklärliche
gibt es nicht 7

Zum Kern des Themas 19

Das sozialökonomische Konzept der Perestroika.
Hatten wir die Wahl? 40

Stunde der Wahrheit oder eine Falle? 70

Vom Nutzen des Redens mit sich selbst 83

Können Erbarmen und Staatsräson, Gewissensfreiheit
und Atheismus koexistieren? 119

Jeder stellt die Uhr nach seinen Sternen 134

Anstelle eines Epilogs 204

Anhang

Thesen zu einem möglichen Referat, betreffend den
Stalinismus 218

An A. N. [Jakowlew[28]]
Der Vektor einer zivilisierten Entwicklung
unseres Landes 238

An M. S. [Gorbatschow] 253

An A. N. [Jakowlew]
Die Perspektive der Volkswirtschaft der UdSSR im
Lichte der zu erwartenden weltwirtschaftlichen
Entwicklungstenzenden 277

An A. N. [Jakowlew]
Zur Devisensituation der UdSSR................................... 288

Thesen zum Referat Michail Gorbatschows auf der XIX.
Parteikonferenz (I) 292

Thesen zum Referat Michail Gorbatschows auf der XIX.
Parteikonferenz (II).. 300

Mathias Rust: Gedankenspiele, meine Verhaftung
betreffend 306

An das ZK der KPdSU
Zur Absicht der polnischen Seite, sterbliche Überreste
aus den Massengräbern polnischer Offiziere in Katyn
(Gebiet Smolensk) symbolisch nach Warschau zu
überführen309

An M. S. [Gorbatschow] 312

Endnoten 315

Es gibt ungeklärte Katastrophen, unerklärliche gibt es nicht

Man findet wohl kein wichtiges Ereignis der Politik, das nicht – wie ein Komet – einen Schwanz von Kritikern, Kommentatoren und Deutern nach sich zöge. Das ist im Großen und Ganzen sicher gerechtfertigt. Gerechtfertigt und logisch ist es vor allem dann, wenn die Grundfesten des gewohnten Weltgebäudes erbeben und zusammenstürzen, besonders wenn dieser Zusammenbruch mehr Rätsel aufgibt als das Verschwinden der Dinosaurier.

Urteile nie nach dem Anfang über das Ende, lautet eine Volksweisheit. Ebenso angebracht ist: Urteile nie nach dem Ende über den Anfang. Das gilt fast ausnahmslos, ganz bestimmt aber im Falle der Sowjetunion, ihres Aufstiegs und ihres Abgangs von der Weltbühne.

Welches Ziel die Initiatoren der Perestroika auch immer vor Augen gehabt haben mögen, das Ergebnis liegt auf der Hand: Das dritte Rom ist nicht mehr. Weder jenes, dem man ein menschliches Antlitz zu verleihen versprach, noch irgendein anderes. Man wollte dem Stier die Hörner geradebiegen und hat ihm dabei den Hals umgedreht – könnte ein Japaner dazu sarkastisch anmerken.

Ein riesiger Kontinent mit einer bunt gemischten Bevölkerung von fast 300 Millionen Menschen wird neu aufgeteilt. Die wahren Folgen dieser tektonischen Verschiebung werden erst in Jahren und Jahrzehnten sichtbar werden. Aber bereits heute ist eines unbestreitbar: In ihren regionalen und globalen Ausmaßen sind diese Folgen – bei allen Besonderheiten der Epoche – noch gewaltiger als die Veränderungen beim Zerfall des ersten und zweiten Roms zusammengenommen.

Wohin führt der Verfall der Vielfalt und die weltweite Implantation einer ideologischen Monokultur? Niemals war eine einzelne Macht der Hegemonie so nahe wie heute. Die Perspektive, die Rolle des Oberpriesters auf unserem Planeten zu übernehmen und ans Ruder irdischer Geschehnisse zu gelangen, ist verlockend. Und man muss schon über seinen Schatten springen, damit die Verführung nicht über den gesunden Menschenverstand die Oberhand gewinnt.

Die Erfahrung lehrt, dass eingleisiges Denken oder – sagen wir es offen – Obskurantismus noch niemals das Tor zum Paradies aufgestoßen haben. Eher haben sie das Urteil über viele Systeme und Regime gesprochen, die alles über ihren Leisten zu schlagen versuchten. Die Negation der Negation ist die unabdingbare Voraussetzung für jede Entwicklung. Der Fortschritt, wenn er denn eintreten soll, duldet keine Wahrheiten in letzter Instanz und erst recht keine ewigen Wahrheiten, auf die das durch Konsum und Schmarotzertum stumpf und träge gewordene Bewusstsein so leicht hereinfällt. Von den Trugbildern und Chimären, die als Entdeckungen ausgegeben wurden und werden, ganz zu schweigen. An den Bruchstellen der Epochen gibt es ihrer so viele wie Sterne am Himmel, und jede ist ihr eigenes Orakel.

Seit Urzeiten hat noch jeder, dem es gerade einfiel, Moskau zur Quelle von Unheil und Verhängnis erklärt. Im Kalten Krieg wurde ihm der Titel »Reich des Bösen« verliehen. Nehmen wir an, die Sowjethasser hatten Recht. Warum erstrahlt der Horizont dann heute nicht in hellerem Licht, da diese Quelle der Feindseligkeit und Unruhen versiegt ist? Was hindert die Weltgemeinschaft noch daran, sich der seit dem Alten Testament so heiß ersehnten Harmonie und Nächstenliebe hinzugeben? Wie kommt es, dass unter der Maske des Neuen sich oft nur das längst vergessene Alte einstellt? Und wie einst geht man mit dem Dolch im Gewande einher.

Wohin man auch blickt – Fragen über Fragen. Die Probleme rollen heran wie die ewige Brandung. Alte und neue wild durcheinander. Sie erhitzen nicht nur die Gemüter. Manche stürzen uns auch in tiefe Verwirrung.

Der Sozialdarwinismus in seinen mannigfaltigen Abarten sitzt auf hohem Ross: Die unerbittliche natürliche Auswahl begünstigt angeblich den Stärkeren und straft die Schwächeren. Aber vielleicht ist dieser Eindruck falsch, und es wirkt das Phänomen der widernatürlichen Auslese mit seiner Moral: Reichtum kommt zu Reichtum, und wer die Macht besitzt, hat das Recht. Kann es denn gerecht sein und toleriert werden, dass der Mensch, der relative Unabhängigkeit von den Naturgewalten errungen hat, von seinesgleichen in noch schlimmere Sklaverei gestürzt wird? Ich möchte nicht glauben, dass die Ideen der großen Aufklärer als Makulatur behandelt werden, weil sie den politischen Aufpassern am Ende des 20. Jahrhunderts noch übler erscheinen als einhundert Jahre früher dem aufkommenden Imperialismus.

Das Licht wird aufscheinen. Der gesellschaftliche Protest kann sich nicht in der Zurückweisung des »realen Sozialismus« erschöpfen, der in Proklamationen erträglich, in der Praxis aber miserabel war. Die Herrscher der Sowjetunion haben es geschafft, im eigenen Haus fast alles durcheinanderzubringen. Mehr noch: Der jahrhundertealte Traum von Gerechtigkeit und Menschlichkeit war besudelt. Der Traum, der die Christenheit beseelte und philosophische wie politische Lehren anregte, die das Ziel anvisierten – außer dem Beten um die himmlische Seligkeit – das Leben auf der Erde zu humanisieren.

Nicht die Persönlichkeit macht die Geschichte, sondern das Volk, behauptete die Theorie, auf Stalin bezogen. Den Titel »Volk« aber beanspruchte weder die »Nomenklatura« noch die Regierung noch das anscheinend so allmächtige Politbüro.

Von unten bis oben war alles auf den »Ersten« zugeschneidert und hingebogen, der auf einem Thron oder gleich mehreren Thronen saß. Unsere Götter fühlten sich im »vernünftigen« Rahmen beengt. Ihnen genügte es nicht, Statthalter der Vorsehung zu spielen. Häufig kaum in der Lage, in einer Anzahl von

Tatsachen einen elementaren Sinn zu erkennen, beanspruchten sie, alles zu wissen, alles zu verstehen und alles vorauszusehen. Ihr Wort und ihre Tat galten als unfehlbar und rechtfertigten alle Opfer.

Die sowjetische Propaganda trommelte, rund um die Uhr: Der Mensch kann gerade so viel vollbringen, wie viel er weiß. Aber wer tat mehr, damit die Wände Ohren bekamen und vor aller Ohren Wände emporwuchsen? Lieber sollten die Russen etwas Bescheideneres leisten, da sie wenig von der Außenwelt wussten, als unter fremder Einwirkung daran zu zweifeln, dass ihr Glück, wie offiziell behauptet, »im Wesentlichen errichtet« sei.

Die geschlossenste Gesellschaft der Welt war allen Radiowellen ausgesetzt. Sie vermochte es aber nicht, sich auf den entstandenen globalen Informationsraum einzustellen. Hätte die Sowjetunion die Mittel, die für den Kampf gegen die »ideologische Diversion« eingesetzt wurden, für die Modernisierung ihres eigenen Informationssystems verwandt, wäre der Ertrag deutlich sichtbarer gewesen. Dafür hätte man aber den Glauben an sich selbst, an das Gerechte seiner Ideen und verkündeten Werte bewahren müssen. Der sachliche Rat wurde jedoch missachtet. Höchstens hörte man auf die Meinung gewisser Kenner, von denen Henry Kissinger einmal sagte: »Ein Experte ist der, der die Ideen derer richtig zusammenfasst und formuliert, die ihn angeheuert haben.«

Die Kunst fordert nicht, dass ihre Werke als Wirklichkeit aufgenommen werden. Die Politik muss dagegen ständig ihre Tatkraft beweisen, dass sie die Ereignisse zu steuern vermag und sich nicht nur damit abfindet, sie zu registrieren. Wer es hier nicht fertigbringt, die Wahrheit zu finden und auszusprechen, der wird diesen Mangel auch mit dem größten Geschick beim Verbreiten der Unwahrheit nicht auslöschen können.

Stalin ist eine kategorische Warnung, Menschen zu Göttern zu erheben, die Zukunft jemandem bedenkenlos anzuvertrauen. Manch einer wäre traurig, wenn der Stalinismus endlich in der

Lethe versinken würde. Schreckgespenster sind auch heute noch als Argumente willkommen, besonders wenn man sich scheut, in das Wesen der Dinge einzudringen, oder wenn sich die Gelegenheit bietet, in den Wunden zu stochern, die der Tyrann hinterlassen hat. Diese Wunden sind ein unvergänglicher Teil des Stalinschen Erbes und Mahnung.

Zählebig und ansteckend erweist sich der bis ins Absurde getriebene Brauch, dass die Launen und Schrullen, jede Wahnvorstellung und jedes Vorurteil des Gebieters zu Strategie und Taktik der »Vervollkommnung« seiner Untertanen umgedeutet werden. Alleinherrscher, die keinerlei Verbote und Beschränkungen kannten und kennen, schmeicheln auf diese Weise ihrer maßlosen Eitelkeit, ihrem Dämon, den schon Fjodor Dostojewski öffentlich geißelte.

Die Wahrheit über die Verhöhnung des Sozialismus in der »sozialistischen« Sowjetunion, über die Aushöhlung dessen, was im Idealfall die Begriffe Demokratie, bürgerliche Freiheiten und Menschenwürde mit adäquatem Inhalt erfüllen sollte, wird früher oder später die Nebelschleier von Heuchelei und Verleumdung zerreißen. Das wird ohne jeden Zweifel geschehen, ohne abzuwarten, wann die Geheimschränke der Inquisition sich öffnen und alle Missetaten ans Licht gelangen, die im Zeichen des Kreuzes gegen Nichtchristen wie Christen selbst begangen wurden, oder wann der Kolonialismus und Urimperialismus, die Dutzende von Zivilisationen aufgerieben haben, in den Beichtstuhl getrieben werden. Ja, ihre Reue konnte den Anspruch beeinträchtigen, das ausgehende zweite Jahrtausend als Etalon des kommenden dritten heranzuziehen.

Das vitale Leben findet für alles den eigenen Platz. Die Götzenanbetung wird vergehen, und so lässt bei der Bewältigung selbstverständlicher Dinge der Bedarf an irdischen Leuchten von unterschiedlichem Glanz und Gewicht nach. Eifrige Meister der Liebedienerei und der Lobeshymnen sollten sich öfter an die Vergänglichkeit des Seins und an den unausweichlichen Gerichtstag erinnern. Dann kühlt sich ihre Lust ab, an den

Lippen der Obrigkeit zu hängen und mit den Ohren zu denken. Dies umso mehr, als man bei keinem Menschen, Politiker inbegriffen, weiß, wo in ihm der Engel endet und der Teufel beginnt.

Soziale, nationale, ökologische Gerechtigkeit – so sehr man sie auch malträtieren mag – bleibt das Herzstück der »Menschheitswerte«. Es ist der gemeinsame Nenner, der dazu verhelfen kann und muss, die Menschheit vor dem Untergang zu bewahren. Existiert dieser Nenner überhaupt? Ist er kein Wunschbild, der nur als Gesamtheit unbestreitbarer Axiome und Kriterien erscheint? Dieses Gemeinsame zu finden, das die Schicksale der Nationen verbindet, gelingt vielleicht eher, wenn wir uns die Gedanken Nils Bohrs zu Eigen machen: Gegensätze schließen sich nicht aus, sondern ergänzen einander.

Eine Gesellschaftsordnung, die gegen alle Unwetter, gegen alle Laster und Inkompetenz ihrer Herrscher gefeit wäre, ist noch nicht erfunden. Misserfolge sind jedoch um so wahrscheinlicher und schwerwiegender, je dürftiger die Alternativen sind, die die höchsten Gremien zur internen oder offenen Erörterung entgegennahmen. Ganz schlimm wird es, wenn die Machthaber nicht nur über die Ethik von Demokratie und Recht, sondern auch über die primären Gebote politischer, wirtschaftlicher und sozialer Steuermannskunst arrogant hinweggehen. Dann ist die Katastrophe faktisch programmiert und muss nicht unbedingt bei Sturm und eingeschränkter Sicht eintreten. Ein Pechvogel kann auch in einer Pfütze ertrinken.

Russland hat mehrfach das Los getroffen, unter den Stiefel von Usurpatoren zu geraten – einheimischen und fremden. Nicht zum ersten Mal ist es in Wirren gefangen. Wieder werden die nationalen Reichtümer, die Früchte von Tun und Kampf vieler Generationen vergeudet und veruntreut. Über Bord wirft man schwerwiegende und richtungweisende Lehren der russischen Biographie. Eine große Nation wird wie ein unwissender Abc-Schütze in den Nachhilfeunterricht verbannt, wo sie unter Aufsicht ausländischer Mentoren und Aufpasser Vernunft annehmen soll.

An Russland scheiterte einst der Ansturm der Mongolen und Tataren. Waghalsige Eroberungszüge von Teutonen, Polen und Schweden endeten in den Weiten Russlands. Der Russlandfeldzug wurde Napoleon zum Verhängnis. In der Tiefe Russlands – bei Moskau, an der Wolga und bei Kursk – mussten die Nazis ihre hochfliegenden Herrschaftspläne begraben. Heute aber wird die vitale Kraft Russlands der Nation beinahe zum Vorwurf gemacht. Aus den Tatsachen leiten Pharisäer Argumente gegen die Moskauer »Gigantomanie« ab, die nach dem Geschmack einiger Politiker noch nicht hinreichend eliminiert ist.

Wofür haben Russland und noch sein Nachfolgestaat, die Sowjetunion, so riesige Opfer – unvermeidliche wie überflüssige – gebracht? Um ihr Recht auf eine eigene Existenz zu verteidigen oder um sich aufzureiben und in alle vier Winde zerstreuen zu lassen? Möglicherweise markieren tausend Jahre das »natürliche« Rentneralter für einen Staat. Nur Auserwählte überschreiten diese Schwelle, denn sie befassen sich nicht mit solchen Petitessen wie der Grenzziehung, der Sitzverteilung in der UNO oder der Zusammensetzung der NATO.

Politiker haben sich zu einem Schiedsgericht aufgeschwungen, das, extrem befangen, Preise und Strafen verteilt. Lobesurkunden und Geschenke erhalten in unserem Falle die »Reformer«, die sich mit ihrem Anteil an Opfern des »russischen Imperiums« brüsten. Auf ihre Weise haben sie das Verlangen früherer »Zivilisatoren« nach einer Aufteilung von Russland beziehungsweise der Sowjetunion in die Realität umgesetzt. Das Verlangen, anstelle eines einheitlichen Russland eineinhalb Dutzend territoriale Gebilde zu sehen, die von der Außenwelt ökonomisch abhängig sind und ihre Sicherheit aus eigener Kraft nicht mehr zu schützen vermögen.

Um auf Nummer Sicher zu gehen, vergreift man sich auch an der russisch-orthodoxen Kirche. Ja, sie hat in den finsteren Jahren zur Selbsterhaltung der Nation beigetragen. Selbst aufgesplittert, wird die Kirche in Demut verharren und es nicht wagen, Alarm zu schlagen: »Russen, seid stark im Geiste und im

Glauben an euch«, »besinnt euch und verliert euch nicht im überschäumenden Chaos!«

Was war, ist nicht zurückzuholen. Die Entwicklung ist über die Seichten und Begriffsstutzigen von Moskau hinweggegangen, die unentwegt glaubten, dass es nur für die anderen gelte – man darf nicht die Schritte machen, die länger sind als die Bahn. Was für ein Russland wird sich aus der Asche erheben? Wird es im reinigenden Feuer von allem Nichtigen befreit? Wird es überhaupt auferstehen?

Wem es wirklich um die Zukunft der Nation geht, der kann sich nicht beim Gestern oder Vorgestern aufhalten. Letzten Endes eignen sich Prüfungen und Niederlagen mehr noch als Siege, Charakter und Moral zu stärken. Das ist gleichermaßen richtig für den einzelnen Menschen wie für ganze Völker.

Nahezu verschwunden sind heute Politiker, die bereit sind, für ihre Entscheidungen geradezustehen. Gelingt ein Erfolg, ist es ihre erste Sorge, so viel Kapital wie möglich daraus zu schlagen. Kommt es aber zu einem Fehlschlag, dann werden sie zum Chamäleon: Nein, nein, hier war man nicht allein. Diesen Entschluss hat das Team gemeinsam gefasst. Man ruft gerne zum Zeugen höhere Gewalt an, als ob sie Alternativlösungen a priori ausgeschlossen hätte. Es käme diesen Politikern sehr gelegen, zur eigenen Entschuldigung den Eindruck zu erwecken, dass aussichtslose Situationen vom Himmel fallen und nicht als Folge menschlichen Tuns oder Auslassens entstehen.

Bedenken, ob die Entwicklung der UdSSR die kritische Schwelle nicht überschritten habe, wo es kein Zurück zu den ursprünglichen Werten mehr gab, bestanden seit langem und im Überfluss. War die Entartung der Gesellschaft und ihrer tragenden Institutionen bereits so weit gegangen, dass nicht allein der sowjetische Sozialismusersatz in Gefahr geriet, sondern auch die Zukunft des Staates, der nach außen ein enormes Selbstbewusstsein ausstrahlte? Diese Schicksalsfragen verlangten nach einer aufrichtigen und einleuchtenden Antwort.

Es gab durchaus Grund zu verzweifeln, nicht nur zu zweifeln.

Das Land war außerstande, seine Bürger zu ernähren, zu kleiden, sie medizinisch zu versorgen und ihnen ein einigermaßen angemessenes Dach über dem Kopf zu geben. Materielle Ressourcen, ungezählte Milliarden an Haushaltsmitteln und ein unermessliches geistiges Kapital verschlang der unersättliche Moloch Militarismus. Die falsche Strategie, sich eine ihr fremde Logik der Konfrontation zu Eigen zu machen, trieb die UdSSR in eine permanente Krise.

Je mehr Waffen des Gegners man durch die eigene Rüstung neutralisiert, desto größeres Gewicht erhalten im Gesamtkräfteverhältnis, im Wettstreit der Systeme jene Faktoren, die nicht auf militärische Stärke zurückzuführen sind, aber das Lebensniveau, den sozialen, kulturellen und moralischen Zustand der Gesellschaft bestimmen. Vor allem damit und nicht nach der Geschwindigkeit von Jagdbombern beziehungsweise Menge von Panzern identifiziert sich das Individuum mit dem System. Das ist so elementar, dass es schon banal klingt.

Dennoch war dies den sowjetischen Göttern kaum bewusst. Sonst wäre es nicht zu erklären, warum sie Stein für Stein und Block für Block das zerstörten, was sie mit Panzern und Raketen vor der Bedrohung von außen zu schützen vorhatten. Keine Gesellschaft kann ohne wirtschaftliche (im weitesten Sinne), soziale und rechtliche Sicherheit modern, innerlich stabil und gegen Herausforderungen von außen gefeit sein. Erstaunlicherweise wollte die sowjetische Führung diese Art von Häresie nicht an sich heranlassen.

Nach Clausewitz ist Krieg die Fortsetzung der Politik mit anderen Mitteln. Die Kontrahenten des Kalten Krieges brachten es fertig, die Staatspolitik zur Fortsetzung des Krieges mit anderen Mitteln herabzuwürdigen und die Diplomatie in den Dienst des Militarismus zu zwingen. Besonders weit haben es dabei die Vereinigten Staaten gebracht, Häufiger als alle anderen griffen sie nach dem atomaren Knüppel und waren besonders erfinderisch, diesen als Werkzeug der »Diplomatie« einzusetzen. Aber auch Moskau begnügte sich keineswegs mit der Rolle eines

Zuschauers. Dort sonnte man sich in der Aureole der Supermacht und kümmerte sich wenig darum, dass bereits seit Ende der sechziger Jahre die UdSSR den Wettlauf bei Rüstung und Rüstungstechnologie nicht gegen die USA und die NATO führte, sondern vor allem gegen sich selbst.

Mit Zweifeln begann und endete jeder Tag, den Gott werden ließ. Sie drängten dazu, auch unantastbar scheinende Kategorien näher zu betrachten, Unstimmigkeiten und Widersprüchen auf den Grund zu gehen und nicht – wie es zur Sowjetzeit Mode war — auf »objektive Schwierigkeiten« und das Recht der »Bahnbrecher« auf Irrtum zu verweisen. Von alledem wurden die Zweifel jedoch nicht weniger.

Aber nicht umsonst sagt man in Russland, dass die Hoffnung zuletzt stirbt. Bei allem Pro und Kontra gewann immer wieder der Glaube die Oberhand, für gute Taten möge es weder zu früh noch zu spät sein. Das erklärt vielleicht, wie und weshalb viele in der UdSSR – lassen wir andere Länder einmal beiseite – die Perestroika als einzigartige Chance verstanden und sich bereit erklärten, statt Augenwischerei zu betreiben, die wir inzwischen bis zur Vollkommenheit beherrschen, endlich zur Sache zu kommen.

Ob nun die Annahme, es sei noch nicht alles verloren, damals zutreffend oder übertrieben war – dem Sowjetsystem konnte in seinem Niedergang nur noch eines helfen: *die Wahrheit*. Die ganze lückenlose Wahrheit, nicht in ein Korsett gezwängt und zurechtgemacht, so sehr sie sich ihrer Nacktheit auch schämen mochte. In dieser Frage durfte es nach meiner damaligen und jetzigen Überzeugung keinerlei Schwindel und keine Zugeständnisse an den Opportunismus geben. Mit politischen Manövern und allem, was dem auch nur ähnelte, war das Land nicht aus dem Sumpf herauszuziehen, war sogar eine rettende Atempause nicht zu gewinnen. Sie tilgten den Sauerstoff auch dort, wo er – mit Unterbrechungen zwar – immer noch strömte.

Die Vorsänger der Perestroika waren taub gegenüber ehrlich gemeinten Ratschlägen. Ihren Schlachtruf, »Vorwärts in den

Kampf, danach blicken wir uns um«, hatten sie von Napoleon. Einem Napoleon, der Borodino und Waterloo noch nicht zu spüren bekommen hatte. Dabei zwang sie niemand, solchen Autoritäten nachzueifern. Sie hätten nur der Erfahrung des unbekannten Weisen zu folgen brauchen: Steige nicht in den Fluss, wenn du die Furt nicht kennst.

Dieses Buch will mit niemandem alte Rechnungen begleichen. Es soll vielmehr zeigen, dass der Zusammenbruch der Sowjetunion nicht nur und – wenn man den Tatsachen Glauben schenkt – nicht einmal in erster Linie auf Imperative zurückzuführen ist, die den Selbsterhaltungstrieb der Nation lahmgelegt haben, als vielmehr auf Besonderheiten der Machtstrukturen und auf persönliche Eigenschaften der letzten Herrscher der UdSSR. Der Zugzwang, in dem sich das Land am Ende befand, war die Konsequenz und nicht die Ursache dafür, dass die Schieflage des gesamten Gebäudes schließlich jedes kritische Maß überschritt. Seine Deformationen führten dazu, dass die Kontrolle über die Wirtschaft, über den sozialen Bereich, über die Beziehungen zwischen den Nationalitäten, über die Verteidigungspolitik verlorenging. Vor allem aber verloren die Machthaber die Kontrolle über sich selbst.

Praktisch in jeder Etappe der Perestroika gab es eine Auswahl von Varianten. Das abschließende Wort sprach immer Michail Gorbatschow persönlich. Dieses Privileg wollte er mit niemandem teilen – weder mit dem Parlament noch mit der Regierung, mit seinen Kollegen im Politbüro oder der Partei als Institution. Nachdem er sich selbst das Präsidentenamt verliehen hatte, wähnte sich Gorbatschow endgültig über der Verfassung und dem Willen des Volkes stehend, den dieses in einem landesweiten Referendum zum Ausdruck gebracht hatte. Wenn man sich nicht bei der geschmeidigen Form aufhält, sondern an die Substanz geht, dann unterschied sich der letzte Führer der Sowjetunion nicht um ein Jota von einem autoritären Herrscher. Im Gegenteil, unter ihm schoss der Autoritarismus geradezu ins Kraut.

Ein »Neues politisches Denken« – das klang so vielversprechend. Wie rasch schwanden Vorsicht und Befangenheit bei den inszenierten stürmischen Diskussionen über zahllose Probleme verschiedener Art und Bedeutung! Was aber geschah in der Praxis? War das Phantasmagorie oder Mystifizierung? Oder hatten wir einen Fall vor uns, den Lermontow in seiner *Maskerade* beschreibt?

»… Für mich ist diese Welt …

Ein Kartenspiel: das Leben ist die Bank,

Das Schicksal mischt, ich spiele, und ich wende

Die Regeln dieses Spiels auf Menschen an.«

Nein, ich übertreibe nicht. Das Wort hat der Hauptheld der Perestroika selbst. In einem Interview mit Marion Gräfin Dönhoff verkündete Michail Gorbatschow, er habe »den Posten des Generalsekretärs dazu benutzt, die Partei zu reformieren«. Was meinte er mit dem Begriff reformieren? Nach seinen Worten sollte aus einer kommunistischen eine sozialdemokratische Partei entstehen. Und wie? Im November 1991, fuhr er fort, plante man, die alte in »zwei, drei, vielleicht sogar fünf« neue Parteien zu spalten. »Das Ganze war«, so Michail Gorbatschow, »wirklich eine wohlüberlegte Kalkulation« (*Die Zeit*, Nr. 14, 31. März 1995, S. 3). Oder war es vielleicht eine Mine, die die Sowjetunion zerreißen sollte?

In der Tat ist der, der uns kennt, dem überhaupt nicht ähnlich, den wir kennen. Hier beginnen die meisten Enttäuschungen, und hier liegt der letzte Ankerplatz vieler unerfüllter Hoffnungen.

Zum Kern des Themas

In den Jahren des engen Kontakts zu Michail Gorbatschow habe ich etwa 50 Denkschriften an ihn gerichtet. Sie behandelten nicht unbedingt Fragen, die mit meinen unmittelbaren Dienstpflichten zusammenhingen. Erwägungen, die ich ihm als Generalsekretär und später auch in seinem Amt als Präsident mündlich vortrug, beziehungsweise verschiedene in seinem Auftrag ausgeführte Projekte sind hier nicht mitgerechnet.

Da ich mich der Illusion hingab, die Zeit der Personenherrschaft sei vorüber, gingen die Durchschläge meiner Schreiben zunächst an Alexander Jakowlew, Wadim Medwedew und zuweilen an Anatoli Dobrynin. Das betrifft zum Beispiel die Überlegungen zur 45. Wiederkehr des Überfalls Nazideutschlands auf die Sowjetunion oder die Bedenken gegen eine Neufassung des Parteiprogramms, das dann vom XXVII. Parteitag der KPdSU verabschiedet wurde. Nach meinem Dafürhalten genügte es nicht, das alte Machwerk, das einst Nikita Chruschtschow zu Gefallen gebastelt worden war, neu aufzupolieren; es musste von einem soliden Dokument abgelöst werden, dem nicht Wunschdenken und bloße Versprechen, sondern harte Tatsachen und nüchterne Berechnungen zugrunde lagen.

Im August/September 1986 hielt ich es für notwendig, den Generalsekretär und Wadim Medwedew auf dunkle Wolken aufmerksam zu machen, die sich über der DDR und anderen mit uns verbündeten Staaten zusammenbrauten. Ein reinigendes Gewitter hätte wohl niemandem geschadet. Hier ging es aber um etwas anderes.

Um der Mahnung mehr Gewicht zu verleihen, legte ich meinem Begleitbrief eine Lageeinschätzung von Professor Rem Beloussow bei. Die Prognose lautete: Ende 1989, Anfang 1990 werden die Länder des Rates für gegenseitige Wirtschaftshilfe (RGW) von einer ökonomischen Erschütterung heimgesucht – mit unabsehbaren sozialen, politischen und anderen Folgen. Die Schwierigkeiten, mit denen zur gleichen Zeit die UdSSR selbst zu kämpfen haben wird, betonte Professor Beloussow, werden sie daran hindern, ihren Partnern Hilfe zu leisten.

In einem anderen Memorandum analysierte ich die Lage im Baltikum. Einmal sehen ist besser als hundertmal hören. Im Sommer 1986 verbrachten meine Frau und ich unseren Urlaub in Riga. Dabei konnte ich mich davon überzeugen, dass der bevorstehende 50. Jahrestag der Rückkehr Litauens, Lettlands und Estlands in den Bestand Russlands von den Balten keineswegs begeistert gefeiert werden dürfte. Mein Schreiben erinnerte daran, dass die sowjetische Seite bisher weder den Mut noch die Klugheit gezeigt hatte, die Wahrheit über die Geschehnisse der Jahre 1939 und 1940 auszusprechen, unter anderem über die Geheimprotokolle zu den damaligen Verträgen mit Deutschland. Solches Ausweichen wirkte, als gieße man Öl ins Feuer. Der Vorschlag lautete, uns nicht weiter von Ereignissen treiben zu lassen, sondern ohne Zeitverlust die Karten auf den Tisch zu legen und, so weit dies noch möglich war, die Initiative zu ergreifen.

Nikolai Krutschina und Waleri Boldin, denen die unsichtbaren Winde und Strömungen im Kreml besser vertraut waren als mir, gaben mir zu verstehen, dass nicht alles, was für den Generalsekretär bestimmt war, andere unbedingt wissen müssten. Der Chef werde selbst anordnen, wie wer worüber informiert werden sollte. Aufs Neue dieselbe Idiotie – »Im Interesse der Sache«. Jeder, der mitzumachen bereit ist, muss Hofschranze spielen.

Es war im Oktober oder November 1986 in Delhi. Eine Schreibkraft war nicht zur Hand, so musste ich kalligraphische Künste wiederbeleben, indem ich ein paar Sätze dem Papier anvertraute, die nach meiner Vorstellung die Quintessenz der Politik der Perestroika prägnant wiedergaben. Nikolai Krutschina übergab meine »Verse« *Mehr Sozialismus – mehr Demokratie*

Michail Gorbatschow. Diese wurden zum festen Bestandteil seiner Argumentation gegen die Versuche linker Konservativer und rechter Liquidatoren, die beiden Begriffe in Gegensatz zueinander zu bringen.

Nach dem Indienbesuch begab sich der von den Strapazen des Jahres erschöpfte Generalsekretär zur Erholung. Vor seinem Abflug in den Süden teilte er mir telefonisch seinen Wunsch mit, von mir schriftliche Gedanken zum Problem der Entstalinisierung zu bekommen. Aha, meine Worte beim Treffen der Parteispitze mit Medienleuten, Gesellschaftswissenschaftlern, Schriftstellern im Juni war also in seinem fulminanten Gedächtnis haften geblieben, dachte ich bei mir. Wer weiß, vielleicht beunruhigte ihn sogar mein Unken – ohne mit dem Stalinismus abzurechnen, werde die Perestroika keine Zukunft haben.

Wenn man nicht übertrieb, wenn man den Werdegang von Gorbatschow selbst und nicht allein die Zusammensetzung des Zuhörerkreises, vor dem das Thema der Entstalinisierung zu entfalten war, mit berücksichtigte, dann konnte das Interesse des Generalsekretärs an diesem Angelpunkt der Reform von Partei und System gestärkt werden. Die Überwindung der Kluft zwischen Wort und Tat, Achtung der Menschenwürde und tiefgreifende Demokratisierung – sie sollten in den Vordergrund rücken. So ging ich auch vor. Von Alexander Jakowlew erfuhr ich, dass der Generalsekretär lange Passagen aus meiner Botschaft an ihn im Kreise seiner Berater zitiert hatte, und zwar beifällig.

Die Denkschrift über die Entstalinisierung und die Thesen für mögliche öffentliche Aussagen Gorbatschows sind aus heutiger Sicht wahrscheinlich nicht besonders beeindruckend. Aber das wurde vor zehn Jahren geschrieben, als die Parteiführung jeden Versuch, den »Realsozialismus« anzuzweifeln, den Stalinismus als Antisozialismus, als menschenfeindliches Regime zu brandmarken, noch nicht verkraften konnte.

Michail Suslow lehnte im Februar 1979 meinen Entwurf eines ZK-Beschlusses – es ging um die Grunderneuerung der Informationspolitik der Partei – mit den Worten ab: »Sie möchten, dass ich zugebe, dreißig Jahre lang irrig gehandelt zu haben.«

Für die meisten höheren Berufsfunktionäre kam die kompromisslose Aburteilung des Stalinismus einer Selbstverstümmelung gleich. Von solchen Reminiszenzen schien auch Michail Gorbatschow nicht völlig frei zu sein.

Diese beiden Schriften sind chronologisch die ersten unter den »Dichtungen«, die 1995/96 auf Umwegen in meine Hände zurückfanden. Ich hege nicht die Absicht, eine »Gesamtausgabe« meiner etwa fünfzig bis fünfundfünfzig Memoranden an den Generalsekretär zusammenzustellen. Aber ein Viertel davon, das mir nun zur Verfügung steht, gibt eine gewisse Vorstellung von Motiven, Gründen und Einschätzungen in meiner politisch aktiven Zeit und von meiner Position zu dem, was unter Demokratie, Menschenrechten und vielem anderen verstanden werden kann.

Die Dokumente, nehme ich an, sprechen für sich selbst. Wo jedoch ein klärendes Wort dem Leser hilft, in die dichteren Schichten der sowjetischen Atmosphäre einzudringen, wird es eingefügt werden, ohne dass der dokumentarische Charakter dieser Arbeit Schaden nimmt.

Wie schon erwähnt, waren meine Denkschriften und Memoranden in der Regel an Michail Gorbatschow und nur an ihn allein gerichtet. Weil sie nicht über formelle Kanzleiwege an den Generalsekretär gelangten, tragen sie auch nicht die Stempel, Nummern und anderen bürokratischen Verzierungen. Sie waren auch nicht an den Generalsekretär oder Präsidenten adressiert, sondern begannen mit der handgeschriebenen Anrede »Lieber Michail Sergejewitsch« oder »Verehrter Michail Sergejewitsch«. In den Durchschlägen gab es nur den Vermerk »An M. S.«.

Im November 1986 erhielt Gorbatschow also von mir die Überlegungen zum Problem der Entstalinisierung.

»An M. S.

›Der alberne Kopf gibt den Füßen keine Ruhe.‹ Auch den Händen nicht und nicht den Augen. Keinesfalls nur den eigenen, wie Sie sich vielleicht überzeugen werden.

Ihr Wunsch, von mir einige Überlegungen zum Plenum zu bekommen, hat mich nachdenklich gestimmt. Bevor ich diese aber Ihrem Urteil überlasse, erlauben Sie mir einige Worte zur Erläuterung:

Heute sagen wir, dass die Gesellschaft sich moralisch-politisch erholt. Wenn man das Befinden mit dem vergleicht, was vor drei, fünf oder gar zehn Jahren gewesen war, so ist es jetzt um vieles besser. Nicht nur Hoffnung kehrt zurück, ohne die das Leben kaum lebenswert ist. Positive Aussichten zeichnen sich ab. Der Erwartungshorizont selbst liegt höher. Das ist eine Tatsache. Was immer man dazu sagen mag. Tatsache ist, dass die Perestroika diese Veränderung herbeigeführt hat.

Zugleich geriet die ganze Gesellschaft in Bewegung. Man kennzeichnet das je nach dem Blickwinkel und anderen Umständen auf verschiedene Weise: als Unruhe, Gärung, Aufruhr, Aktivität oder Suche.

Nehmen wir Unruhe oder Aufruhr. Muss man sich darüber wundern, wenn eine Revolution da ist, die alle ehrlichen Bürger zu ihren Fahnen ruft? Ist es denn verwunderlich, wenn bei der heutigen Erneuerung solche Fakten aus unserer näheren und ferneren Vergangenheit auftauchen, die mit jeglicher Moral unvereinbar sind? Es wäre schlicht seltsam, wenn die Menschen nicht auf das reagierten, was um sie herum geschieht. Dann gäbe es wirklich Grund zur Frage, ob das System nicht die Fähigkeit verloren hat, neu zu erstehen, die Fesseln zu sprengen, die es daran hindern, sich frei zu entfalten.

Jedoch: Aufruhr ist nicht gleich Aufruhr. In den meisten Fällen kann er heute auf den Drang zurückgeführt werden, das maximal Mögliche in minimalen Zeiträumen zu vollbringen, auf jeden Fall aber so rasch wie möglich so viel zu tun, um einen Rückfall, eine Gegen-Perestroika, auszuschließen. Der momentane Aufruhr hat etwas mit dem vielfach bewährten, uralten russischen Brauch zu tun, eine große Sache gemeinschaftlich anzupacken. Solange das so ist, kann der Sozialismus von einem solchen gutartigen Aufruhr nur gewinnen.

Das Haupthindernis auf dem Weg, für den die Partei sich entschieden hat, sehe ich in etwas anderem: Für den Konservatismus, ob er nun offen oder verdeckt in Erscheinung tritt, ist die Perestroika inakzeptabel. Er bestimmt das Vorgehen sowohl der Widersacher des XXVII. Parteitages als auch seiner glühendsten Anhänger, in deren Unterbewusstsein (in den Gewohnheiten, Neigungen und im Geschmack) der Konservatismus tiefe Wurzeln geschlagen hat. Ohnehin werden Sie keine zwei Menschen finden, die unter ein und demselben ein und dasselbe verstehen. Es kann gar nicht anders sein, wenn man von der Realität ausgeht. Zwar stammen wir alle vom Oktober 1917, zugleich aber sind wir – der eine mehr, der andere weniger – Kinder oder Enkel des Stalinismus. Schließlich sind wir in einer stalinistischen Gesellschaft geboren, haben dort gelernt und gearbeitet. Der Stalinismus ist mit dem Tode seines Schöpfers nicht verschwunden, sondern begleitet uns bis heute auf Schritt und Tritt. Wir sind regelrecht dazu verdammt, fast alles irrational, durch das Prisma der uns eingebläuten dogmatischen Glaubenssätze wahrzunehmen, die jahrzehntelang – den Klassikern zum Hohn – für Marxismus-Leninismus ausgegeben wurden.

Der gewöhnliche Konservatismus, der sich wie Rost eingefressen hat, ist äußerst schwer zu vertreiben, besonders dann, wenn seine Träger felsenfest davon überzeugt sind, unmodern sei jeder andere, nur nicht sie. Daher das Bestreben, um sich selbst nicht übermäßig zu belasten, weniger, um Stalin zu verteidigen, für die dreißiger Jahre und die Nachkriegszeit manche Entschuldigungen zu finden. Nach dem Prinzip: kein Schatten ohne Licht.

Es sieht ganz danach aus, dass hier die Frage »Wer – wen?« akut wird. Natürlich nicht im banalen Sinne, sondern, wie Sie selbst betont haben, im grundsätzlichen. Soll der Sozialismus wirklich Sozialismus werden, oder soll er eine Stalinsche Deutung der Volksherrschaft bleiben? In der letzten Version mit ihrem ewigen Hang zum Administrieren und Kommandieren, Bestrafung des Ungehorsams, mit Abscheu gegen jeden originellen Gedanken und jede Initiative, jeden Ton, der irritiert oder schrill in den Ohren klingt, mit Missachtung der Persönlichkeit.

Dagegen kann man wohl kaum das Argument gelten lassen, die Disziplin in der Gesellschaft gerate ins Wanken. Erstens trifft das, im Großen gesehen, gar nicht zu. Zweitens muss geklärt werden, von welcher Art Disziplin die Rede ist.

Es gibt die Disziplin des Stocks, die auf der Furcht vor Repressalien beruht und nicht verinnerlicht ist. Diese haben wir hinter uns gelassen. Man kann sich aber durchaus eine Disziplin vorstellen, die mit höchster politischer und Rechtskultur einhergeht. Das war es, was Lenin wollte. Aber eine solche Disziplin gleicher und freier Bürger ist ohne Demokratisierung undenkbar. Demokratisierung wiederum ist ohne Glasnost nicht zu erreichen.

Eine solche Disziplin Leninschen Typs erfordert natürlich höchstes Niveau der politischen Führung von Staat und Gesellschaft, eine höhere Qualität der Kader in allen Bereichen. Sie setzt neues Denken nicht als Wunschvorstellung voraus, sondern als harte Forderung an alle, in erster Linie an die Parteimitglieder.

Entschuldigen Sie die Länge. Zu schwierig und zu vielschichtig ist das Problem.

V. F.«[1]

In den Jahren 1986 bis 1988 erhielt der Generalsekretär von mir vier oder fünf Memoranden zur Umgestaltung der sowjetischen Wirtschaft, entstanden im Zusammenwirken mit Gennadi Pissarewski, einem Kollegen aus der Presseagentur *Nowosti*. Jedes mit einem Umfang bis zu 50 Seiten durchzog ein Leitmotiv: Man dürfe nicht annehmen, klüger als die UdSSR sei niemand auf dieser Welt, und alles Sowjetische – besonders im wirtschaftlichen Bereich – müsse unbedingt besser sein. Das heißt, es wäre keine Sünde, herauszufinden, wie die entwickelten Industrieländer ohne staatliche Planung es verstehen, mit einem optimalen Einsatz von Arbeit, Energie und Rohstoffen eine Produktion von höchster Qualität zu erreichen. Der Refrain blieb immer derselbe: Die Zivilisation habe bisher keinen wirksameren Mechanismus der erweiterten wirtschaftlichen Reproduktion und der Selbstregulierung geschaffen als den Markt. Planung oder staatliche Regulierung könnten den Markt unterstützen, aber nie ersetzen.

Ich wage die Vermutung, dass unser intensives Einwirken zugunsten des Abbaus von kleinlicher bürokratischer Bevormundung und Beaufsichtigung, von den Fesseln zahlloser Instruktionen und Verbote, die in der Wirtschaft jede Initiative erstickten und den gesunden Menschenverstand häufig außerhalb des Rechtes stellten, dazu beigetragen hat, dass im Sommer 1987 die Grundsatzentscheidung »Über die Entwicklung der Ware-Geld-Beziehungen in der UdSSR« fiel. Der Markt wurde als zweckmäßige Ergänzung, wenn nicht gar als Alternative zur zentralen Planung anerkannt. Der Staatsplan, der nahezu siebzig Jahre lang bestand, war für Sowjetrussland die Rettung im Zweiten Weltkrieg und bei der Wiederherstellung nach dem Kriege gewesen. Aber das Plansystem bekam Fieberanfälle bereits bei den ersten, übrigens sehr schüchternen Korrekturen zum Vorteil des zivilen Konsums und zur Stimulierung selbständigen Handelns der Produzenten.

Die Planung in ihrer verknöcherten Variante segnete bekanntlich am 1. Januar 1988 das Zeitliche, als das »Gesetz über die Leitung der staatlichen Unternehmen« der UdSSR in Kraft trat. Da alle Betriebe mit Ausnahme der Kolchosen und Absatzgenossenschaften bis zu diesem Zeitpunkt dem Staat gehörten, veränderten sich nun das Verhältnis der Regierungsinstitutionen zu juristischen Personen der Wirtschaft, Wissenschaft etc. und auch die Beziehungen zwischen diesen selbst.

War das neue Modell bereits ausreichend durchdacht, der Boden gut aufgelockert, um Engpässe zu beseitigen und, parallel dazu, das Gleichgewicht innerhalb und zwischen den einzelnen Zweigen herzustellen, das für jede Ökonomie lebenswichtig ist? Das ist bis heute eine heikle Frage. Dagegen ist unumstritten: Der Übergang aus einer Qualität in die andere ohne ein Minimum an flankierenden Maßnahmen, die unter anderem Kontinuität, Rechts- und Finanzdisziplin garantierten, war mehr als riskant.

Von der alten Planungsmethodik sich lossagen und zugleich die Gestaltung der Einzelhandelspreise beim Alten lassen? Wenn man die ungeheuren und ständig weiter wachsenden staatlichen Subventionen für die Aufrechterhaltung der Niedrigstpreise im Konsumgüterbereich mit einkalkulierte, dann sollte man schon den Begriff »Abenteuer« bereithalten. Im Herbst jenes Jahres 1988 geriet die Staatskasse in Turbulenzen, dann in den freien Fall, der bis in unsere Tage kein Ende gefunden hat.

Viel Mühe wandte ich auf, um für den Generalsekretär vor dem Weltforum der Menschen guten Willens in Moskau und für seine programmatische Rede vor dem Europäischen Parlament in Straßburg Gedanken aufzuschreiben. Ohne auf Details einzugehen, erwähne ich hier nur die Idee einer »europäischen Konföderation«, die beim Empfänger allerdings kein Verständnis fand. Sie hing, so schien es mir, in der Luft; dann setzte Präsident Francois Mitterrand diese Idee auf die Tagesordnung. Das Thema Konföderation beschäftigte mich damals in einem besonderen Zusammenhang. Wäre es von Moskau ins Gespräch gebracht worden, hätte es die Deutschen in West und Ost dazu bewegen können, über früher verpasste Gelegenheiten aufs Neue nachzudenken. Auf diese Weise hätte man zwei Prozesse – die Überwindung der Spaltung Europas und Deutschlands – besser miteinander synchronisieren können.

Die Information über zunehmende Zerfallserscheinungen in der DDR sollte den Generalsekretär veranlassen, die Taktik des Abwartens, bis die »Geschichte« ihr Urteil spreche, zu modifizieren. Der Dialog der Taubstummen mit Erich Honecker erwies sich als ziemlich sinnlos. Die neue Militärdoktrin des Warschauer Vertrages (vom Mai 1987), von keiner analogen

Entwicklung in der NATO begleitet und auch nicht durch politische, wirtschaftliche und andere Schritte zur Stärkung der Integration im Ostbündnis untermauert, hinterließ einen zwiespältigen Eindruck: Sie zahlte der Zeit Tribut und war an und für sich mehr als notwendig. Aber da die Atlantiker keinerlei Entgegenkommen zeigten, konnte sie als Anfang eines Rückzugs gedeutet werden, eines Rückzugs an der ganzen Front auf Positionen, die sich irgendwo im Nebel auflösten.

April 1987. Das erste Jahr nach der Katastrophe von Tschernobyl ging zu Ende. Dieses Unglück traf alle unerwartet, die keine präzisen Kenntnisse über den Stand der sowjetischen Atomanlagen besaßen. Der obersten Führung verschlug es für längere Zeit die Sprache. Dabei meine ich nicht das Blabla, das die wirkliche Tragweite dieser menschlichen und ökologischen Tragödie verschleiern sollte. Davon gab es im Überfluss. Es mangelte an einer einleuchtenden Erklärung, wie so etwas überhaupt hatte geschehen können. Warum wurde die Bevölkerung riesiger Gebiete der Ukraine, Belorusslands und Russlands, die die erste massive Strahlungswelle erleiden musste, nicht rechtzeitig benachrichtigt? Wer im Politbüro trug die personelle Verantwortung dafür, dass noch monatelang die wahren Tatsachen verschwiegen wurden?

Im Schreiben an Michail Gorbatschow stellte ich das Problem so dar: Entweder wir selbst reißen den Vorhang weg, zeigen unserem Volk und der Weltöffentlichkeit das reale Bild, oder an unserer Stelle werden Leute handeln, für die Tschernobyl ein willkommener Beweis für den Verfall des Systems, seiner Lauheit und Unzurechnungsfähigkeit gegenüber Millionen Mitbürgern ist.

Mein Appell blieb ohne Antwort. Dieses merkwürdige und unangebrachte Verhalten des Generalsekretärs stimmte mich tief besorgt. Der Vorsitzende des Ministerrates der UdSSR, Nikolai Ryschkow, begab sich am fünften Tag zum Ort der Katastrophe. Indem er dort die dringendsten Probleme in Angriff nahm, schluckten Ryschkow wie auch die ihn begleitenden

Stellvertreter, Minister und Gelehrte, strahlende Partikel mehr als genug. Michail Gorbatschow näherte sich diesem Ort – und auch dann nur der äußeren Peripherie – erst fünf Jahre später, als ihm die Amtsenthebung drohte. Teilnehmer der Parteikonferenz Belorusslands beauftragten mich, dem Generalsekretär ihr Ultimatum zu überbringen: Entweder er erscheine in persona, oder die Belorussen würden die Frage aufrollen, ob der Politiker seinen Funktionen noch gerecht werde.

Ich wiederhole, meine Demarche über Tschernobyl im Jahre 1987 zeitigte so gut wie keine Resonanz. Dafür reagierte Michail Gorbatschow auf zwei andere Schreiben aus jener Zeit. Das eine betraf Mathias Rust, das andere Lasar Kaganowitsch.

Über meine missglückten Versuche, zu verhindern, dass Rust nach seiner gelungenen Landung auf dem Roten Platz vor Gericht gestellt wird, hatte ich bereits Gelegenheit zu erzählen. Die Oberhand gewannen damals jene, die, aus welchen Motiven auch immer, das Abenteuer eines mental labilen Jungen zu einer großangelegten »Verschwörung« irgendwelcher nebulöser Kreise der BRD und sogar der NATO hochstilisieren wollten. Darauf werde ich im Weiteren noch näher eingehen.

Lasar Kaganowitsch war ein Veteran der russischen sozialdemokratischen Bewegung. Neben Wjatscheslaw Molotow und Anastas Mikojan hat er alle wechselvollen Kapitel der sowjetischen Geschichte – außer dem Finale – persönlich miterlebt. Jahrzehntelang weilte er in Stalins Nähe und war an dessen meisten Untaten beteiligt. Im Jahre 1957 wurde Kaganowitsch zusammen mit anderen Jüngern der alten Schule von Nikita Chruschtschow kaltgestellt. Das letzte Viertel seines langen Lebens verbrachte er als Ausgestoßener.

Ende der siebziger, Anfang der achtziger Jahre versuchten Andrej Alexandrow, persönlicher Berater von vier Generalsekretären, und ich, Leonid Breschnew und später auch Juri Andropow davon zu überzeugen, dass man das Gespräch mit Wjatscheslaw Molotow suchen sollte, um einige »weiße Flecken« in der Chronik der Sowjetunion zu eliminieren. Es ist weithin bekannt, dass Stalin, bevor er viele schicksalsträchtige Entscheidungen fällte, Molotows Meinung eingeholt hatte. Solche Entscheidungen haben häufig keine sichtbaren Spuren hinterlassen. Die Zustimmung zum Kontakt mit Molotow erhielten wir nicht. Er starb mit 96 Jahren, als ob die Natur ihm als Politiker keine Ruhe gönnen wollte, solange er seine Seele nicht durch eine Beichte erleichtert hatte.

Einen beneidenswerten Lebenswillen bewies auch Kaganowitsch. Er starb 1991 im Alter von 98 Jahren. Über einen bekannten Wissenschaftler erhielt ich Zugang zu diesem Politiker und sondierte, ob Kaganowitsch bereit sei, über einige Schlüsselereignisse der zwanziger, dreißiger und vierziger Jahre, deren Zeuge und aktiver Teilnehmer er gewesen war, zu sprechen. Zögernd und nicht ganz ohne Vorbedingungen stimmte Kaganowitsch einem Treffen zu. In der Zeit meiner indirekten Kontakte mit ihm besaß Kaganowitsch einen klaren Geist und ein brillantes Gedächtnis.

Ich schrieb eine Notiz an Michail Gorbatschow und Alexander Jakowlew, in der ich alle Argumente für eine positive Entscheidung auflistete. Wenn Kaganowitsch unbefragt aus dem Leben schied, ließen wir uns wie bereits im Falle Molotows eine unwiederbringliche Chance entgehen, Kenntnisse über die Hintergründe einiger Aktionen Stalins, die rational nicht erklärbar waren, zu erlangen. Zwei, drei Monate später erhielt ich vom Leiter der Allgemeinen Abteilung des ZK der KPdSU, Waleri Boldin, die mündliche Mitteilung: »Ihr Vorschlag ist im Politbüro erörtert worden. Man fand es nicht sinnvoll, einen politischen Leichnam wiederzubeleben.«

Arm die Geschichte, die zur Geisel launischer Herrschaften wird, welche allerdings die Wahrheit von gestern noch weniger bewegt als die von heute. Freilich – die Vergangenheit altert nicht und ruft nicht nur Erinnerungen wach, sondern lässt einen auch die Gegenwart mit kritischeren Augen sehen.

Es ist besonders ärgerlich, dass mir bislang keine Möglichkeit geboten wurde, den Leser mit dem Wortlaut meines Memorandums zur tausendjährigen Wiederkehr der Christianisierung Russlands bekannt zu machen. Das schrieb ich schon Anfang 1988. Eineinhalb Jahre waren vergangen, seit ich Michail Gorbatschow und seine Kollegen im Politbüro aufgefordert hatte, dieses Jubiläum als nationales Ereignis würdig und feierlich zu begehen. Als Rufer in der Wüste wurde ich nicht gehört. Für die militanten Atheisten, die sich in der Propagandaabteilung des ZK und nicht nur dort verschanzt hatten, war der Jahrestag ein willkommener Anlass, sich aufzublasen und die Kirche zu demütigen. Wem sollte eine derartige Arroganz nützen? Diese kränkte mich als russischen Patrioten und erfüllte mich mit Sorge um die Zukunft meiner Heimat. An geeigneter Stelle werde ich berichten, was sich daraus ergab.

Im Jahre 1988 standen schicksalhafte Umbrüche bevor. Die XIX. Parteikonferenz sollte einen Wechsel des politischen Systems bringen oder, anders ausgedrückt, es von den Entstellungen des Kriegskommunismus, der Stalinschen Diktatur und der Willkür seiner Nachfolger säubern. In jedem Falle stand auf der Tagesordnung, diese erstarrten Zustände, die auch in der Verfassung verankert waren, umzugestalten. Im Grunde genommen wurden damit das Dissidententum und sein Credo legalisiert, die man bis dahin wütend verfolgt hatte. Zur Disposition standen nicht Einzelheiten und Begleiterscheinungen, nicht das praktische Aussetzen der Rechte und Freiheiten allein, die dem Grundgesetz nach jedem sowjetischen Menschen gebührten, sondern die Prinzipien und Säulen der ganzen, mit unzähligen Opfern bezahlten Lebensart.

Der Geist war aus der Flasche entwichen. Gestern noch strikt verbotene und strafbare »antisowjetische Tätigkeit« gab immer mehr den Ton an. Der Sturz der Gesellschaftsordnung und nicht ihre Erneuerung von Grund auf galten nun als Kennzeichen für eine fortschrittliche und demokratische Einstellung. Alles, was sich dem in den Weg stellte, wurde als rückschrittlich und konservativ gebrandmarkt. In diesem Lichte nahm sich das Abgehen von der Planung in der Wirtschaft nun ganz anders aus. Die

Ouvertüre zu neuen Konstellationen zeichnete sich möglicherweise im Kopf des Generalsekretärs bereits ab, war aber äußerlich kaum zu erkennen. Irgendwann im Herbst 1988 blitzte in einer eher zufällig hingeworfenen Bemerkung Alexander Jakowlews der Begriff »Präsidialregime« auf. Zunächst aber lockte man die Delegierten der Parteikonferenz mit Sprüchen – die Sowjets seien die beste Form nicht der repräsentativen, sondern der unmittelbaren Demokratie, und man solle zu ihrer vollen Entfaltung unter der Losung »Alle Macht den Sowjets!« beitragen.

Vor allem die gesetzgeberische. Das konnte man nur begrüßen. Solange nicht das Gesetz das Rechtsgeschehen im Lande bestimmte, war es verfrüht, von einer Wende zur Demokratie zu sprechen. Das Regieren mit Direktiven und Weisungen, die eine geschlossene Gruppe oder eine einzelne Person erlassen, ist stets mit dem Ausnahmezustand verwandt, wo keine für alle gleiche Normen und Regeln existieren, wo in der Praxis nicht die Gewalten, wohl aber die Rechte geteilt werden. Die einen nehmen sich das Vorrecht zu gebieten, den anderen bleibt nur, sich zu unterwerfen und auch noch gute Miene zum bösen Spiel zu machen.

»Alle Macht den Sowjets!« Nicht zum ersten Mal geriet diese Forderung in Russland ins Zentrum politischer Auseinandersetzungen. Die Sowjets (ursprüngliche Bezeichnung für Arbeiterräte), bekanntlich in der Revolution von 1905 bis 1907 entstanden, erschienen nach dem Februar 1917 auf der breiten politischen Bühne, als Nikolaus II. dem Thron entsagte. Sie fegten den dürftigen Parlamentarismus des Zaren mit einer ohnmächtigen Duma hinweg, brachten aber nicht die Kraft und Entschlossenheit auf, sich an die Spitze der Entwicklung der ersten russischen Republik zu setzen. Die reale Macht fiel in die Hände der Militärs, die sich auf die von den politischen Veränderungen unberührten Bankiers, Industriellen und Großgrundbesitzer stützten.

Der Oktober 1917 nutzte die Forderung »Alle Macht den

Sowjets!« als Hebel, um die gesellschaftlichen Weichen neu zu stellen und für die Innen- und Außenpolitik prinzipiell andere Prioritäten zu setzen. Die Bolschewiki, die dynamischste Kraft, aber ohne Mehrheit auf den Sowjetkongressen, waren gezwungen, den Konsens mit den Sozialrevolutionären und anderen linken Gruppierungen zu suchen. Die Zusammenarbeit in der Regierung einer Vierparteienkoalition und in den Sowjets war ein Beleg für die primär politische Entfaltung der Revolution, die Abwendung eines Bürgerkrieges. Die Koalition zerbrach im März 1918 am Brester Frieden mit dem kaiserlichen Deutschland. Dies ist der Ursprung für nahezu alle Tragödien, die den Sowjetstaat bis zu seinen letzten Tagen nicht mehr aus ihren Fängen lassen sollten.

Frieden mit Deutschland oder Fortsetzung des Krieges an der Seite der Entente? Sollte man den Raubfriedensvertrag von Brest Litowsk ratifizieren, den die kaiserliche Generalität und Diplomatie dem schutzlosen Sowjetrussland aufdrängten, nachdem es gerade seine Soldaten nach Hause geschickt hatte, oder vor den Augen der britischen, französischen und amerikanischen Verbündeten, die in Russland – ob nun mit oder ohne Zar – lediglich den Lieferanten von Kanonenfutter sahen, den Heldentod sterben? Man konnte höchstens auf einen Gottesdienst irgendwo in Paris, London oder Washington rechnen, nicht mehr, denn gegen die Kreuzigung Sowjetrusslands von der Hand anderer hätten die Demokraten keine ernsthaften Einwände vorgebracht.

Es ist bis heute auch unklar geblieben, in welchem Maße die Demokratien bereit gewesen wären, ihre Verpflichtungen, die insgeheim gegenüber dem Zarenhof eingegangen waren und die nach Abschluss des Krieges eine Angliederung umfangreicher Gebiete Europas, des Nahen Ostens und Asiens an das russische Reich vorsahen, auf die Sowjetunion zu übertragen. Bis einschließlich 1916 sprach in den westlichen Hauptstädten kein Mensch davon, dass Finnland, Polen oder die baltischen »Provinzen« als unabhängige Staaten proklamiert werden könnten.

Welche Gedanken bewegten die demokratisch gestimmten Seelen aber in den Jahren 1917/18? Ein bedeutender Teil der Dokumente ist bisher nicht offengelegt worden. Sie passen irgendwie nicht in die späteren politischen Kombinationen, die unter den schönen Worten von der »Achtung des Völkerrechts« und dem »Schutz der Freiheiten« realisiert wurden.

Doch kehren wir lieber zur XIX. Konferenz der KPdSU zurück. Sie fasste den Mut zu einem längst reifen, ja sogar überreifen Schritt: Die Partei legte die Funktionen nieder, die nach Lage der Dinge normalerweise den Subjekten der staatlichen und wirtschaftlichen Macht sowie unabhängigen gesellschaftlichen Institutionen zukamen. Zusammen mit der Anerkennung des Rechtes der Massenmedien auf eine eigene Meinung und die Abschaffung der Zensur entstanden so die Prämissen für den Übergang zu einem Mehrparteiensystem, ohne das »Macht auf Zeit«, wie die Erfahrung lehrt, undenkbar ist. Wo es aber keinen Machtwechsel gibt, dort kann auch von Demokratie in jeglicher Spielart keine Rede sein.

Michail Gorbatschow brachte es über sich, in noch eine Tabuzone einzudringen, öffentlich A zu sagen und sogar ein B anzudeuten. Aber wieder einmal missachtete er einen ehernen politischen Grundsatz: Wenn ein Staatsmann eine Kettenreaktion in Gang setzt, dann muss er – wenn es nicht seine Absicht ist, mitten im Fluss die Pferde zu wechseln – die nachfolgenden Züge in allen nur denkbaren Varianten bis ins Letzte durchrechnen und dafür sorgen, dass für jeden Einzelnen rechtzeitig der Boden bereitet und das Hinterland abgesichert ist. Es war doch sonnenklar, dass die ersten Schritte zur Umwälzung des Systems eine Unmenge von Veränderungen nach sich ziehen mussten. Und wehe dem Politiker, der eine lawinenartige Entwicklung initiiert und sich zu deren Geisel verwandelt!

Möglicherweise schwebte Michail Gorbatschow wirklich vor, sein persönlicher Rettungsanker sei die Einführung eines Präsidialsystems in der Sowjetunion. Streng genommen hat ein solches System mit der Idee der Sowjets sehr wenig gemein. Statt unmittelbarer Demokratie sollte das Präsidialregime – nach den Vorstellungen seiner Befürworter – die autoritäre Macht seines Trägers legitimieren, und zwar in einem Ausmaß, das die Macht des Generalsekretärs, wie er sie bisher de facto ausgeübt hatte – über dem Gesetz und außerhalb des Gesetzes stehend –, noch übertraf. Wenn man also den Posten des Generalsekretärs und des Präsidenten vereinigte, dann legte man die Macht lediglich von einer Hand in die andere. Im Prinzip veränderte sich dadurch nur eines: Es verschwand die nominelle und trotzdem irgendwo vorhandene Kontrolle durch das Politbüro des ZK der KPdSU. Die Möglichkeiten des Obersten Sowjets (des Parlaments), auf den Präsidenten der UdSSR einzuwirken, wurden etwa in gleicher Weise beschnitten, wie es gegenwärtig bei der Duma gegenüber dem Präsidenten der Russischen Föderation der Fall ist.

Nicht jeder Politiker wird mit den Genen geboren, die für eine autoritäre Herrschaft unbedingt erforderlich sind. Ich denke, Michail Gorbatschow hätte es nicht fertiggebracht, das Parlament zerschießen zu lassen oder sich in ein Abchasien- oder Tschetschenienabenteuer zu stürzen, die in Massenmord mündeten. Zügellose Kraftakte, insbesondere, wenn sie mit Blut gefärbt sind, passen nicht zu seiner Natur, die sich gern in den Strahlen des Ruhmes sonnt, den undankbaren Teil der Arbeit aber anderen überlässt.

Die Kluft zwischen Wollen und Können, zwischen Vorhaben und Ausführung, zwischen Wort und Tat, die offensichtliche Unfähigkeit, die Dinge in ihrer Gesamtheit und in ihren inneren Zusammenhängen zu erfassen, ließen die meisten Sackgassen der Perestroika vorprogrammiert erscheinen. Unter Gorbatschow wurde praktisch kein einziges Projekt zu Ende geführt. Ständiges Pläneschmieden – je mehr die Perestroika auf der Stelle trat – sollte den Anschein von Vorwärtsbewegung erwecken. Seit Mitte 1988 bewegte sich das Land immer schneller auf einen Abgrund zu.

Was geschieht mit Gorbatschow, was will er eigentlich, wohin steuert er? Diese Fragen stellte ich mir selbst und in Gesprächen mit kundigen Menschen, deren Meinung ich damals schätzte.

Alexander Jakowlews Reaktion war entmutigend: »Unser Generalsekretär hat sich verbraucht.« Diese ketzerischen Worte waren nur ein Flüstern – weit weg von jedem Telefon, an der Tür von Jakowlews Dienstzimmer. War das die Feststellung einer Tatsache und zugleich eine Voraussage? Vom Zusammenbruch trennten uns damals noch drei geschäftige Jahre.

Anatoli Tschernajew, der engste Berater des Generalsekretärs, den ich mit derselben Frage wenig später konfrontierte, wich einer klaren Meinungsäußerung aus. Nein, er bestritt nicht, dass die Entwicklung vom verkündeten Kurs abgekommen war, schlug aber vor, über den Sinn des Vorgangs direkt mit Gorbatschow zu sprechen.

Was Wladimir Iwaschko, Gennadi Janajew, Anatoli Lukjanow und Wladimir Krjutschkow zu diesem Thema zu sagen hatten, ließ das Schlimmste ahnen. Wenn sich Generalsekretär und Präsident nicht einigen konnten, wenn beide nicht wussten, was sie taten, wenn sie sich immer weiter ins stille Kämmerlein zurückzogen und normalen Kontakten mit ihren Kollegen in der Partei- und Staatsführung aus dem Wege gingen, wenn Michail Gorbatschow den Obersten Sowjet, die Delegierten der Parteikonferenz und des XXVIII. Parteitages, die Regierung, die Mitglieder des ZK und die Generalität tatsächlich als ihm feindlich gesinnt betrachtete, dann war es höchste Zeit, das Weite zu suchen.

Wladimir Iwaschko, Oleg Schenin und Galina Semjonowa teilte ich im Herbst 1990 mit, spätestens Mitte des nächsten Jahres würde ich in den Ruhestand gehen wollen. Warum fiel meine Wahl gerade auf diesen Zeitpunkt? Fünfzig Jahre den Karren zu ziehen, noch dazu unter russischen Bedingungen, war in jeder Hinsicht durchaus genug. Keiner sollte mir vorwerfen dürfen, ich verließe das sinkende Schiff.

Im April 1991 setzte ich Michail Gorbatschow darüber in Kenntnis. Er bat mich, nichts zu übereilen und die Arbeit in der

Kommission für das neue Programm der KPdSU zu Ende zu bringen. Im Herbst ziehen wir Bilanz, fügte der Generalsekretär vielsagend hinzu. Die Idee eines außerordentlichen Parteitages hatte, als ich mit Michail Gorbatschow sprach, noch keine greifbare Gestalt angenommen. Noch weniger konnte man auf den Gedanken kommen, dass der Generalsekretär, wie er heute behauptet, bereits damals fertige Pläne in seiner Tasche hatte, die Partei nicht nur ideologisch, sondern auch organisatorisch zu spalten.

Wie dem auch sei, ich beging offenbar einen unentschuldbaren Fehler: Ich ließ mich darauf ein, meinen Rücktritt bis zu dem unglückseligen Herbst aufzuschieben, der der Nation ein Ende setzte und das Schicksal von Millionen und Abermillionen Menschen zerstörte. Schlimmer noch, ich wollte zum Abbau der Spannungen beitragen, die im Sommer 1991 in der höchsten Staatsführung herrschten. Nicht ausreichende Informationen über interne Machenschaften und diese nicht näher zu definierende Ahnung, es könne zu einer nationalen Tragödie kommen, hielten mich davon ab, mich vom Architekten der Perestroika abzuwenden.

Wie ich über den Rechtsnihilismus dachte, den Michail Gorbatschow praktizierte, war für diesen kein Geheimnis. Wenigstens nach meiner Rede auf dem Kongress der Volksdeputierten der UdSSR, in der auf die Pflicht des Präsidenten hingewiesen wurde, nicht nur darüber zu wachen, dass andere die Gesetze einhielten, sondern sich auch selbst von ihnen leiten zu lassen. Hündische Unterwerfung ist in der Politik immer ein schändlicher Dienst am eigenen Herrn, an sich selbst, vor allem aber an der Sache. Sie hat nichts mit Loyalität und Vertrauen zu tun, die möglichst auf Gegenseitigkeit beruhen sollten.

Auf den Sitzungen des Sekretariats des ZK der KPdSU sparte ich nicht mit kritischen Bemerkungen vor allem zur Position Michail Gorbatschows bei den so genannten Sitzungen von Nowo-Ogarjowo, wo der Präsident und zugleich Generalsekretär der Partei mit Boris Jelzin und den Führern anderer Unionsrepubliken Dinge absprach, über die sogar Parlament und Regierung keinerlei Informationen erhielten. Die Ergebnisse des landesweiten Referendums vom März 1991 (76 Prozent der abgegebenen Stimmen votierten für den Erhalt der Sowjetunion) wurden dort ignoriert. Die Verfassung der UdSSR hatte niemand außer Kraft gesetzt, doch sie engte die Phantasien und Wünsche der Politiker in Nowo-Ogarjowo offenbar in keiner Weise ein. Der Bär atmete noch, aber man riss ihm schon das Fell herunter und teilte es auf.

Von meiner Neigung einmal abgesehen, über die Menschen besser zu denken, als sie es verdienen, und entgegen der heute in Russland verbreiteten Mode, im Nachhinein alle für schlecht und dämlich zu erklären, kann ich behaupten, dass ich Gorbatschow bis zuletzt Loyalität bewahrte. Das beweisen unter anderem die Denkschriften, die ich ihm 1991 sandte.

Ich will hier nicht besonders auf die Ratifizierung des Vertragspaketes über die Regelung der Deutschlandfrage im Obersten Sowjet eingehen, das nach meiner Auffassung lebenswichtige Interessen der Sowjetunion außer Acht ließ. Selbst als man Michail Gorbatschow im Obersten Sowjet der RSFSR am 23. August 1991 live vor den Augen der gesamten Sowjetunion verhöhnte und erniedrigte, bewegte mich die Sorge, wie man den Schaden begrenzen konnte, den der berüchtigte »Putsch« angerichtet hatte. Bei meinem letzten Kontakt mit Gorbatschow an jenem Tag setzte ich ihn davon in Kenntnis, welche Dokumente und Materialien, die den Generalsekretär persönlich betrafen, in den Räumen der Internationalen Abteilung des ZK verblieben waren. Ich empfahl ihm, Boris Jelzins Interesse darauf zu lenken, dass die Archive nicht unbeaufsichtigt blieben.

Solche Gespräche kann man nicht einfach aus dem Gedächtnis streichen. Ich hatte nicht den Eindruck, dass Gorbatschow heuchelte, als er voller Mitleid mit sich selbst darum bat, seine hilflose Lage zu begreifen. Vielleicht kommt doch noch alles ins Lot, bemerkte er, man muss nur abwarten und etwas Geduld haben.

Was erwartete Michail Gorbatschow eigentlich? Die Tätigkeit der KPdSU auf dem Gebiet der Russischen Föderation hatte Boris Jelzin mit einem Federstrich verboten. Ähnlich erging es der Partei in den anderen Unionsrepubliken. Und nicht in Geduld übte sich Gorbatschow selbst, sondern er war vielmehr damit befasst, die Pflichten des Generalsekretärs, die nun für ihn zu einer Dornenkrone geworden waren, so rasch wie möglich abzuwerfen und sich bei denen anzubiedern, die die gestern noch allmächtig scheinende Partei schmähten und ins Niemandsland drängten. Was hat ihn bewegt? Die vage Hoffnung, seine politische Karriere zu verlängern, indem er sich als Wendehals darstellte und zum Opfer der Betonköpfe erklärte? Wer weiß, wer weiß. Nicht einmal alle die beschämenden und enttäuschenden Vorgänge nach seinem Sturz konnten ihn auf den Boden der Tatsachen zurückholen. So wurde er 1996 zum Gespött der Öffentlichkeit, als er sich bei den Präsidentschaftswahlen in Russland als Kandidat bewarb. Warum sollte der Expräsident dann nicht fünf Jahre zuvor Luftschlösser gebaut haben? Gegen Größenwahn ist noch kein Kraut gewachsen.

Das sozialökonomische Konzept der Perestroika. Hatten wir die Wahl?

Fast alles in der belebten und unbelebten Natur läuft nach einem Programm ab, das jeder Erscheinung innewohnt. Das ist so offensichtlich und alltäglich, dass die Menschen es als von höherer Vernunft vorgegeben oder als Schicksal hinnehmen.

Im Hinblick auf die menschliche Gesellschaft ist ein solches Programm nichts anderes als ein in den Genen, im Unterbewusstsein, auf dem Papier oder auf einer Computerdiskette gespeichertes Koordinatensystem. Jedem von uns gibt es gleichsam die Marschrichtung bis zum letzten Tage unseres Lebens vor, stets hält es dabei aber eine Vielzahl von Wegen und Scheidewegen zur Auswahl bereit.

Die Menschen, die im Prinzip gleich geboren werden, suchen fast immer nach Möglichkeiten, sich in Ungleichheit zu verwirklichen. Sie neigen eher dazu, ihre Interessen durchzusetzen, als mit anderen abzustimmen. Die verschiedenen Nationen und Systeme setzen ihre Voraussetzungen auf unterschiedliche Weise in die Realität um. Das war schon so, als die Achse des Planeten Erde sich noch nicht unter der übergroßen Last ihrer demographischen und ökologischen Probleme bog. Wenig hat sich auch zum Besseren verändert, seitdem die Erdbewohner die Grenzen ihrer Expansion spüren, ihre Blicke häufiger zum Mars wenden und darüber grübeln, ob er nicht eine Warnung für die Zukunft unseres Planeten ist, wo einmal der letzte Schluck Wasser getrunken und die einzigartige Atmosphäre durch menschliche Unzulänglichkeit zerstört sein wird.

In der Politik ist nicht jede Gerade die kürzeste Entfernung zwischen zwei Punkten. In der Wirklichkeit kommt oft etwas anderes heraus, als im stillen Kämmerlein erdacht und vorgezeichnet wurde. Der Fall der Sowjetunion wird vielleicht als das anschaulichste Beispiel für das schlichte Axiom in alle Lehrbücher eingehen, dass es vom Großen zum Lächerlichen oft nur ein kleiner Schritt ist. Die Herrscher meines Landes haben weder aus eigener noch aus fremder Erfahrung gelernt. Es war, als hätten sie sich vorgenommen, alle denkbaren und undenkbaren Fehler und Irrtümer zu begehen. Als wollten sie die Geduld des Volkes und die Tragfähigkeit des Systems bei mehr als kritischer Belastung testen. Wie die Experimentatoren es mit dem Reaktor von Tschernobyl getan haben.

Der direkte Produktenaustausch, der nach der Theorie unter sozialistischen Bedingungen im Tandem Produktion-Konsum ideal funktionieren sollte, wurde nach der Oktoberrevolution von 1917 versuchsweise in der Praxis erprobt. Sofort zeigte sich, dass er praktisch nicht zu realisieren war. Wäre Lenin hart geblieben und hätte weiterhin die Realität durch die Theorie vergewaltigen wollen, dann wäre es mit Sowjetrussland auch ohne bewaffnete Interventionen und Blockaden spätestens 1922 oder 1923 zu Ende gewesen. Die Rettung brachte nicht der Mann mit dem Gewehr. Der Ausweg war die neue ökonomische Politik, die den Markt rehabilitierte, eine Währungsreform, die den Rubel stabil und konvertierbar machte, die Anerkennung mehrerer Eigentumsformen als Grundlage aller wirtschaftlichen Tätigkeit.

Schwieriger war es mit der unmittelbaren Demokratie. Hier hätte die Theorie sich mit der Praxis verbünden und wechselseitig bereichern können. Und es wäre nicht nötig gewesen, bis zu den Überlieferungen von der Nowgoroder oder Pskower Volksversammlung (Wetsche genannt) zurückzugehen. Vor aller Augen stand die erfahrungsreiche Tradition der Dorfgemeinden und Ständeversammlungen, die man im ersten Jahrzehnt nach 1917 noch nicht mit glühendem Eisen gebrandmarkt hatte.

Der Möglichkeiten wären viele gewesen, wenn … Wenn es nicht zum »Kriegskommunismus« als Reaktion auf die massive imperialistische Einmischung in die inneren Angelegenheiten

Russlands und nicht zu dem von außen provozierten Bürgerkrieg gekommen wäre, wenn in der damaligen sowjetischen Führung nicht die doch so einfach erscheinende Idee einer undemokratischen, diktatorischen Herrschaft die Oberhand gewonnen hätte, wenn man die eigenen Prinzipien und das Konzept der Volksherrschaft nicht verraten hätte.

Steckte in der Idee der Sowjets das Körnchen Vernunft, aus dem bei günstigem politischen Wetter eine gute Saat aufgegangen wäre? Heute ist das eine akademische Frage. Die Antwort darauf hätte nur das wirkliche Leben geben können. Unter Stalin wurde die Entwicklung auf eine nicht im Voraus berechnete Bahn gedrängt. Das positive Kapital des Oktober wurde verschleudert. Man steigerte den Kriegskommunismus bis zur Tyrannei eines Einzelnen. Die Kader der kommunistischen Partei, die die Oktoberrevolution durchgeführt hatten, wurden physisch vernichtet oder in die Verbannung geschickt, »Ihre Hoheit die Arbeiterklasse«, wie man das Proletariat zuweilen titulierte, auf Kanonenschussweite vom Thron abgedrängt, das Dorf in die Leibeigenschaft zurückgeworfen. Vom Sozialismus blieb in der Sowjetunion allein der Name.

Aber jede Entwicklung nimmt einmal ihren Anfang. Wann und wie begann Stalin seine Konterrevolution gegen den Oktober – nicht als Ideologe, sondern als Anstifter und Regisseur des ersten russischen Thermidor, der sich in den Jahren 1932 bis 1934 vollzog? Mit der Entfremdung des Menschen vom Eigentum. Ende der achtziger Jahre gehörten in der UdSSR dem Volke unmittelbar noch 3,4 Prozent des Nationalreichtums oder sein 33. Teil. Über den Rest herrschte oder verfügte der Staat. Von den Dekreten der Oktoberrevolution, die die Betriebe den Arbeitern und das Land den Bauern gegeben hatte, waren nur noch kümmerliche Reste geblieben. Aus der Vergesellschaftung war inzwischen »Nationalisierung« oder Verstaatlichung geworden.

In den Jahren 1925 bis 1926 riss Stalin, der es geschickt und heimtückisch verstand, Trotzki, Preobraschenski, Sinowjew und

Kamenew gegen Bucharin, Rykow, Pjatakow und Dzierzynski zu hetzen, die faktisch unbegrenzte Macht an sich. Er nutzte sie als Erstes dafür, die Schlüsselelemente des Leninschen politökonomischen Erbes zu demontieren. Der NÖP wurde der Todesstoß versetzt. Das private Unternehmertum richtete man mit diskriminierenden Steuern und Tarifen, der Verweigerung von Krediten zugrunde. Man erfand in ihrer Mitte Verschwörungen und Komplotte von der Art der traurig berühmten »Industriepartei« – ein Werk der OGPU, das der Diktator eigenhändig redigierte.

Schon 1929 war es mit dem Unternehmertum in der UdSSR, darunter auch mit ausländischen Konzessionen, im Wesentlichen vorbei. »Der große sozialistische Umbruch hat stattgefunden«, erklärte Stalin damals. Nun folgte der Frontalangriff gegen den »Privateigentümer« auf dem Dorfe. Der Kulak, der ökonomisch erfolgreiche Bauer, wurde liquidiert, die Ärmeren wurden »kollektiviert« und gezwungen, auf dem Land, das man ihnen wegnahm, faktisch ohne Entlohnung zu schuften.

Die Klassengrundlage der Oktoberrevolution war vernichtet. Arbeiter und Bauern wurden aus Verbündeten und Trägern einander naher Interessen zu antagonistischen Kräften. Stadt und Land fanden sich an unterschiedlichen Polen der Gesellschaft wieder. Da normale Anreize für produktive Arbeit nun fehlten, wurde das System mit außerökonomischem Zwang und Repressalien aufrechterhalten. Viele Menschen flüchteten sich in den Alkohol.

Nein, die Abschaffung der NÖP und der Prohibition, die Nikolaus II. mit Beginn des Ersten Weltkrieges eingeführt hatte, fielen nicht zufällig zusammen. Das Alkoholverbot hatte den Bürgerkrieg und den Kampf gegen die ausländische Intervention überlebt. Es fiel auf Initiative Stalins, der zwei Fliegen mit einer Klappe schlagen wollte: Das Trinken dämpfte die politische Aktivität und brachte zugleich klingende Rubel in die Staatskasse. Hier sei nur erwähnt, dass die Mittel für den Aufbau der sowjetischen Streitkräfte und ihre technische Ausstattung bis 1941 im Wesentlichen daher kamen, dass man die Bevölkerung zum Trinken animierte. Die Einnahmen des Staatshaushaltes stammten damals aus der Umsatzsteuer, die auf den Verkauf von Alkohol, außerdem Tabak, Textilien, Schuhen und Erdölprodukten erhoben wurde.

Stalin, der mit Konkurrenten, und seien es nur potenzielle, kaltblütig abrechnete, übernahm skrupellos deren »Theorien« und Empfehlungen. Trotzki setzte sich zum Beispiel dafür ein, das Land in ein einziges Konzentrationslager zu verwandeln, die Arbeiter und Bauern in den Zustand mobilisierter Soldaten zu versetzen, aus denen er Arbeitsarmeen aufbauen wollte. Ähnliche Pläne hatte auch Bucharin, allerdings mehr im Bereich der Agrarpolitik.

In »Weiterentwicklung« derartiger Ideen formte Stalin die kommunistische Partei zu einem Schwertträgerorden, der unter Führung eines Großmeisters die Tätigkeit des Staates lenken und inspirieren sollte. Er forderte, die Partei aus Individuen zu einem gesichtslosen Monolithen zusammenzuschweißen. Allen übrigen Gliederungen des Staates und der Gesellschaft – den Sowjets, den Gewerkschaften, dem Jugendverband und anderen – wurde die Rolle von »Transmissionsriemen« zugewiesen, über die die Partei der Arbeiterklasse ihren Willen vermittelte und diese aus einer zersplitterten Masse zu einer Armee der Partei zusammenschmiedete.

In wissenschaftlichen Zeitschriften und Sammelbänden habe ich mehrere Publikationen sowjetischer und ausländischer Forscher gefunden, die der Frage nachspürten, woher Stalin seine unheilvolle Inspiration bezog. Das war ein Anstoß, das Thema der Entstalinisierung wiederaufzugreifen, ein weiteres Argument dafür, sie tatsächlich und nicht zum Schein weiter voranzutreiben. So dachte ich damals und legte entsprechende Materialien Alexander Jakowlew vor. Er überflog die Kopien an einigen Stellen und äußerte mit Nachdruck, das sei im Wesentlichen schon bekannt. »Wenn aber jemand«, fuhr Jakowlew fort, »versucht, zwischen der Perestroika und Passagen von Trotzki oder Bucharin Parallelen zu ziehen, dann darf uns das, so meint Michail Sergejewitsch, weder verwirren noch aufhalten.«

Wir waren also in denselben Zug eingestiegen, fuhren aber in entgegengesetzten Richtungen. Ich hatte die Genesis des Stalinismus in der Wirtschaft im Sinn. Wenn wir diesem nicht auf den Grund gingen und ihn mit Stumpf und Stiel ausrotteten, konnten wir unser System niemals vom außerökonomischen Zwang befreien, den Stalin auf den Schild gehoben hatte und der inzwischen in alle Zellen der Sowjetgesellschaft eingedrungen war. Aber Alexander Jakowlew tat so, als verstehe er nicht, weshalb ich diesen Exkurs in die Vergangenheit unternommen hatte, was aus den ihm aufgelisteten Fakten folgen sollte.

Wenn man seinen neuesten Veröffentlichungen Glauben schenken darf, dann fasste Alexander Jakowlew die Perestroika bereits damals nicht als Möglichkeit auf, eine Generalreparatur des Systems vorzunehmen und dabei alles Wesensfremde, das sich nicht bewährt hatte, zu entfernen, sondern als Hebel, um etwas zu erschüttern und zu zerstören, was sich nach seiner jetzigen Meinung nicht in den »natürlichen« Fluss der Entwicklung einordnete. Was sollte aber beim »neuen politischen Denken«, bei der Perestroika insgesamt, herauskommen, wenn die Politiker, die an ihrem Ruder standen – wenn wir ihre heutigen Ergüsse ernst nehmen –, das Gegenteil von dem im Sinn hatten, was sie öffentlich verkündeten?

Besser spät als nie – trösten sich die Menschen, und nicht nur in Russland. Im Nachhinein erfahren wir nun, wer in der Kremlküche unter Gorbatschow welche Rauschtränke mischte. Vielleicht sollte man auch noch Beifall klatschen, dass die Geheimnisse dieser Vernebelungsaktion preisgegeben werden. Schließlich gewährt man uns das Privileg, aufgeklärt, nicht dumm zu sterben.

Die Wirtschaft in eine vernünftige Ordnung zu bringen – das musste das Herzstück, das Rückgrat der Perestroika sein. Vor allem die Ökonomie und der Sozialbereich waren Testgelände für die wie aus einem Füllhorn strömenden Versprechen, den

Menschen und seine Bedürfnisse in den Mittelpunkt der Reformen zu stellen.

Man kann behaupten, dass Gorbatschow mit den wirtschaftlichen Problemen eher liebäugelte, als sie in den Griff zu bekommen. Formal hielt keiner der Generalsekretäre vor ihm so viele Diskussionen darüber ab, die zuweilen stürmisch und nicht scholastisch verliefen. Auch nach den Stapeln von Papieren, in denen in kernigem Jargon beschrieben war, in welche Richtung die Kooperativen, die Bauern, der Außenhandel oder die staatliche Plankommission zu rudern hatten, konnte er es mit manchem seiner Vorgänger aufnehmen.

Aber es war einfach unmöglich, die Sowjetgötter zu bewegen, ein Prinzip in moderne Rechtsnormen zu kleiden – selbst dann nicht, wenn sie Grundsätze von höchster Bedeutung verkündeten, beispielsweise dass das Wertgesetz und die Ware-Geld-Beziehung nicht mehr im Widerspruch zum Sozialismus stehen. Sie glaubten unerschütterlich daran, dass ihr Segen die Rechtschöpfung ersetze, dass ihr Wort, das aus einer für normale Sterbliche unerreichbaren Höhe kam, schwerer wiege und notwendiger sei als jede Tat. Die Untertanen hatten sich dann den neuen Winden anzupassen.

Offenbar erklärt dies, wieso man die Rechtskultur so missachtete, dass bei der Untermauerung von Weisungen und Beschlüssen durch juristische Normen so riesige Lücken klafften. Faktisch wurde keine einzige der bedeutenderen wirtschaftlichen Neuerungen der Gorbatschow-Zeit durch Gesetzesakte gesichert. Mehr noch, häufig blieben die alten Gesetze und Gesetzbücher, die zahllosen Instruktionen und Bestimmungen in Kraft, die nach wie vor von der Schuldvermutung gegenüber jedem Menschen ausgingen, dem es beschieden war, sich Bürger der Sowjetunion zu nennen.

Hat dies Michail Gorbatschow jemand zu einer Zeit gesagt, als er noch die praktische Möglichkeit hatte, alles zu tun, wenn er es nur gewünscht und gewollt hätte? Man hat es ihm gesagt und geschrieben – in Worten, die unmissverständlich waren.

Es sieht so aus, als habe eine unbekannte starke Kraft den Generalsekretär von der Realität ferngehalten oder über sie emporgehoben.

Wenn man heute die Vorgänge analysiert, Daten, Fakten und Personen den ihnen gebührenden Platz zuweist, dann liegt der Schluss nahe, dass die Welterlöser die unberechenbarste politische Spezies sind. Sie glauben fest an ihren ungetrübten Weitblick, ihre Unfehlbarkeit und ihre Prädestination, die Menschheit beglücken zu müssen. Für sie ist jede Macht von Übel, vor allem aber sollte man den Politikern dieses Schlages unter keinen Umständen unkontrollierte und absolute Macht anvertrauen, die nicht nur das Auge blendet, sondern auch das Herz verwirrt. Nach meiner Erfahrung ist Michail Gorbatschow in der Sowjetunion der dritte und letzte dieser Prägung gewesen. Er konnte das Staffelholz keinem mehr übergeben, denn er ließ von der Sowjetunion nur Ruinen zurück.

Der unwiderstehliche Drang, nicht nur eigene Gedanken zu haben, sondern sie auch noch ungefragt zu äußern, hat mir lange vor Gorbatschow nicht selten schiefe Blicke eingebracht. Die ersten gezielten Versuche, Alternativen zur damaligen Wirtschaftspolitik zu formulieren, unternahm ich bereits Mitte der fünfziger Jahre. Als die Leitung der Wirtschaft durch die Ministerien überall vom System der Volkswirtschaftsräte abgelöst wurde, ohne dass man die Neuerung in einzelnen Regionen erprobt und vervollkommnet hatte, als dabei ganz eindeutig nationale Besonderheiten und verfassungsmäßige Rechte der Republiken missachtet wurden, hielt ich dies für eine typisch bürokratische Reaktion auf die Herausforderungen der Zeit, wenn nicht sogar für Abenteurertum. Über die Parteileitung des Komitees für Information beim sowjetischen Außenministerium, wo ich damals arbeitete, sandte ich an Nikita Chrutschtschow ein lakonisch formuliertes Papier, in dem einige meiner Ideen für mögliche Reformvarianten aufgeschrieben worden waren.

Sie liefen im Wesentlichen auf Folgendes hinaus: Man sollte sich nicht so sehr auf die administrativen, sondern vielmehr die wissenschaftlich-technischen und politökonomischen Aspekte der weiteren wirtschaftlichen Entwicklung konzentrieren. Dazu gehörte der Aufbau einer landesweiten Datenbank, die Informationen über wissenschaftlich-technische Entwicklungen und organisatorische Neuerungen sammeln und sich nicht unbedingt allein auf die sowjetischen Erfahrungen beschränken sollte. Es ging dabei nicht nur um Informationen, die zu einer quantitativen Steigerung der Arbeitsproduktivität führten, sondern die die Voraussetzungen für eine neue Qualität schufen. Um diese Neuheiten in die Praxis umzusetzen, sollten in allen Zweigen Musterbetriebe eingerichtet werden, in denen man die modernsten Technologien und Methoden zur Reife führte. Diesen Betrieben sollten Forschungs- und Entwicklungsinstitute sowie Ausbildungszentren angeschlossen werden, denn man durfte die Modernisierung nicht, wie bisher, auf Experimente in relativ engem Rahmen beschränken.

Es ging in gewisser Weise um Technologieparks, die an sehr praktische Aufgaben gebunden waren. Die vorgeschlagene Arbeitsteilung gab jedem dieser Betriebe, Institute und Hochschulen die Chance, ihr Potenzial einzubringen und zugleich je nach ihrem konkreten Beitrag zur Reform der Volkswirtschaft materiellen Nutzen daraus zu ziehen.

Was die Volkswirtschaftsräte betraf, so regte ich an, vor einer endgültigen Entscheidung das Pro und Kontra am Beispiel einiger Regionen in verschiedenen geographischen Zonen und nationalen Gebieten der UdSSR zu erproben. Erwägungen auf dem Papier, selbst wenn sie äußerst gewissenhaft durchdacht sind, schützen nicht vor Überraschungen und Widersprüchen, an denen die Wirklichkeit so reich ist.

Ob jemand mein Geschreibsel je gelesen hat, habe ich niemals erfahren. Der Kalender zeigte das Jahr 1957. Nikita Chruschtschow ging unter das Volk. Er rief die einfachen Menschen dazu auf mitzuwirken, um der Sowjetunion eine neue Gestalt zu verleihen. Dabei behielt er sich jedoch vor, die Substanz dieses Vorgangs selbst zu bestimmen.

Etwa ein Jahr später hatte ich Gelegenheit, mich davon zu überzeugen, von welch ephemerer Bedeutung die Diskussionen in Partei und Presse gewesen waren. Ungefragte Gedanken, besonders solche, die auch nur um ein Jota von den Vorstellungen des Gebieters abwichen, begrüßte man nicht.

Ein weiteres Mal mischte ich mich in die Wirtschaft ein (meine Tätigkeit als Botschafter in der Bundesrepublik Deutschland von 1971 bis 1978 klammere ich hier aus, um mich nicht zu wiederholen), als ich im Obersten Sowjet der RSFSR Deputierter des Gebietes Temrjuk am Kuban war. Dabei ging es, kurz gesagt, um Folgendes: Durch eine willkürliche Entscheidung von oben sollten die Flussauen des Kuban zum wichtigsten Reisanbaugebiet des Landes entwickelt werden. Dabei wurde der Natur in jeder Hinsicht Gewalt angetan – man verlor prächtige Weidegründe, vergiftete das Wasser und zerstörte dadurch einzigartige Laichplätze für zahlreiche Fischarten. Alle diese Untaten sollte ein gespenstischer Zweck heiligen – jährlich eine Million Tonnen Reis zu erzeugen. Gleichgültig, zu welchen Konditionen und um welchen Preis.

Das Bezirkskomitee der KPdSU von Temrjuk leitete zu jener Zeit der tatkräftige Alexander Kuimdschiew, der nicht in den vorgeschriebenen Bahnen dachte. Er ließ sich Zeit und stürzte sich nicht Hals über Kopf in die Ausführung der Direktiven aus der Regionshauptstadt Krasnodor und aus Moskau. Ständig grübelte Kuimdschiew darüber nach, wie man die Forderungen nicht formal, sondern zum Nutzen der Bewohner seines Bezirks erfüllen konnte.

Gemeinsam mit ihm legte ich der zentralen Führung 1983 zwei Projekte vor. Das erste betraf das Allerheiligste – den Reis. Berechnungen zeigten, dass es wirtschaftlich günstiger war, zumindest am linken Ufer des Kuban nicht Reis zu pflanzen, sondern Gemüse und Hackfrüchte anzubauen, und nur die Fleischproduktion und die Milchviehhaltung voranzutreiben. Damit konnte man bei Fleischimporten kräftig Devisen sparen, für die man dann äußerst vorteilhaft bei traditionellen Produzenten Reis der besten Sorten kaufen konnte. Da auf diese Weise weniger von Herbiziden vergiftetes Wasser in den Kuban gelangte, konnte man in Aussicht stellen, die Populationen des Störs und anderer Edelfische wieder aufzubauen und längs der ökologisch gesundeten Uferzone Erholung und Tourismus zu entwickeln.

Das zweite Projekt betraf die Umwandlung des Bezirks Temrjuk in eine »wirtschaftlich selbständige Zone«. Der Bezirk sollte im Rahmen eines Fünfjahrplans feste Lieferverpflichtungen für Getreide, Gemüse, Weintrauben, Erzeugnisse der Tierproduktion und der Fischwirtschaft übernehmen. Moskau und Krasnodar sollten sich in die laufende Wirtschaftstätigkeit der Landwirtschafts- und Verarbeitungsbetriebe des Kreises, in die Verteilung der Investitionen, der Maschinen und Rohstoffe, die Temrjuk planmäßig erhielt, nicht einmischen. Alles, was im Bezirk über die geplante Menge hinaus produziert wurde, sollte er selbst vermarkten dürfen.

Die Sowchosdirektoren und Kolchosvorsitzenden, mit denen wir dieses Modell besprachen, versicherten uns, wenn ihre Betriebe Selbständigkeit erhielten, werde ihre wirtschaftliche Effektivität bei durchschnittlichen Witterungsbedingungen bereits im ersten Jahr um 40 bis 50 Prozent wachsen und im zweiten Jahr noch einmal um ein Viertel. Für das dritte und die nachfolgenden Jahre seien regelmäßige Steigerungsraten von 10 bis 12 Prozent zu erwarten. Diese Verpflichtung, so betonten die Direktoren, könne eingehalten werden, wenn die Rubel, die sie auf dem Markt erlösten, in Maschinen, Dünger, Treibstoff, Zement, Holz und andere zu jener Zeit limitierte Waren umgesetzt werden könnten.

Ich trug diese Vorschläge mit entsprechenden Erläuterungen dem Leiter der Landwirtschaftsabteilung des ZK der KPdSU, Wladimir Karlow, vor, einem im damaligen Parteiapparat recht einflussreichen Mann. Er hörte sich alles sehr wohlwollend an und trug unsere Berechnungen in sein Dienstbuch ein, um sie an die »Zuständigen« weiterzuleiten. Sollte sich etwas Wesentliches ergeben oder sollten Fragen auftreten, werde man mich benachrichtigen. So trennten wir uns.

Bis 1986 traten weder Fragen auf, noch ergab sich etwas »Wesentliches«. Mein Abgeordnetenmandat in Temrjuk war inzwischen abgelaufen. Alexander Kuimdschiew wurde auf einen Wirtschaftsposten nach Krasnodar versetzt. Das war nicht unbedingt eine Strafe dafür, dass er gewagt hatte, selbständig zu denken, denn der ehemalige Sekretär erhielt dort mehr Gehalt. Aber dieser eigenwillige Charakter hatte von nun an mehr mit Konserven als mit Menschen zu tun.

Ich war inzwischen in die »hohe Politik« zurückgekehrt. Vor allem aber hatte ich einen Adressaten entdeckt, der allem Anschein nach auf eine ungeschminkte Meinung Wert legte. Wieder machte ich mich daran, den Stein zu behauen. Natürlich wäre es am besten gewesen, man hätte ihn mit einer gemeinsamen Kraftanstrengung einfach beiseite räumen können, um nicht ständig darüber zu stolpern. Aber so etwas gelingt nicht. Dann setzt man auf Geduld.

In der Presseagentur *Nowosti*, wohin man mich delegiert hatte, um der Glasnost Flügel zu verleihen, entdeckte ich eine Gruppe von Mitarbeitern, die Tatsachen zu schätzen wussten und bereit waren, ihre Meinung auch gegen den offiziellen Standpunkt zu vertreten. Offenbar aus diesem Grunde waren die meisten aus der Kategorie der Reisekader herausgefallen und erhielten keine Auslandspässe. Man sandte sie in der Regel auch nicht zu Symposien und Diskussionen, wo die Agentur zu vertreten war, obwohl *Nowosti* nach ihrem Statut eigentlich Sprachrohr der Öffentlichkeit war und nicht unbedingt den offiziellen sowjetischen Standpunkt notorisch zu verkünden hatte.

Im wirtschaftlichen Bereich entwickelte sich eine vertrauensvolle Zusammenarbeit vor allem mit Gennadi Pissarewski und Alexander Wosnessenski. Beiden hatte der Herr großzügiges Denken, einen geschärften Blick für Echtes und Falsches geschenkt. Nicht pauschale Verteufelung anderer Meinungen war ihre Sache, sondern meistens waren sie bestrebt, an die Stelle kurzlebiger und heuchlerischer Postulate Wissen zu setzen, das vor jeglichen »ismen« bestehen konnte.

Während Alexander Wosnessenski vor allem auf Kommentare spezialisiert war, die regelmäßig in den *Moskauer Nachrichten* erschienen, zog es Gennadi Pissarewski vor, Denkschriften für den internen Gebrauch zu verfassen. Pissarewski beherrschte sein Fach. Wenn das Thema mit einem Aspekt die »Klassiker« tangierte, nahm er niemals gängige Zitate für bare Münze, sondern griff stets auf die Originalquellen zurück. Als Verehrer Nikolai Gogols schrieb Pissarewski seine Gedanken durchaus nicht in hölzerner Sprache.

Wir wollten der neuen sowjetischen Führung eine gute Portion von frischem Wind servieren. Natürlich war die Sache riskant. Das Dissidentensyndrom war in den Jahren 1986 bis 1988 noch längst nicht überwunden. Wenn man die philosophische Kategorie von der Negation der Negation auf aktuelle Probleme der Gegenwart anwandte, konnte man nach wie vor mit dem Strafrecht in Konflikt geraten. Wenn die Dinge eine ungünstige Wendung nahmen oder die Herrschenden einer miesen Laune nachgaben, konnte man aus jedem unserer ketzerischen Papiere – andere waren aus meiner Sicht überflüssig – ohne weiteres eine Anklageschrift zimmern, und fertig wäre eine sowjetische Version des Falles Rudolf Bahro gewesen.

Gennadi Pissarewski scheute kein Risiko. Mir aber war ein derart dünnes Eis längst vertraut. Im Juni 1986 erklärte ich auf einer Sitzung bei Gorbatschow, an der die gesamte ideologische Elite teilnahm, in der Sowjetunion habe es keinen Sozialismus gegeben, seine Keime seien von der militär-feudalen Diktatur des Stalinismus vernichtet und entstellt worden, vor uns stehe nun die Aufgabe, die sozialistische Idee und die bislang davon weit entfernte Wirklichkeit wieder miteinander in Einklang zu bringen.

Im August 1986 überreichte mir Gennadi Pissarewski wie versprochen sein Memorandum »Über einen aufwandsenkenden Wirtschaftsmechanismus«. »Lesen Sie ihn diagonal«, meinte der

Verfasser. »Vielleicht bleiben Sie an der einen oder der anderen These hängen. Schon das wäre von Nutzen.«

Die 64 mit Maschine geschriebenen Seiten lockten und mahnten zugleich. Ich nahm mir ein paar Stunden Zeit und vertiefte mich in Pissarewskis Logik, die dank der Paradoxa noch stärker zum Ausdruck kam. Im Grundsätzlichen waren wir uns einig – die Uhr der sowjetischen Geschichte stand auf fünf Minuten vor zwölf. Um die Denkschrift aber Michail Gorbatschow und Alexander Jakowlew vorzulegen, worauf der Verfasser heimlich hoffte, musste man sie, ohne den Inhalt zu beeinträchtigen, in ihrem Aufbau straffen.

Gorbatschow und Jakowlew bekamen schließlich eine Variante von 40 Seiten mit sieben Anlagen zu Gesicht. Stil und Wortwahl Pissarewskis waren im Wesentlichen erhalten, und das nicht ohne Grund. Der Generalsekretär suchte gerade einen Mitarbeiter für Wirtschaftsfragen, einen Mann, der nicht unbedingt akademische Ränge sein Eigen nennen, aber die Materie beherrschen musste. Die Denkschrift war da keine schlechte Empfehlung. Zumindest erweckte sie Gorbatschows Aufmerksamkeit. Aber als Mitarbeiter des Generalsekretärs akzeptierte man Pissarewski nicht, angeblich weil er schon zum dritten Mal verheiratet war.

Diese Denkschrift war eine vernichtende Kritik sowohl der Zustände in der sowjetischen Wirtschaft von 1986, als auch der damals in Blüte stehenden Wirtschaftsideologie. Der Leser wurde an die Schlussfolgerung herangeführt, dass eine »radikale aufwandsenkende Wirtschaftsreform« lebenswichtig war. »Alle Teilverbesserungen des Wirtschaftsmechanismus (die wichtig und notwendig sind) bedeuten nur, dass wir die Kunst, im Handstand gehen zu lernen, weiter perfektionieren ...«

Die Denkschrift forderte auf, die Gleichmacherei aufzugeben, die ehrliche Arbeit benachteiligte, den Intellekt erniedrigte und einen Hohn auf das Prinzip der sozialen Sicherheit darstellte. Der Verfasser rief dazu auf, über den Markt, den Wiederaufbau einer Mehrsektorenwirtschaft und durch Aufhebung des Staatsmonopolismus zum Wertgesetz zurückzufinden.

Pissarewski mahnte, keine Feinde zu erfinden. Der wahre »Klassenfeind«, bemerkte er, sei das Aufwandsprinzip, das die Arbeit missachte, zum Raubbau an den Naturressourcen führe, den Verbraucher gegenüber dem Staat und dem Produzenten rechtlos mache, parasitäre Formen der Ausbeutung der Massen hervorbringe, die öffentliche und individuelle Moral verderbe. Die Justizorgane sollten sich mit den »Verschwendern« befassen, statt bei der Verfolgung Sacharows und Solschenizyns, bei der Aufrechterhaltung politischer Sterilität, bei Schwätzern und kleinen Halunken ihr Pulver zu verschießen.

In der Denkschrift wurde davor gewarnt, dass die Verfechter des aufwandsorientierten Mechanismus sich in Wirtschaft, Politik und Ideologie gegenseitig deckten, energisch und geschlossen handelten. »Wenn wir sie nicht zum Teufel jagen, nicht zwingen, sich zu verändern, dann werden sie den Menschen Denken und Anstand austreiben und werden das Land in einen Zustand führen, da wir auf die Frage der Geschichte, welchen Sinn der Kanonenschuss der ›Aurora‹ eigentlich hatte, keine Antwort mehr haben werden.«

Verfasser und Redakteur vollendeten diese Denkschrift im Jahre 1986. Die Ketzerei war in der Sprache der Zeit abgefasst. Der Text ist nicht frei von Phrasen und selbst Verbeugungen in Richtung der neuen Führungsriege. Das rettet einen nicht immer, wirkt aber psychologisch wie ein Airbag bei der Fahrt durch unwegsames Gelände.

Man behauptet, auch damals habe es Autoren gegeben, die zu solch zweischneidigen Themen im ersten Anlauf alle richtigen Akzente zu allen strittigen Stellen zu setzen vermochten. Möglich. Mir ist keiner dieser Art begegnet.

Gab es Resonanz auf diese Denkschrift? Alexander Jakowlew versicherte, man habe sie »gelesen, und zwar mit Interesse«. Wie schön. Es kam noch besser. Derselbe Jakowlew übermittelte den Wunsch des »Ersten«, weitere Gedanken über die Methode kennenzulernen, mit der man die sowjetische Wirtschaft heilen könnte, falls der Verfasser noch Pfeile im Köcher habe.

Nachfrage erzeugt Angebot. Nach oben gingen die Denkschriften »über eine aufwandsenkende Reform« (Gennadi Pissarewskis Variante wurde auf Empfehlung von Alexander Jakowlew noch einmal um die Hälfte gekürzt) und »Ein Modell der Perestroika«, wo wir unter anderem auf das Thema der Kooperativen eingingen. Es schien uns aus aktuellen Gründen wichtig – das war nun bereits 1988 –, die Aufmerksamkeit der Leser darauf zu lenken, dass Lenin bei Fourier, nicht bei Marx, in der Kooperation das »Geheimnis des Sozialismus« entdeckt habe.

Das »Modell der Perestroika« wurde Michail Gorbatschow vor der XIX. Parteikonferenz vorgelegt, als der Generalsekretär eine Massage ohne diplomatische Glacéhandschuhe brauchte. Deshalb bescherten wir ihm via Alexander Jakowlew noch ein weiteres Opus, das wir »Der Vektor einer zivilisierten Entwicklung unseres Landes« nannten. Bald gingen Signale bei uns ein, dass es, wie später auch mein Memorandum zur Parteikonferenz selbst, nicht nach Gorbatschows Geschmack war. Davon wird noch die Rede sein.

Möge der Leser den »Vektor« mit anderen kritischen Dokumenten vergleichen, die in den achtziger Jahren in der sowjetischen Gesellschaft im Umlauf waren. Wenn man die Veröffentlichungen professioneller Sowjetgegner einmal beiseite lässt, dann hält dieses Dokument mit seinen zugespitzten Einschätzungen und kompromisslosen Schlüssen jeder Gegenüberstellung stand. Hier nur einige Zitate:

»In der UdSSR leben 43 Millionen Arme. Wir haben ungefähr 40 Millionen unnötige Arbeitsplätze ... Christus' Gebot – Im Schweiße deines Angesichts sollst du dein Brot verdienen – gilt offenbar nicht für uns. Bei uns geht es darum, sein Brot zu erhalten.

Selbst wenn ein Mensch in unserem Lande nicht die Chance hat, ehrlich zu verdienen, besteht für ihn trotzdem die potentielle Möglichkeit, alles Notwendige zu erhalten – eine Wohnung, Bildung, ein Gehalt, ein Grundstück auf dem Lande, Behandlung in der Poliklinik und anderes mehr. Daran kranken wir.

Dass es bei uns möglich ist, in solchem Maße Schmarotzer an der Gesellschaft zu sein, hat viele Ursachen, darunter wirtschaftliche und historische ...

Russlands Tragödie besteht darin, dass es seit der Einführung des Christentums vor tausend Jahren von Menschen und nicht vom Gesetz regiert wird ... Wir sind erst dabei, uns von dem jahrhundertealten Dogma zu lösen, dass alles auf Gewalt zurückgeht – der Staat, die Ordnung, die Wirtschaft und die Kultur.

Das römische Recht hat um Russland leider einen Bogen gemacht. Der russische Mensch war auch niemals Eigentümer im vollen Sinne dieses Wortes. Er war stets ein Diener des Staates und des Herrschers, er nannte sich sogar so. Wer vorankommen wollte, konnte dies nur im Dienste des Zaren tun; alles, was er besaß, erhielt er von ihm.

Diese Entfremdung vom Eigentum ist, im Grunde genommen, bis heute erhalten geblieben. Was auch immer gesagt und geschrieben werden mag, welche Phantastereien oder Dissertationen auch immer erscheinen mögen – ein Mensch ohne Eigentum bleibt zu allen Zeiten ein Sklave. Entweder ein Sklave im direkten Sinne, oder ein leibeigener Sklave, ein leibeigener Kolchosbauer oder ein leibeigener sowjetischer Arbeiter ...

Dass der russische Mensch faktisch niemals Eigentum besaß, war eine unversiegbare Quelle sozialer Inaktivität. Stalin sagte ganz zutreffend, der sowjetische Mensch sei ein Schräubchen in der Maschinerie des Staates ... Das Schräubchen aber wartet darauf, dass es beglückt wird, dass der Staat ihm seine soziale Wohltat erweist ...

Welche Kraft veranlasst den Menschen zu arbeiten? Das ist die Grundfrage menschlicher Existenz.

Die Bourgeoisie hat so große Erfolge verbucht, weil sie auf diese Frage eine einfache Antwort gibt – das persönliche, das private Interesse.

… Das persönliche, das private Interesse veranlasst den Menschen nicht nur zu arbeiten, sondern erzeugt auch den Egoismus mit all seinen abstoßenden Folgen. Wo aber ist die Alternative? Sie entstand aus der Annahme, dass nur außerökonomischer Zwang den zerstörerischen Egoismus überwindet und den ersehnten wirtschaftlichen Effekt bringt. Der Zwang zur Arbeit – wie traurig dies auch ist – wurde zum A und O aller sozialen Utopien, angefangen von Thomas Morus und Campanella bis zu den Weltutopien neueren Datums.

… Ein System, das auf außerökonomischem Zwang beruht, kann nicht über das Niveau des Feudalismus hinauskommen. Weder nach seiner Arbeitsproduktivität, seiner Effektivität noch seinen sozialen Errungenschaften oder dem Niveau des Wohlstandes … Die Vernichtung des Warenproduzenten, der gesamten Warenproduktion wurde so zur Wurzel allen [unseren] Übels.

… Ohne zwei grundlegende Gesetze – ein Gesetz über das Eigentum und ein Gesetz über den freien Handel, das heißt ohne den Aufbau des Marktes, wird die Perestroika dem Terror von Dummköpfen und intelligenten Schurken zum Opfer fallen…

Die Dauerlitanei des Stalinismus ist die Schuldvermutung, die den sowjetischen Menschen a priori für alles verantwortlich macht … Um den Menschen ständig unter solchem Druck zu halten, braucht man ein besonderes System … Zum wichtigsten Hebel des Monoeigentums wurde das Prinzip ›verteile und herrsche‹. Und solange die materiellen Güter von Menschen beziehungsweise vom Verwaltungsapparat verteilt werden und nicht durch die Arbeit, nicht durch den Markt, werden wir das haben, was wir heute haben. Eines Tages wird das gar nichts mehr sein …

Wo das Monopol des Staates wirkt, gibt es keinen Verantwortlichen. Wo kein Verantwortlicher ist, da ist überhaupt nichts mehr … Wie sehr man sich um verschiedene Vorhaben müht – normale, menschliche Ergebnisse werden damit nicht erreicht, und Wirren sind unausbleiblich ... Parasitentum plus Nationalismus – das ist der Nährboden für soziale Spannungen. Deshalb brauchen wir unverzüglich die Freiheit des Handels, dazu die reale Gleichstellung aller Eigentumsformen. Nur Tüchtigkeit und Unternehmungsgeist können uns vor neuen Schwierigkeiten sozialer Art bewahren ...

Der Mensch ist ein aus Interessen zusammengesetztes Wesen. Es ist absurd, utopisch und auch unmenschlich, den Menschen direkt steuern zu wollen ... Man kann ihn töten und zum Krüppel schlagen, aber seine Interessen sind ihm nicht auszutreiben. Nur wenn diese Interessen auf humane Weise gelenkt werden, wird die Gesellschaft einen Weg zivilisierter Entwicklung einschlagen können ... Theoretisch ist allen klar, dass der Staat einfach kein Wohltäter sein kann ... Die Gesellschaft steht auf dem Kopf, deshalb scheint es auch, als ernähre der Staat jeden Einzelnen. Das glauben Millionen ...

Was ist zu tun? ... Wenn wir den Staatssozialismus nicht auf zivilisierte Weise demontieren und keinen qualitativ neuen Zustand der sozialistischen Gesellschaft erreichen, dann wird das heutige Gebäude zusammenbrechen und viele unter sich begraben. Uns – ganz gewiss.« (Den vollen Wortlaut siehe Anlage 2.)

In diesem nicht sehr optimistischen Ton endete das Papier. Zwischen den Zeilen und schwarz auf weiß war hier ein klarer Standpunkt formuliert – nicht zur Person Stalins, sondern zu den Eckpfeilern des Stalinismus, die auch unter Gorbatschow das Fundament des Systems bildeten. Wenn man diese nicht entfernte, dann spross aus dem Anspruch, einen »Sozialismus mit menschlichem Antlitz« zu errichten, nur eine weitere taube Blüte. Dies war nun Kritik an einem Vorgehen, dem Michail Gorbatschow selbst zugestimmt hatte. Man wollte die schwerste, unpopulärste Arbeit »auf später« verschieben und meinte, vorläufig genüge es, wenn man den Überbau verschönere, die Fassade erneuere und die Schilder wechsele.

Die Einführung eines Systems von Staatsverträgen mit den Produzenten anstelle der bisherigen Planung (Das Gesetz über die Leitung der Staatsunternehmen trat am 1. Januar 1988 in Kraft.) schaffte nach meiner Meinung das Problem nicht aus der Welt. Die herbeigeführte Situation nennt man überall in der Welt abfällig das Sitzen zwischen zwei Stühlen. Bereits Paul I. ließ den Spruch auf den Rubel prägen: »Nicht mir, nicht dir, sondern deinem Namen«. Er meinte: Im Namen Gottes zum gemeinsamen Nutzen. Die Perestroika-Architekten gaben zu verstehen: Ihr Russen wolltet Demokratie – bitte schön, eine Huldigung an »ihren Namen«.

Die staatliche Plankommission stellte nur strategische Weichen, lehnte aber jegliche Verantwortung ab, dass nötige wirtschaftliche Balancen weiterhin berücksichtigt werden. Den Platz dieses Supermonopolisten teilten sich nun Dutzende, ja Hunderte großer und kleiner Monopolisten, für die das neue Gesetz ohne Übertreibung eine wahre Goldader war. Spontan entstand ein Markt, der keinerlei Regeln und Normen mehr gehorchte. Er ging daran, die Kommandohöhen zu erobern, ohne abzuwarten, bis den Herrschern des Landes die elementare Erkenntnis dämmerte, dass die Wirtschaft und der soziale Bereich keine Sprünge und jähen Wendungen vertragen, sondern einer soliden rechtlichen Infrastruktur und einer klaren Steuerung bedürfen.

Im Oktober 1988 sandten Gennadi Pissarewski und ich Michail Gorbatschow ein weiteres Memorandum, das seiner Eigenliebe auch nicht schmeichelte. Es zielte auf die endlosen Schwankungen des Generalsekretärs, auf seinen Hang, die Dinge hinauszuzögern und darauf zu hoffen, später alles auf widrige Umstände schieben zu können.

In der Öffentlichkeit und mehr noch in den Sitzungen des Politbüros stellte Gorbatschow einen unbeugsamen Bolschewiken und Revolutionären dar: »Solange ich Generalsekretär bin, wird Lenins Erbe nicht verunglimpft und die Entscheidung für den Sozialismus verteidigt werden.« Spielte er hier nur meisterhaft oder glaubte er bis zu einem bestimmten Zeitpunkt selbst an das, was er sagte?

In unserer Denkschrift zogen wir Lenin, ganz genau gesagt, den Lenin, der durch die Hölle von Bürgerkrieg und Intervention gegangen war, nicht in Zweifel. Wir konzentrierten uns darauf nachzuweisen, dass das Stalinsche Modell, das bis zur Perestroika bestanden hatte, sowohl den Vorstellungen des Praktikers Lenin als auch dem Sozialismus – ob man diesen nun akzeptierte oder ablehnte – absolut fremd war und zudem auch den Imperativen der gesellschaftlichen Entwicklung widersprach.

»Die Gesellschaft ist es müde, in wirtschaftlicher und manch anderer Hinsicht weiter auf dem Kopf zu stehen«, hieß es in der Denkschrift. »Das ist eine Gefahr und zugleich eine Chance. Das Beispiel Chinas zeigt, wie dankbar das Volk reagiert, wenn man ihm erlaubt, statt dem Maoismus zu huldigen, endlich ungestört zu arbeiten. Wir müssen uns allerdings darauf einstellen, dass es objektiv komplizierter sein wird, die sowjetische Wirtschaft voranzubringen, denn die Entfremdung des Bauern von der Scholle und die Unterdrückung jeglicher Privatinitiative ist bei uns viel weiter gegangen als bei allen unseren Nachbarn.«

Und weiter: »Ungeachtet aller Einschränkungen ist festzustellen, dass der normale Wirtschaftskreislauf in der Sowjetunion nicht wiederhergestellt werden kann, wenn man weiterhin um den Markt einen Bogen macht … Auf dem sozialistischen Markt schlagen die unzähligen befriedigten Bedürfnisse in ein Vertrauensmandat für Partei und System um, wodurch das Fundament unserer Gesellschaft erst die nötige Stabilität gegen jegliche Erschütterungen erhält.

Daraus folgt: Das gegenwärtige Durcheinander auf dem Markt ist ein Alarmsignal. Hier geht es nicht um Unannehmlichkeiten allein, die den Menschen täglich die Laune verderben und ehrliche Betriebsleiter um ihre Gesundheit bringen. Nein, das ist alles viel ernster, denn der Markt wird zum entscheidenden Forum der Partei, ob uns das gefällt oder nicht.«

Der Text der Denkschrift ist als Anlage beigefügt (siehe Anlage 3). Ich kann mich also auf einige Repliken und Feststellungen beschränken, um zu erklären, was wir damit bezweckten.

Wir erinnerten Michail Gorbatschow daran, dass – nach Lenin – die Kronstädter Revolte vom März 1921 »der politische Ausdruck eines wirtschaftlichen Übels« war.

»Der Staatssozialismus, wo der Staat durch seine Beamten über alles verfügt – vom rostigen Nagel bis zur Weltraumstation –, kommt niemals über leere Losungen hinaus ... Sozialismus ohne Markt ist eine zutiefst kranke Gesellschaft, in der der Austausch von Arbeitsäquivalenten gestört ist. Das Kettenglied ›Produktion – Austausch‹ ist sozialistisch. In gleichem Maße ist es aber auch bürgerlich oder feudal, denn es ist ewig: Das Wertgesetz ist gleichsam die Leber des Wirtschaftsorganismus jeder Gesellschaftsformation.«

Wenn die Perestroika darauf hinauslaufen würde, lediglich am Stalinismus herumzuflicken oder ihn schöner herauszuputzen, dann gäbe sich eine Partei, die diesen Weg wählt, selbst dem Untergang preis; sie beginge Selbstmord. Wirkliche Reformen, die sich Demokratie und Sozialismus zum Ziel setzen, sind unmöglich, solange nicht das Hauptergebnis des gegen den Geist der Oktoberrevolution gerichteten Umsturzes der Jahre 1928 bis 1932, der Hauptantagonismus der Sowjetgesellschaft, überwunden ist – die Entfremdung des Menschen vom Eigentum und von der Macht.

In der Denkschrift formulierten wir drei Postulate, die zur Richtschnur unseres Lebens werden sollten:

»1. Ein normaler Austausch von Arbeitsäquivalenten, der nur auf dem Markt möglich ist und das absurde Aufwandsprinzip in der Praxis überwinden wird.

2. Ein normaler Informationsaustausch, der sich nur bei Demokratie und Glasnost vollzieht. Informationsautarkie, die Blockierung und Behinderung der Informationsströme durch Dogmen, ihre autoritäre Steuerung lässt den Sozialismus unweigerlich zu Stalinismus und westliche Demokratien zu Faschismus entarten.

3. Ein normales System der Rückkopplung, das mit dem Vorrang des Gesetzes das autoritäre Übel überwindet. Die Gesellschaft kann nur von Gesetzen und nicht von Menschen gerecht geführt werden. Wenn es daran fehlt, wird die Gesellschaft anomal.«

»Es ist nötig, sowohl den Beamten als auch den Dogmatiker zu zwingen, diese drei Wahrheiten zu akzeptieren. Denn die Perestroika geht ohne Demokratie und Glasnost, bei anhaltender Rechtlosigkeit, ohne Freiheit des Handels zugrunde. Mit der Perestroika stirbt dann auch der Sozialismus: Dies ist unsere letzte Chance.« Zur Realisierung dieser Chance, so betonten wir, blieben *zwei bis drei Jahre, nicht mehr.*

Wenn man Alexander Jakowlew Glauben schenken durfte, dann hatte der Generalsekretär das Memorandum gelesen und war nachdenklich geworden. Welche Gedanken und Gefühle unsere unorthodoxen Wertungen und Prognosen bei ihm erweckten, haben wir nie erfahren. Wahrscheinlich sehr widersprüchliche, sonst wäre es nicht zu erklären, weshalb Ende 1988 oder Anfang 1989 in meiner Moskauer Wohnung Abhöranlagen eingebaut wurden.

Eine Information wirkt um so stärker, je größer die ideologische Distanz zwischen Menschen ist, die analoge Meinungen äußern. Mit diesem Hintergedanken ließen wir Michail Gorbatschow Informationen darüber zukommen, wie angesehene Geschäftsleute Europas auf die Vorgänge in unserem Lande reagierten.

So dachte zum Beispiel Mario Schimberni, früher Chef des Montedison-Konzerns und Ende der achtziger Jahre Generalkommissar der italienischen Eisenbahnen, laut darüber nach, was geschehen könnte, wenn Michail Gorbatschow, den er für eine labile Führungsfigur hielt, stürzen oder die UdSSR zerfallen sollte. Das war, wohlgemerkt, 1989. Das ganze Sowjetsystem, meinte Schimberni, sei von einer Langzeitkrise erfasst, aus der es zumindest bis zum Ende des Jahrhunderts nicht herauskommen werde. »Die Krise«, stellte der Italiener fest, »könnte zu unabsehbaren Folgen führen.« »Sollte die Perestroika misslingen«, sagte Schimberni voraus, »könnte die UdSSR im Dunkeln versinken und mit ihrem gewaltigen Militärapparat zu einem höchst gefährlichen Faktor für die Welt werden.«

In den Denkschriften zu Wirtschaftsfragen, die wir in den Jahren 1986 bis 1988 verfassten, wiederholten sich einige Thesen und ergänzten einander. Diese Wiederholungen waren kein Versehen, sondern Absicht. Einige Gedanken variierten wir von Text zu Text: Der Erfolg der Perestroika hing in entscheidendem Maße davon ab, dass die Prioritäten richtig gesetzt wurden, dass es gelang, die einzelnen Schritte zu einem geschlossenen System zusammenzufügen, dass man bei der Überwindung des offenen und verdeckten Widerstandes der Gegner der Erneuerung genügend Konsequenz und Festigkeit zeigte, denn diese versuchten mit allen Mitteln zu verhindern, dass die Perestroika Wirklichkeit wurde.

Politiker sind wie ein englischer Rasen: Wenn man ihn nicht ständig jätet und schneidet, wird er moosig und gerät außer Form. Wenn in unseren Papieren nicht mindestens ein halbes dutzendmal die Wörter »Markt«, »Wertgesetz« oder »die Kooperative der Kooperativen« vorkamen, wenn wir unsere Berechnungen nicht mit unerschütterlichen Fakten aus der Entstehungsgeschichte der Leninschen NÖP untermauerten, wäre es a priori verfehlt, Gorbatschow dazu zu bewegen, das Visier zu öffnen und nicht länger hin- und herzuschwanken.

Zwar ist Wiederholung die Mutter der Weisheit, aber leider ist sie durchaus keine Garantie dafür, dass man sie auch wirklich verstehen wird. Zudem sind geborgte Überzeugungen unbeständig und verflüchtigen sich beim ersten Regen. Oder, wie Heinz Rühmann in einer seiner Rollen zu sagen hatte: Anständig wird man nur allein.

Schwankungen in der Politik sind meist zum eigenen Nachteil, aber den größten Schaden richten sie in der Wirtschaft an. Hätte man Michail Gorbatschow davon überzeugen können, den wirtschaftlichen Aufgaben alles Übrige unterzuordnen, wäre das Schicksal der Sowjetunion zweifellos anders verlaufen. Wenn der Generalsekretär die ihm vorgelegten Memoranden und Recherchen als Warnsignal verstanden und nicht nur als spannende oder aufdringliche Lektüre angesehen, wenn er die dort enthaltenen Vergleichsdaten zur Entwicklung der UdSSR und ihrer Hauptrivalen zur Kenntnis genommen hätte, dann wäre vielleicht weniger Selbstsicherheit von ihm ausgegangen. Denn nach den Hauptkennziffern, insbesondere bei Informatik, Mikroelektronik, neuen Werkstoffen, Biotechnologie und anderem, wurde unser Rückstand gegenüber den USA, Japan und Westeuropa nicht geringer, sondern hatte inzwischen nahezu hoffnungslose Ausmaße erreicht. Von der Effektivität der Investitionen, der Qualität der Erzeugnisse, ihrer Energie- und Materialintensität, dem Verarbeitungsgrad der Rohstoffe, der Umweltbelastung, mit anderen Worten, von der gesamten Wirtschaftskultur gar nicht zu reden. Neben den Denkschriften lieferten wir Michail Gorbatschow und Alexander Jakowlew Analysen beziehungsweise Informationen zu verschiedenen ökonomischen Problemen. Zwei Beispiele sind als Anlagen 4 und 5 wiedergegeben.

Ich betone immer wieder, es trifft nicht zu, der Generalsekretär sei unzugänglich gewesen und habe sich von Anfang an mit einem undurchdringlichen Panzer von der realen Welt abgeschirmt. Es ist eine Tatsache, dass Michail Gorbatschow auf Beratungen, die er selbst einberief, durchaus ein breites Meinungsspektrum von Experten verschiedener wirtschaftspolitischer Schulen duldete. Dass zu solchen Treffen gelegentlich auch Gennadi Pissarewski eingeladen wurde, deutet darauf hin, dass an unseren Denkschriften Interesse bestand. Dass ich den Auftrag erhielt, eine Zuarbeit für das Referat des Generalsekretärs auf einem ZK-Plenum über Misswirtschaft und daraus resultierende Verluste zu liefern, spricht für den Grundsatz: Steter Tropfen höhlt den Stein.

Allerdings gibt es auch ganz andere Meinungen, und auch

diese von durchaus maßgeblichen Leuten. Schlagen wir das Buch auf, das der Chef der letzten Sowjetregierung, Valentin Pawlow, geschrieben hat. Er ist ein Finanzfachmann, der niemals in Parteistrukturen saß, kein Lobbyist der Rüstungsindustrie und auch nicht mit jemandem verwandt, der im letzten halben Jahrhundert an der Spitze der UdSSR stand. Pawlow gehörte dem Staatlichen Notstandskomitee an und wurde im August 1991 als Putschist verhaftet. Andere Merkmale des gestürzten Systems, nach denen die Menschen in Russland heute wieder in saubere und unsaubere eingeteilt werden, hat Valentin Pawlow allerdings nicht aufzuweisen.

»Obwohl der Generalsekretär über kolossale Möglichkeiten verfügte, die objektiven Anforderungen der Marktwirtschaft zu realisieren, setzte er mit bolschewistischer Furchtlosigkeit wirtschaftliche Gesetze ›außer Kraft‹, weil er persönlich andere politische Ziele verfolgte. Das ist das eigentliche Drama der Gorbatschowschen ›Perestroika‹. In Wirklichkeit hat keinerlei Perestroika im Sinne einer Umgestaltung stattgefunden. An ihre Stelle traten der Kampf um die Macht, die gedankenlose Demontage des gesellschaftspolitischen Systems und danach auch des Staates«, so schreibt Pawlow in seinem Buch *Upuschtschen li schans? – Ist die Chance verspielt?*[22]

»Übrigens müssen im Interesse der Wahrheit«, führt der ehemalige Premierminister fort, »die Dinge voll ausgesprochen werden. Als bereits 1982 die Vorbereitungsetappe des Übergangs zur Marktwirtschaft objektiv einsetzte, unterbrach diese kein anderer als ... Gorbatschow. Als dann auf dem Juniplenum des ZK der KPdSU von 1987 mit einer Verspätung von fünf Jahren nicht nur demagogische politische Deklarationen verkündet, sondern konkrete Beschlüsse zur Durchführung einer Preisreform gefasst wurden, waren es wieder Gorbatschow und seine radikalen Anhänger, die diese torpedierten und damit die Hoffnung auf einen stabilen, evolutionären Übergang zur Marktwirtschaft zunichte machten. Statt durchdachter, planmäßiger Reformen kam die Zeit der Sprünge und Stürze, die das Land an den Rand der Krise brachten« (ebenda).

Valentin Pawlow lässt die Ereignisse von Mitte der achtziger Jahre noch einmal Revue passieren und kommt zu dem Schluss, dass die damaligen Diskussionen über die Marktwirtschaft ziemlich abstrakt waren. »Gorbatschow«, schreibt er, »dachte überhaupt nicht in wirtschaftlichen, sondern in zutiefst politischen Kategorien.« Und als es im Dezember 1986 darum ging, das Verhältnis zwischen wirtschaftlichen und politischen Reformen zu bestimmen, entschied sich Michail Gorbatschow »bedingungslos für das Primat der Politik«. Dies betrachtet der ehemalige Premierminister als »einen der für Gorbatschow typischen großen Fehler«[3].

Aus Pawlows Buch erfuhr ich übrigens, dass die Denkschriften, die Gennadi Pissarewski und ich von 1986 bis 1988 verfassten, Überlegungen nahe kamen, die Gorbatschow von den »Arbeitsgruppen« erhielt, welche ihm Material für die Plenartagungen des ZK vorbereiteten. Die Unterschiede waren mehr bei Terminologie, Stil und Akzenten zu finden, nicht aber beim Wesen der Vorschläge.[4]

Dass Michail Gorbatschow mit der Wirtschaft nicht auf gutem Fuße stand, erklärte ich mir aus seiner Mentalität und dem konkreten Verlauf seiner Karriere. Warum sollte er über den Rubel zu regieren versuchen, sich mit Bruchteilen von Prozenten und irgendeinem Wertgesetz befassen, da er doch unbegrenzte Macht in seinen Händen hielt – und das nicht in der Region Stawropol, sondern in der riesigen Sowjetunion? Dafür hätte er sich selbst grundlegend ändern müssen, was tausendmal schwieriger ist, als Experimente an anderen vorzunehmen.

Gorbatschows Schwachstelle als Führungspersönlichkeit der Partei und des Staates lag darin, dass ihm ein klares, in allen lebenswichtigen Bestandteilen stimmiges Programm und ein fester Aktionsplan fehlten. Das betraf vor allem wiederum den Bereich der Volkswirtschaft. Ohne dies ist keine neue Qualität in der Wirtschaft zu erreichen, können die notwendigen Kräfte und Mittel nicht mobilisiert, unvermeidliche negative Folgen und Verluste nicht auf ein Minimum reduziert werden. Im 15. Jahrhundert konnte man, wie Kolumbus, einfach nach Westen segeln und dabei etwas Großartiges entdecken, zum Beispiel Amerika statt Indien. In unserem aufgeklärten Zeitalter können Glaube und Intuition nur eine Hilfsrolle spielen. Wissen und auf den konkreten Tatsachen fußende, mathematisch präzise Berechnungen können sie auf keinen Fall ersetzen.

Kurz vor Toresschluss – das war schon im Jahre 1990 – versuchte ich, Michail Gorbatschow noch einmal für ein Wirtschaftsprojekt zu interessieren. Wortgeklingel um die Notwendigkeit, das Dorf zu neuem Leben zu erwecken, nationale Programme für die Modernisierung der landwirtschaftlichen Produktion und den Aufbau der sozialen Sphäre auf dem Dorfe auszuarbeiten, gab es mehr als genug. Nicht ohne Anteil des späteren Vaters der Perestroika – er war damals im Politbüro für die Landwirtschaft zuständig – hatte man sich Mitte der achtziger Jahre einen weiteren bürokatischen Überbau ausgedacht – den Agrar-Industrie-Komplex (Agroprom). Über diesen kursierte folgender Witz: Ein Mitarbeiter des KGB fragt seinen Kollegen vom CIA: »Nun mal ganz unter uns – Tschernobyl ist doch euer Werk?« – »Ich kann schwören«, antwortet der Amerikaner, »mit Tschernobyl haben wir nichts zu tun, aber der Agroprom – das war unsere Idee.«

Der Sinn meiner Initiative bestand darin, ein für alle Mal mit dem Schwindel Schluss zu machen, dass man dem Dorfe mit der einen Hand Kredite, Subventionen und steigende Aufkaufpreise für seine Produkte gewährte, mit der anderen aber über den nichtäquivalenten Austausch mit Industrieerzeugnissen das Danaergeschenk wieder zurücknahm, und noch dazu mit Wucherzinsen. Mit der Einführung des Agrar-Industrie-Komplexes klaffte die Preisschere für Landwirtschaftsprodukte und Industriegüter immer rascher und weiter auseinander.

Dieser Zustand konnte nach meiner Vorstellung dadurch verändert werden, dass man die Betriebe des Landmaschinenbaus den Kolchosen und Sowchosen als Eigentum übergab. Die Kolchosen und Sowchosen hätten auf diese Weise das Ministerium für Landwirtschaft, den Agroprom und alle anderen Kontore, die den Bauern im Genick saßen, umgehen können, hätten nicht mehr »planmäßig« und nach einer willkürlichen Preisliste alles »abnehmen« müssen, ob sie es brauchten oder nicht, sondern hätten selbst bestimmen können, was die entstaatlichten Betriebe wann produzierten, ohne auf die Selbstkosten wahnsinnige Superprofite aufzuschlagen.

So wäre es gelungen, in den Zweigen, die mit der Landwirtschaft zusammenarbeiteten, den Würgegriff des staatlichen Monopols zu lockern. Für die »Kooperative der Kooperativen« wäre grünes Licht gegeben worden, wo alle Beteiligten nicht an Berichten über Stoßaktionen bei Aussaat und Ernte, sondern an einem höheren Endprodukt, das bis zum Verbraucher gelangte, materiell interessiert waren.

In einer Sitzungspause des XXVIII. Parteitages meldete ich Michail Gorbatschow diese »brandaktuelle« Idee. »Später«, wies der Generalsekretär mich ab, obwohl die Entscheidung auf der Hand lag. »Ich habe jetzt andere Sorgen.« Gorbatschow hatte eindeutig die Absicht der Delegierten von der Basis aus der Fassung gebracht, sich mit den Moskauer »Bonzen« und »Apparatschiks« anzulegen.

Ich habe hier etwas, das besonders bei den Delegierten aus dem Agrarbereich Resonanz finden könnte, fuhr ich fort. Kurz umriss ich das Wesen des Problems. Gorbatschows Geste bedeutete: »Lasst mich damit in Ruhe.«

Da es direkt nicht gelang, versuchte ich es auf Umwegen. Bei einem Aufenthalt in Mogiljow empfahl ich der Führung Belorusslands abzuwägen, ob meine Idee den Bauern in ihren Regionen nützen könnte. Äußerlich nahmen die Belorussen meine Argumente interessiert auf und versprachen, alles gründlich zu prüfen. Vielleicht wollten sie nur höflich sein.

Bald jedoch zogen dunkle Wolken am Horizont auf. Es krachte im Gebälk. Jede Republik sorgte sich nur noch um sich selbst. Das Beispiel der russischen Spalter, die im Juli 1990 das Kredit- und Finanzsystem der RSFSR aus der Sowjetunion ausgegliedert hatten, fand nun seine Nachahmer. Von diesem Zeitpunkt an konnte man nur noch sehr bedingt von einer einheitlichen, integrierten Sowjetwirtschaft sprechen.

Die Regierung der UdSSR bereitete einen Erlass vor, der die Beschlüsse des Obersten Sowjets Russlands als gegen die Verfassung gerichtet aussetzen sollte. Michail Gorbatschow zog die Sache jedoch Woche um Woche hin. Schließlich weigerte er sich, den Erlass zu unterzeichnen. »Was wir jetzt brauchen, ist gemeinsame Aufbauarbeit, keine Konfrontation«, begründete er seine Haltung.[5]

War sich der Präsident der Folgen seiner Schritte bewusst? Oder schwebte er schon derart in den Wolken, dass nicht einmal sein Selbsterhaltungstrieb mehr funktionierte? Auf jeden Fall sind die Ungereimtheiten in Gorbatschows Verhalten allein mit wirtschaftlicher Inkompetenz nicht zu erklären. Ich kann allerdings auch denen nicht ohne weiteres zustimmen, die ihm Hochverrat vorwerfen, der damals angeblich klare Konturen angenommen habe, oder die ihn – etwas milder – krimineller Nachlässigkeit und Verantwortungslosigkeit bezichtigen, die die Katastrophe vorprogrammierten.[6]

Stunde der Wahrheit oder eine Falle?

Der Perestroika waren alles in allem sechs Jahre und zehn Monate Zeit beschieden. Das heißt, die XIX. Parteikonferenz fiel genau in die Mitte des Schlusskapitels der Chronik der Sowjetunion. Zumindest zeitlich gesehen. Wenn man das Wesen der Sache betrachtet, dann kann man ohne Übertreibung sagen, dass die Konferenz einen Scheitelpunkt nicht nur für die Partei, sondern auch für die sowjetische Gesellschaft und das ganze Land bedeutete.

»Alle Macht den Sowjets!« Auf den ersten Blick war die unmittelbare Demokratie im Begriff, Positionen zurückzuerobern, die sie in schlimmer Zeit an den Kriegskommunismus hatte abtreten müssen. Wenn es sich aber nur um eine Wiederherstellung des Originals handeln sollte, weshalb redeten dann zunächst Alexander Jakowlew, danach Michail Gorbatschow und schließlich die Konferenz von einer Veränderung des politischen Systems? Diese Frage drängte sich auf, und ich stellte sie damals hörbar. Als Antwort ließ Alexander Jakowlew eine weitschweifige Tirade vom Stapel, aus der mir klar wurde, dass man aus einem trüben Wasser Fische ziehen wollte.

Sonst wäre es beinahe selbstverständlich gewesen, die Artikel, die der vollen Macht der Sowjets widersprachen, in der Verfassung der UdSSR zu tilgen. Der Generalsekretär bestand aber auf einem Beschluss des Plenums des ZK, der seine Mitglieder dazu verpflichtete, auf dem Kongress der Volksdeputierten den Änderungen am Grundgesetz Widerstand zu leisten, die die Stellung der KPdSU als der einzigen »lenkenden« und »leitenden« Kraft der Gesellschaft einschränkten. Lediglich zwei Teilnehmer des Plenums – Arkadi Wolski und ich – stimmten nach ihrem Gewissen und nicht nach dieser Vorgabe.

Michail Gorbatschow und seine nächsten Parteibojaren führten etwas im Schilde. Wer nicht in ihre sorgsam gehüteten Geheimnisse eingeweiht war, konnte sich nur in Vermutungen ergehen. Nein, die Veränderung des politischen Systems kam keiner Übergabe der Macht von der Partei an die Sowjets gleich. Aber Glasnost und Meinungspluralismus in der Presse deuteten doch auf ein Mehrparteiensystem und die Beseitigung des ideologischen Monopols hin. Das verstand nicht einmal ein siebengescheiter Mensch. Die Aufhebung der Zensur konnte man bei einiger Großzügigkeit als Rückkehr zu den Anfängen vom Oktober 1917 werten. Nicht aber als einen Wechsel des »Systems«.

»Alle Macht den Sowjets!« Von unten bis oben? Oder versuchte man dort, auf der obersten Etage, etwas zu etablieren, das auf russischem Boden noch nicht erprobt worden war? Warum vermieden es Michail Gorbatschow und Alexander Jakowlew so peinlich, davon zu sprechen, dass die Entstalinisierung in ihre entscheidende Phase trat? Warum nannten sie das Regime, das der Diktator dem Lande aufgezwungen hatte, nicht so, wie es das verdiente? Und was bedeutete das Interesse, das man seit einiger Zeit den Wahlsystemen und dem Aufbau anderer Staaten wie zum Beispiel Frankreichs und der USA entgegenbrachte?

Das Prinzip der Kontinuität war nun in unserem gesellschaftlichen Haus einer Zerreißprobe ausgesetzt. Eine Generalüberholung des Ererbten stand auf der Tagesordnung. Allem Anschein nach wollte man sich nicht mit dem Abwerfen von all dem begnügen, was einer Gesellschaft der sozialen Gerechtigkeit und der Volksherrschaft fremd war, wie es die Perestroika anfänglich zu ihrer Parole erhoben hatte. Worum ging es dann? Um den Start in eine rätselhafte Zukunft?

Ein System »mit menschlichem Antlitz« – das sind Worte, hinter denen vieles oder nichts stehen kann, denn, wie eine Spruchweisheit sagt, nicht Schönheit macht Liebe, sondern Liebe macht Schönheit. Wenn nichts fest umrissen wird, dann ist Beliebiges möglich. Wie aber setzt sich dieses Mögliche in die Realität um?

Das hängt davon ab, wer mehr Entschlossenheit und Beharrlichkeit an den Tag legt, wer sich weniger mit fruchtlosen Zeremonien aufhält. Kurz gesagt, in unserem Falle konnte der mit Erfolg rechnen, der im Kampf um die öffentliche Meinung die Initiative ergriff. Michail Gorbatschow war da nicht unbedingt in einer hoffnungslosen Lage. Er brauchte einfach eine andere Taktik, musste sich auf die Wahrheit und die Tatsachen stützen, die noch das beste Gegengift gegen Populismus sind.

Ich sandte Gorbatschow einige Denkschriften. (Zwei von ihnen sind als Kopien wieder in meine Hände gelangt und werden im Anhang wiedergegeben – siehe Anlagen 6 und 7.) Der Form nach waren dies Thesen zu seinem Referat auf der XIX. Parteikonferenz oder – wahlweise – zu seiner Rede auf dem Plenum des ZK vor deren Eröffnung. Mein Anliegen bestand aber auch darin, nicht nur eventuelle Zuhörer, sondern vor allem den Generalsekretär selbst darauf hinzuweisen, dass eine Kluft zwischen Wort und Tat von Übel ist, dass wir eine halbe Perestroika, eine halbe Demokratie und halbe Glasnost ebenso wenig brauchen konnten wie die halbe Wahrheit, einen halben Humanismus oder halben Sozialismus.

»Unter keinen Umständen dürfen an die Stelle der alten Dogmen neue treten – modernisierte, aufgeputzte und glattgeschliffene, aber trotzdem Dogmen. Weder im Großen noch im Kleinen dürfen wir zulassen, dass Sozialismus und Demokratie in Gegensatz zueinander gebracht werden, wozu uns die Verfechter des goldenen Mittelwegs verleiten wollen. Sie argumentieren, dann hätten wir wenigstens ein bisschen Sozialismus. Wenn wir aber zu riskant vorgingen, könnte Schlimmes geschehen.«

»Überlegen Sie«, lesen wir in dem Schreiben vom 14. April 1988 weiter: »Unsere Gegner im Ausland prophezeien, dass aus der Perestroika nichts werden wird, wenn wir uns nicht vom Sozialismus lossagen. Unsere hausbackenen Skeptiker schmähen die Perestroika von der anderen Seite. Das Ergebnis ist ähnlich. Und im Grunde genommen haben sie gar nicht so unrecht, wenn man davon ausgeht, dass es ohne große und kleine Kulte, ohne die allgemeine Schuldvermutung und die Missachtung des gesunden Menschenverstandes angeblich keinen Sozialismus geben kann ...

Aber diese erzwungene Herrschaftsmethode als unsere Existenzform – als den »realen Sozialismus« – einzuführen taugt zu gar nichts. Das bedeutet, den Marxismus-Leninismus zu bestehlen, ihn zu einer Art politischen Theaters herabzuwürdigen, deren es in unserem 20. Jahrhundert bereits im Überfluss gibt ...

Bei dem ganz jungen Marx finden Sie den trefflichen Gedanken: »Raubt der Sache diese gesellschaftliche Macht und ihr müsst sie Personen über die Personen geben.«[7] Knapp und weitblickend gesagt. Schaffen Sie dem Menschen die Bedingungen, die ihn zum Menschen machen, und es entsteht eine Persönlichkeit, die auf ihre Fahnen geschrieben hat: Alles für den Menschen, alles für das Wohl des Menschen? ...

Können wir uns mit den Errungenschaften der vergangenen Jahrzehnte zufrieden geben? Kümmert uns nicht der Preis, den wir dafür bezahlen mussten? Ist es unserer würdig, unbequemen und schwierigen Fragen auszuweichen, unsere Schande mit sogenannten historischen Reliquien zu bedecken? Der Sozialismus ist kein Reliquienschrein – Niedertracht und Verbrechen können mit keinerlei »höheren Erwägungen« gerechtfertigt werden. Es gibt in der Weltanschauung des Sozialismus nichts, das den Führerkult, das Abwerten der Rolle der Massen oder das Auslöschen der Individualität des Menschen erforderte. Wenn diese Erkenntnis für uns nicht zum politischen und moralischen Imperativ wird, dann sind wir vor Rückfällen in den Kult auch in Zukunft nicht gefeit.«

Die Thesen vom April 1988 endeten mit den Worten: »Die Perestroika tritt jetzt in die entscheidende Phase ihrer Abgrenzung von der Vergangenheit ein. Nicht mit Worten, die man unterschiedlich auslegen kann, sondern in der Tat, an der nicht mehr zu rütteln ist. In dieser Stunde der Wahrheit findet alles seinen Platz, fallen die Masken. Jeder beweist selbst, was er wert ist und wofür er steht« (Anlage 6).

Einige Wochen später sandte ich Michail Gorbatschow ein Schreiben zur Außenpolitik. Der Anruf Alexander Jakowlews, der mir den Wunsch des Generalsekretärs mitteilte, lapidar formulierte Gedanken zu diesem Thema zu erhalten, versetzte mich nicht gerade in Begeisterung; schließlich hatte es auf mein letztes Papier noch keinerlei Reaktion gegeben. Aber Auftrag war Auftrag, und die Zeit für eine gehörige Dosis Ketzerei war günstig.

Auf fünf Seiten brachte ich einiges unter:

»In einer bestimmten Etappe hat unsere Gesellschaft das systematische Vorgehen bei der Analyse der Prozesse aufgegeben und hat alles in einen Topf geworfen. Wir kamen zu den berüchtigten Bruttokennziffern, und endlose Gleichgültigkeit mit ihren unweigerlichen Folgen breitete sich aus: Das positive Ziel ging verloren, wirklich Wichtiges und Zweitrangiges geriet durcheinander, das Gespür stumpfte ab – nicht nur für den möglichen Vorteil, sondern auch für die reale Gefahr …

Die Krise unserer Politik Ende der siebziger, Anfang der achtziger Jahre war in gewisser Weise unumgänglich. Dies war eine zutiefst utilitaristische und in vieler Hinsicht dogmatische Politik, die zu neun Zehnteln, wenn nicht noch mehr, auf die Zusammenarbeit mit den USA setzte und sich damit in Abhängigkeit von Washington begab. Weiter war dies eine Politik, deren Voluntarismus bis ins Extrem ging, denn sie ignorierte die Auswirkungen der Konfrontation, die für die sowjetische Gesellschaft als die wirtschaftlich weniger entwickelte und geographisch stärker angreifbare besonders belastend war, auf die Lebensbedingungen des Volkes und unsere soziale Entwicklung. Das war schließlich in gewissem Maße auch eine abenteuerliche Politik, denn sie ging nicht von den Realitäten, sondern von der abstrakten Vorstellung aus, der Kapitalismus sei unwiderruflich dem Untergang geweiht und der Sozialismus werde unweigerlich triumphieren« (Anlage 7).

Darüber zu urteilen, was von dem wenig schmeichelhaften Kommentar über unsere jüngste Vergangenheit auch auf die

Gegenwart zutraf, überließ ich dem Auftraggeber. Dasselbe galt für den Appell, »die Apostel der Gewalt aus ihren Löchern zu holen, ihnen die tarnenden Hüllen herunterzureißen und zu zeigen, dass der Militarismus der Gesellschaft die Lebenssäfte aussaugt, um sich selbst und seinesgleichen immer wieder zu reproduzieren. Mehr als alles andere fürchtet der Militarismus das helle Licht der Öffentlichkeit. Sein Nährboden sind Misstrauen, Spannungen, Reibungen, nicht Wissen, sondern Mythen.« Kein Hinweis darauf, dass die Pfeile nur auf die Apologeten von Gewalt und Militarismus in fremden Ländern zielten.

Über die Konferenz selbst will ich mich nicht weiter verbreiten. Sie lief hektisch ab, begleitet von Höhen und Tiefen. Der Generalsekretär war nicht in Bestform. Die Repliken, mit denen er um sich warf, waren nicht beeindruckend. Auf die Bitten der Delegierten, zu erläutern, wie sich die Übertragung der Macht von der Partei auf die Sowjets damit vereinbaren ließ, dass man in den Regionen die Partei- und Staatsfunktionen in Personalunion vereinigte, folgten keine einleuchtenden Antworten. Trotzdem passierten die Resolutionen über die Veränderung des politischen Systems, Beschlüsse von fundamentaler Bedeutung, wohlbehalten die Konferenz.

Das Vorhaben, auf der Konferenz mit Boris Jelzin abzurechnen, schlug hingegen fehl. Jelzin ging aus dieser heiklen Situation als Sieger nach Punkten hervor und war überzeugter denn je, dass er in der Auseinandersetzung mit Gorbatschow den Einsatz stark erhöhen konnte.

Michail Gorbatschow hatte vorgehabt, den Ruhestörer, wenn alles glattging, aus dem ZK und sogar aus der Partei zu entfernen. Dass die Konferenz beim »Fall« Jelzin von der Linie abwich, empfand der Generalsekretär als Ohrfeige. Nach seiner Arithmetik war nahezu die Hälfte der Delegierten gegen ihn persönlich »voreingenommen« oder gar »feindselig gestimmt«.

Dann goss auch noch Jegor Ligatschow Öl ins Feuer, indem er durchsichtig andeutete, Michail Gorbatschow sei im April 1985 durchaus nicht die einzige Wahl gewesen und sei es auch im Juni 1988 nicht. So betreten habe ich meinen Chef bis zum August 1991 nicht wieder gesehen.

Für andere möchte ich nicht sprechen, bei mir aber hinterließ die Konferenz einen bitteren Nachgeschmack. Übrigens ohne besonderen Grund, wenn man von den Ausfällen Jegor Ligatschows gegen mich als Herausgeber der »Moskauer Nachrichten« und gegen Chefredakteur Jegor Jakowlew einmal absieht. Dieser hatte just am Tage der Eröffnung der Konferenz eine Skandalreportage über Privilegien der Partei in der Zeitung platziert. Wir hatten eigentlich Anlass, wegen des Beschlusses über die Massenmedien (an der Ausarbeitung der Resolution war ich unmittelbar beteiligt) Befriedigung zu empfinden. Die Meinungsfreiheit der Presse wurde ausdrücklich als Norm bestätigt. Damit war es nun möglich, mit weniger Bedenken das zu tun, was das tönende Wort »Glasnost« beinhaltete.

Die Sorge um unser Land, die mir im Herzen saß, erhielt neue Nahrung. Konnte man auf große Fahrt gehen, wenn in der Mannschaft, ja sogar auf der Kommandobrücke, Zwistigkeiten ausgetragen wurden? Wenn die Politiker, die das Ruder ergriffen hatten, sich nun schon vier Jahre lang nicht über die Koordinaten des Zielhafens einigen konnten, dann war alle Mühe umsonst. Vergebliche Mühe war noch nicht einmal das Schlimmste. Es kommt auch vor, dass die einen das Alte niederreißen und Baufreiheit für etwas schaffen, das ganz andere errichten.

Die Bürde weiterzutragen und zu schweigen, als ob man nichts bemerkte oder von vornherein allem zustimmte, wenn man nur selber unbehelligt blieb? Das war nichts für mich. Ich griff zur Feder und schrieb in einem Zug folgende Botschaft an den Generalsekretär:

»Teurer Michail Sergejewitsch,

die Konferenz war zweifellos ein strategischer Erfolg für Sie. Jeder, der mit der Perestroika mitfiebert, kann Sie nur beglückwünschen.

Ein strategischer Erfolg muss aber weiter vorangetrieben werden. Das wiederum hängt von der Verteilung der Kräfte, von der Wechselwirkung aller Faktoren kompliziertester politischer und sozialökonomischer Gleichungen und davon ab, ob Programm und Aufgaben der gesuchten Wahrheit gerecht werden, ob die Prioritäten richtig gesetzt sind. Wenn ich die vergangenen vier Tage aus dieser Sicht betrachte, dann erzeugt die Konferenz bei mir gemischte Gefühle und unterschiedlichste Gedanken.

Wie die Konferenz gezeigt hat, kristallisieren sich in der Partei zwei ideologische Plattformen heraus. Ob man das anerkennt oder nicht, ändert nichts an der Tatsache. Daran ändert auch nichts, dass beide Fraktionen anscheinend eine ähnliche Sprache gebrauchen und bei der Beschreibung des Endziels einander nicht unbedingt ausschließen. Die Tatsache, dass die Delegierten sich bereit fanden, nach links und nach rechts zu applaudieren, macht die Sache nur schlimmer, denn eines unschönen Tages werden sie dem Stärkeren folgen, der aber nicht unbedingt der Weisere sein muss.

Sie haben den Artikel Nina Andrejewas[8] selbst als ›Manifest der Antiperestroika‹ qualifiziert. Was unterscheidet die Rede Juri Bondarews von diesem Artikel in der *Sowjetskaja Rossia*? Sie ist schlimmer, denn sie ist klüger und spricht den ›gekränkten Nationalismus‹ an.

Die Mehrheit hatte überhaupt keinen Zweifel, dass Jegor Ligatschow mit Herz und Verstand aufseiten Bondarews steht. Aber nicht nur ich fühlte mich betroffen, mit welchem Zynismus und in welchem Zusammenhang er das demonstrierte, mit welchem Gespür für die Eigenheiten dieser Zuhörerschaft und mit welcher Ungeduld er diesen Boden beackerte, sein Credo verkündete.

Was hat die ganze Welt gemeinsam mit uns zu sehen und zu hören bekommen? Wir haben uns und die Welt doch bisher zu überzeugen versucht, dass die neue sowjetische Führung tatsächlich neu ist, dass das Leben selbst sie hervorgebracht hat, dass die Perestroika eine Politik ist, die wir nicht im stillen Kämmerlein erfunden haben, sondern zu der Volk und Partei unter Qualen gelangt sind.

Und da tritt eine graue Eminenz auf die Bühne und verkündet, er und seine Vertrauten machten und verteilten die Kader in der UdSSR. Er sei ›der Schöpfer Gorbatschows‹. An ihm habe es gelegen, ob die Perestroika startete oder nicht. Die Funktion des Generalsekretärs hätte also durchaus auch dem nächsten Wahnsinnigen oder Todkranken übergeben werden können. Kurz gesagt, wenn er nicht gewesen wäre, dann ... So wird der Partei (und damit allen anderen) erklärt, warum man ›aus Dankbarkeit‹ die Relikte der Vergangenheit im Politbüro hält, warum er, Ligatschow, das Sekretariat leitet usw. usf.

Dieses Selbstlob vor dem Hintergrund von Tomsk (in dieser sibirischen Stadt war Ligatschow fast zwanzig Jahre lang Gebietssekretär – der Übers.) könnte man ignorieren, wenn nicht auch dort eine Lunte schwelte: Während andere müßig schwätzten, habe ich, Ligatschow, gehandelt, und das Ergebnis, überzeugen Sie sich selbst, ist eine mit allem versorgte Stadt. Ist das nicht eine Aufforderung, darüber nachzudenken, ob man ›einige Theoretiker‹ noch länger im Politbüro dulden sollte? Vielleicht wäre es besser, sie durch erprobte Praktiker zu ersetzen?

Weshalb diese Offenherzigkeit, noch dazu auf einer Parteikonferenz? Ich kann mich irren, aber ich denke, dafür sind zwei Gründe maßgebend: Ihre Entscheidung zur Teilung der Macht, die die Willkür des Parteiapparates etwas einschränkt, und zugunsten der Glasnost, die es möglich macht, einzelne Schurkereien aufzudecken, zugleich aber auch der Glaube des Genossen Ligatschow, dass der Apparat ihm folgen wird. ›Alles, was existiert, ist vernünftig‹ – von Kleinigkeiten abgesehen –, flüstert man den potenziellen Opfern der Perestroika zu und ruft den Apparat zur Wachsamkeit auf.

Danke, dass Sie mir auf der Konferenz nicht das Wort erteilt haben. Meinen Redetext (den ich beilege) habe ich auch nicht schriftlich zu Protokoll gegeben. Wenn ich nach Gen. Ligatschow an die Reihe gekommen wäre, hätte es mir mein Gewissen nicht erlaubt, zu seinen Ergüssen zu schweigen. Die Konferenz zu überfordern wäre aber gefährlich und offenbar auch nicht sinnvoll gewesen.

Für mich gibt es zur Perestroika keine Alternative. Das heißt, es kann zur Plattform von Andrejewa-Bondarew-Ligatschow auch nur eine Meinung geben. Wenn Sie dieser Feststellung grundsätzlich zustimmen, dann werden Sie hoffentlich auch meine Schlussfolgerung nicht verwerfen: Für die Position Ligatschows zu arbeiten bedeutet, gegen die Partei zu arbeiten. Gegen die Partei arbeiten will, kann und werde ich aber nicht. In keiner Funktion.

Als Jurist kennen Sie sicher die Maxime: Wenn unsere Gefühle nicht aufrichtig sind, ist all unsere Vernunft falsch. Lernen wir wirklich nichts aus der Vergangenheit?

Eine weitsichtige Politik registriert nicht nur, sondern lenkt die Ereignisse. Sie haben mit Ihrer Interpretation der Perestroika die Mehrheit der öffentlichen Meinung auf Ihrer Seite. Das ist objektiv so. Wenn Sie sie mobilisieren, wird sich alles verändern. Für mich und viele andere bleibt allerdings die Frage offen: Warum zögern Sie, wozu brauchen Sie einen Konsens mit Ihren Gegnern, die bereit sind, die Perestroika im Stück und scheibchenweise zu verschleudern? Wenn jetzt einige Akzente falsch gesetzt werden, kann es geschehen, dass vom Programm der revolutionären Erneuerung wieder nichts bleibt als ein schöner Traum. Wie es jedes Mal war, wenn man das Volk zum Schweigen verurteilte.«

Den Text meiner nicht gehaltenen Rede auf der Konferenz besitze ich nicht mehr. Die dort entwickelten Überlegungen hätten wohl kaum noch etwas hinzufügen können.

In der Regel zeigte Michail Gorbatschow meine Denkschriften und Botschaften Alexander Jakowlew. Diese aber schloss er in seinem Safe ein und sagte davon niemandem ein Wort. Als Alexander Jakowlew und ich einige Monate später auf das delikate Thema der Schwankungen des Generalsekretärs zu sprechen kamen, zeigte ich ihm meine Philippika vom Juli. Er reagierte darauf mit dem erwähnten Bekenntnis, Michail Gorbatschow habe »sich verbraucht«.

Ein aufsässiger Gaul muss den schwersten Wagen ziehen – scherzen die Russen. Wenn wir uns begegneten oder miteinander telefonierten, ging Michail Gorbatschow mit keinem Wort auf Ton oder Inhalt meiner Demarche vom 4. Juli 1988 ein. In jenem Sommer versorgte er mich allerdings besonders großzügig mit Aufträgen. Ich schließe nicht aus, dass dies auch ohne die Botschaft geschehen wäre. Damals wurde sein Buch »Perestroika« zur Veröffentlichung vorbereitet. Unsere Agentur hielt den Kontakt zu Verlagen im Ausland, lieferte die Übersetzungen und löste einige weitere Probleme des Projektes.

Die Stunde der Wahrheit hatte auf der Konferenz also nicht geschlagen. Gorbatschow hatte die Chance vertan, sich in der Grundfrage festzulegen, wer wir waren und an welchem historischen Wendepunkt wir standen. War es denkbar, eine einheitliche Konzeption für die erstrebte neue Qualität zu schaffen und die notwendigen Lehren aus der Vergangenheit zu ziehen, wenn die Führung der Partei nicht den Mut besaß, sich konsequent vom Stalinismus abzugrenzen? Konsequent bedeutete, nicht nur die Folgen, sondern auch die Ursachen für die Deformation und die nachfolgende Zerstörung des Sowjetsystems aufzudecken.

Was war eigentlich der Stalinismus? Totalitarismus, Despotismus, Tyrannei. Es findet sich sicher noch ein halbes Dutzend Epitheta, mit denen man Methoden und Zustände unter der Herrschaft des Diktators beschreiben könnte. Dagegen ist nichts zu sagen. Epitheta werden jedoch häufig gebraucht, wenn man zum Substrat nicht Stellung beziehen will.

Welche sozialökonomische Ordnung verkörperte die Sowjetunion unter Stalin? Welche Gesellschaftsordnung bestand im Lande, welche Produktionsweise war in der Wirtschaft vorherrschend, was war der Kern der Stalinschen Ideologie? Wenn man Millionen unschuldiger Menschen vernichten, die Prinzipien der Volksherrschaft, ja, die Theorie des Sozialismus bis zur Unkenntlichkeit entstellen und durch eine Sammlung populistischer Klischees, Sophismen und Banalitäten ersetzen konnte, ohne dass sich das »Wesen« der sowjetischen Gesellschaft veränderte, sie also selbst unter Stalins Stiefel sozialistisch blieb, dann musste man ernsthaft am nüchternen Verstand oder an der Ehrlichkeit von Politikern zweifeln, die derartigen Unsinn von sich gaben.

Ich war aufs äußerste beunruhigt und besorgt, welche inneren Bremsen wohl bei Michail Gorbatschow wirkten, die ihn davon abhielten, die Wahrheit, die ganze Wahrheit und nur die Wahrheit über den sowjetischen Diktator zu sagen, der in fast vollendeten zwei Jahrtausenden der Geschichte wohl kaum seinesgleichen fand. Im Unterschied zu Nikita Chruschtschow war Gorbatschow an Stalins Verbrechen unbeteiligt. Er hatte ihm auch keine Gnade zu verdanken wie beispielsweise Leonid Breschnew. Fürchtete Gorbatschow den »konservativen« Parteiapparat? Dann hätte er vor einer Zuhörerschaft, die nicht der Partei angehörte, eine klare antistalinistische Plattform darlegen können. Zum Beispiel in Leningrad, das den Zorn und die strafende Faust Stalins mehrfach zu spüren bekommen hatte.

Die Zivilgesellschaft anzusprechen, wäre nur logisch gewesen. Die Partei hatte, verkörpert durch Nikita Chruschtschow, ihren ersten Generalsekretär, der sich zugleich zu ihrem Zuchtmeister aufgeschwungen hatte, formal erledigt. An Stalin, den Schöpfer des Staatsaufbaus, den Antipoden jeglicher Demokratie, hatte man sich bis damals jedoch nicht herangewagt. Alle Strukturen des Staates waren auf ihn zugeschnitten gewesen. Nach Stalin variierte die persönliche Allmacht je nach den besonderen Charakterzügen dessen, der sie besaß. Das waren keine genauen Kopien der Stalinschen Tyrannei. Bis hin zu Michail Gorbatschow änderte sich allerdings nichts am autoritären Wesen des Regimes.

Die Konferenz demontierte einen Teil der Konstruktion, die den obersten Herrscher bisher gestützt hatte. Im Vergleich zu

Stalin oder Chruschtschow gewann dieser äußerlich sogar noch Macht hinzu, da die beiden Ersten legal niemals als Staatsoberhaupt agiert hatten. Hier stellte sich Michail Gorbatschow aber selbst eine Falle.

Ein autoritäres Regime ohne eine tragfähige Konstruktion? Das ist ein unlösbarer Widerspruch. Als Michail Gorbatschow sich mit dem Parteiaktiv, mit den Führern der Republiken und dem Parlament der UdSSR anlegte, geriet er selbst in eine »splendid isolation«. Er war nun von denen abhängig, die in ihm ein nützliches Werkzeug für ihre eigenen Ziele sahen.

Schon im Altertum glaubte man, der Mensch werde von allem bald satt, das für ihn und um ihn im Überfluss vorhanden ist. Das gilt für alles, nur nicht für die Macht. Unser Beispiel lehrt, dass Macht im Überfluss auch ihrem Träger nicht zum Guten gereicht. Und dies umso mehr, je schlechter er solche Macht zu gebrauchen versteht.

Vom Nutzen des Redens mit sich selbst

Als unsere Perestroika-Helden von der Hauptbühne abtraten, trösteten sie sich und versicherten anderen, die Realien hätten sich schlimmer erwiesen, verglichen mit ihrer ursprünglichen Vorstellung vom Zustand der sowjetischen Gesellschaft im Allgemeinen und der Wirtschaft im Besonderen. Eine Therapie konnte dem Kranken nicht mehr helfen; zum Skalpell zu greifen scheuten sie sich jedoch: Zu ungewiss war der Ausgang eines derart radikalen Eingriffs.

Nehmen wir an, das ist kein Feigenblatt, sondern die Wurzel der Hilflosigkeit Michail Gorbatschows, eine Konzeption der Umgestaltung zu formulieren, die Erklärung für himmelschreiende Fehler in der Wirtschaft, wenn man schon einmal von tönenden Worten zur Tat schritt. Lassen wir auch Spinozas zornigen Ausruf beiseite: »Unwissenheit schützt nicht vor Strafe!« Schließlich findet man einen Adam Smith oder einen Ludwig Erhard nicht öfter als einen Diamanten von ein paar hundert Karat in einer Kimberley-Ader.

Trotzdem muss man fragen dürfen, was unsere Oberen dazu trieb, mit zahllosen und zuweilen unsinnigen Versprechungen um sich zu schmeißen, wo keinerlei Ressourcen, ja zuweilen nicht einmal der Wille vorhanden waren, sie in die Wirklichkeit umzusetzen? Oder war man sich nicht klar darüber, dass politische und, mehr noch, soziale Wechsel eingelöst werden müssen, wenn die Frist, die die Geduld ihnen gewährt, abgelaufen ist?

Kant nannte das Denken ein »Reden mit sich selbst«. Eine Beschäftigung, die zwar keine Rettung, wohl aber Reinigung in Aussicht stellt. Dies natürlich unter der Voraussetzung, dass der Mensch – allein mit sich selbst – sich nichts vormacht und seinen Hochmut bezwingt. Nicht jedem gelingt dies, und erst recht nicht jedem Politiker. Sie ziehen in der Regel jedem Dialog den Monolog vor. Wäre es anders, hätten die Chronisten viele Katastrophen nicht registrieren müssen, wäre die Liste der Probleme kürzer, mit denen sich die Nachkommen herumzuschlagen haben.

Wenn Allmacht jede Willkür ermöglicht, kann man leicht das Denken völlig verlernen. Dann fallen Heiligtümer der Eitelkeit zum Opfer, Nationen werden ihrer Vergangenheit beraubt und von Wegen in eine bessere Zukunft abgeschnitten. Da bedeutete es wenig, ob der Verrat vorsätzlich begangen wurde oder sich aus vielen Schwächen und Irrtümern zusammensetzte, deren Ursprung nicht immer zu ergründen ist. Die Geschichte aber kennt keine Möglichkeitsform. Ihr Baumaterial sind die Tatsachen.

Beim heutigen Stand der Ermittlung von Tatsachen wird die Mysterien der Perestroika wohl eher ein Dichter als ein Wissenschaftler ergründen können. Hören wir dazu Fjodor Tjutschew, eine Zelebrität der russischen Kultur:

»Das ist ein Ziel! Die träge Herde
erfasst von tiefer Stagnation.
Vonnöten ist, dass Fortschritt werde,
ein schicksalhafter Vorstoß schon.«[9]

Bei solchem Scharfsinn und Weitblick wäre selbst Nostradamus vor Neid erblasst. Vor hundert Jahren hatte der Dichter bereits die Stagnation vorhergesehen und zur Behandlung eine Schocktherapie vorausgesagt. Und doch – Tjutschew wird mir verzeihen – haben weder diese noch andere seiner bedeutungsschweren Zeilen – »es ist uns nicht vergönnt, im Voraus zu wissen, wie unser Wort zurückschallt ...« – ein Röntgenbild vom Innenleben des Haupthelden der Perestroika geliefert.

Es ist nicht mein Stil, Steine gegen Politiker zu schleudern, die bei schlechter Sicht vom Kurs abkommen, in der Lebenslotterie das kürzere Los ziehen oder im Hasardspiel die Grenze des

Verbotenen verletzen. Sie können einem sogar leidtun. Muss man aber für die beklagenswerte Lage einer Person Verständnis aufbringen, die sie durch Verstellung, Betrug und Angeberei selbst heraufbeschworen hat?

In den Jahren 1986/87 setzte ich alle Hebel in Bewegung, um Licht in die Geheimnisse unter anderem der Vorkriegspolitik der UdSSR zu bringen. Die Bereitschaft der Mitarbeiter des Generalsekretärs Anatoli Tschernajew und Georgi Smirnow mitzumachen, ließ mich hoffen. Wir hatten ein unschlagbares Argument: Wenn die neue Führung des Landes in der Pose der Sphinx verharrte, dann erweckte sie unwillkürlich den Eindruck, Aktionen Stalins decken zu wollen, die selbst mit der sowjetischen Auslegung der Normen des Völkerrechts unvereinbar waren.

Als im Frühjahr 1987 der Parteiolymp zum Meinungsaustausch über dieses Thema zusammentrat, hielt ich meine Pflicht nahezu für erfüllt. Aber ich hatte mich zu früh gefreut. Von Georgi Smirnow, der an der Sitzung des Politbüros teilnahm, weiß ich, dass alle Redner, einschließlich Andrej Gromyko, wenn auch mit unterschiedlichem Nachdruck, dafür plädierten, die Existenz der Geheimprotokolle zum Nichtangriffspakt und zum Grenz- und Freundschaftsvertrag zwischen der UdSSR und Nazideutschland vom August beziehungsweise September 1939 anzuerkennen. Der eine oder andere der Anwesenden schwieg sich dazu aus. Michail Gorbatschow fasste die Diskussion in der für ihn typischen Weise zusammen:

»Solange mir keiner die Originale vorlegt, kann ich allein anhand von Kopien nicht die politische Verantwortung übernehmen anzuerkennen, dass die Protokolle existiert haben.«

Als ob die Sorge um die Ehre des Vaterlandes und staatsmännische Weisheit Gorbatschow dazu bewegten, lieber siebenmal zu messen als einmal abzuschneiden! Ich will keine Vermutungen darüber anstellen, was der zitierte Satz des Generalsekretärs in den Herzen seiner Kollegen bewegte, aber es gab keine Debatte darüber. Und selbst wenn Streit ausgebrochen wäre, wer hätte die Behauptung Michail Gorbatschows in Zweifel ziehen können, sowjetische Exemplare der Protokolle seien nicht auffindbar? Niemand außer Waleri Boldin, der die höchsten Geheimnisse der Partei und des Staates hütete. Aber er hatte gelernt, seine Zunge im Zaum zu halten.

Dabei hätte Boldin den Anwesenden durchaus etwas mitzuteilen gehabt. Drei Tage vor der Sitzung des Politbüros hatte er in seiner Eigenschaft als Leiter der Allgemeinen Abteilung des ZK dem Generalsekretär Meldung gemacht, die Originale der Protokolle seien im Jahre 1946 aus Molotows Büro ins Parteiarchiv überführt worden, wo sie seitdem unangetastet ruhten. Um seiner Mitteilung Nachdruck zu verleihen, legte Boldin seinem Herrn die Dokumente vor, was er, wie es Archivare überall in der Welt zu tun pflegen, auf der Begleitkarte vermerkte.

Was sollte dies bedeuten? Ja, keine Übertreibung, sondern ein eindeutiger Missbrauch der Macht. Da die Allgemeine Abteilung ausschließlich ihm unterstand, legte Michail Gorbatschow entgegen der Satzung des Politbüros, nach der alle Mitglieder dieses Gremiums gleiche Rechte genossen, persönlich fest, wer was und wie viel über Vergangenheit, Gegenwart und Zukunft wissen sollte. Ohne Zustimmung des Generalsekretärs war kein einziges Papier von einiger Bedeutung einem Führungsfunktionär beliebigen Ranges zugänglich, auch nicht für den Vorsitzenden des Präsidiums des Obersten Sowjets, das formale Staatsoberhaupt, oder den Regierungschef der UdSSR. Mehr noch, die Institutionen, die Gorbatschow direkt unterstanden, wie Außen-, Verteidigungs- und Innenministerium, das KGB und andere mehr durften ohne vorherige Abstimmung mit ihm nicht auf Anfragen antworten, die Vorgänge von »besonderer Wichtigkeit« betrafen, oder entsprechende Dokumente herausgeben, selbst wenn es sich um lang zurückliegende Ereignisse handelte.

Dabei tönten wir unaufhörlich von Glasnost und freiem Zugang zu Informationen. Wir stellten sogar die Störung der »feindlichen Ätherstimmen« ein. Das Parlament beschloss ein

Pressegesetz, auf das nach Stalinschem Demokratieverständnis die Höchststrafe gestanden hätte. Und nun stellte sich heraus, dass unser größter Vorkämpfer für Freiheit und Bürgerrechte selbst seine engsten Kampfgefährten an der Nase herumführte. Zu meinem großen Bedauern fanden entsprechende Vermutungen und Ahnungen viel zu spät – erst nach 1992 – ihre Bestätigung, als man sich nur noch im Nachhinein die Haare raufen konnte.

Boldins Meldung habe es nie gegeben, die Geheimprotokolle und die Karte mit Stalins ausladendem Namenszug habe er nie in der Hand gehabt, behauptet Gorbatschow steif und fest. Auf solche Details wie die Eintragung des genauen Datums und des Namens der Person, die die Dokumente zur Kenntnis nahm, geht er nicht ein. Wenn nicht anders, wirft er Nebelkerzen – eine Begleitkarte sei kein Beweis, sie könne gefälscht sein. Politiker irren immer dann besonders schwer, wenn es darum geht, ihre eigenen Fehler zu bestreiten oder zu verharmlosen.

Information verleiht einem Posten erst die wahre Macht. In der Sowjetunion erkannte dies Stalin als Erster. Er umgab Lenin mit einem dichten Netz von Informanten. Man hinterbrachte Stalin, was Lenin schrieb, diktierte und sprach, wem er welche Aufträge erteilte. Stalin führte einen Beschluss herbei, nach dem er und niemand sonst den Kontakt zu Lenin zu halten hatte, als dieser nach seinem Schlaganfall in Gorki, in der Umgebung von Moskau, in ein für ihn ausgewähltes Haus gebracht worden war. Allen übrigen Mitgliedern des Politbüros sowie der Regierung war es untersagt, dem Kranken »Aufregungen« zu verursachen. Der künftige Diktator siebte die »Produkte eines kranken Hirns«, womit er Lenins intensive Versuche in seinem letzten Exil meinte, die hehren Utopien kritisch und selbstkritisch an der Wahrheit des Lebens zu messen.

Stalins Nachfolger spielten auf dem Informationsklavier mit unterschiedlicher Eindringlichkeit und Kunstfertigkeit. Unter Breschnew ging beispielsweise der »Witz« um, Juri Andropow wisse über jeden von uns mehr als wir selbst. Gerüchte, Klatsch und Verleumdung – nichts ging in dieser Wirtschaft verloren, wurde akkurat in Dossiers abgelegt und nach der Bedeutung des »Bearbeitungsobjekts« nach oben weitergeleitet, wo man je nach Laune entschied, Strafen zu verhängen oder Gnade walten zu lassen. Unter den alltäglichen Fehltritten wurden zwei am wenigsten verziehen – »übermäßige Neugier« und »Nichtachtung« der Autoritäten.

Dem Rat der Götter der Partei musste man das nicht erst erklären. Die Mitgliedschaft im Politbüro wurde auf Veranlassung des Generalsekretärs gewährt und genommen. Je strenger oder misstrauischer er sich gab, desto seltener erlaubten sich die Kollegen unangenehme Fragen oder Zweifel. Der letzte Generalsekretär stellte, was das Kanalisieren der Informationsströme und die Vielfalt der angewandten Erziehungsmittel betraf, Chruschtschow und Breschnew durchaus in den Schatten.

Von der eigenen Zivilcourage und der Biegsamkeit des Rückgrats hing es ab, ob man eine zugewiesene Nische mit oder ohne Einschränkungen einnahm. Wenn Behauptungen präsentiert wurden, es gebe keine Alternative oder Dokumente seien nicht vorhanden, wenn es mit Nachdruck hieß: »So hat es zu sein!«, dann reizte es mich zu entgegnen: »Nein, zuerst die Fakten!« Aber es wurde immer problematischer, an die Tatsachen heranzukommen, insbesondere, wenn das Ansehen der höchsten Gebieter und die Tatsachen ohne ersichtlichen Grund miteinander kollidierten. So kommt es oft: Wer die Wahrheit freizulegen sucht, kann sich selbst eine Grube schaufeln. Dabei hatten mir Nikita Chruschtschow und Juri Andropow in dieser Hinsicht bereits gehörige Lehren erteilt. Aber einen Buckligen heilt eben nur das Grab.

In eine ausweglose Lage gerät man höchstens im Krieg. In jeder anderen Situation kann man lavieren oder sich zurückziehen, indem man einen der bei Hofe üblichen Vorwände gebraucht. So mancher tat dies. Darunter waren auch Bekannte, die meinen Respekt genossen, sodass mich unwillkürlich Zweifel beschlichen, ob meine Haltung die optimale war.

Nachdem Andrej Alexandrow-Agentow ein Jahr lang mit dem Vater der Perestroika Umgang gepflegt hatte, sagte er mir: »Michail Gorbatschow braucht keine Berater und keine Ratschläge. Ich komme mir überflüssig vor und werde zurücktreten.« In seinen Erinnerungen enthüllt Alexandrow weitere Hintergründe seiner Entscheidung:

»Je länger ich beobachtete, wie er (Michail Gorbatschow) mit Menschen umging, desto mehr wuchs in mir die Überzeugung, dass seine äußerliche Offenheit und Freundlichkeit wohl eher eine zur Gewohnheit gewordene Maske war, hinter der sich keine wirklich warmherzige und gütige Haltung zu den Menschen verbarg. Tief in seinem Inneren saß kalte Berechnung. Das war wenig angenehm. Und noch ein Zweites. Leider musste ich mich davon überzeugen, dass Gorbatschow einen für eine hohe Führungsperson sehr ernsten Mangel hat: Er kann keinem Gesprächspartner zuhören. Stets ist er nur damit beschäftigt, was er selbst sagt. Das war selbst dann zu spüren, wenn man ihn über etwas informierte, was, zugegeben, der Sache nicht gerade nützte. Ein Monolog, stets nur ein Monolog …«[10]

Viele Russen wird das an den Epitaph Fjodor Tjutschews zum Tode Nikolaus I. erinnern:

»Dem Gotte dientest du und Russland nicht,
Du dientest nur der Eitelkeit,
Was du von gut und schlimm auch tatst,
War Spukgesicht, nur Lug und Trug,
Denn Heuchler warst du stets, ein Zar zu keiner Zeit.« (1855)

Auch Dichter der Gegenwart haben viele von uns beschämt. Jahrelang hatten wir mit dem Generalsekretär Kontakt und, bevor der große Donnerschlag kam, sein wahres Gesicht nicht erkannt. Heiner Müller wies in unseren Gesprächen mehrfach darauf hin, wie perfekt Michail Gorbatschow es verstand, vor Publikum Süßholz zu raspeln. »Aber die Anwesenden brauchen nur ihre Aufmerksamkeit auf einen anderen zu richten oder zu einem Thema überzugehen, auf dem Gorbatschow sich nicht bewandert fühlt, sofort wird sein Blick stumpf, und das Lächeln verschwindet aus seinem Gesicht«, bemerkte Heiner Müller. »Seine ganze Erscheinung wirkt plötzlich sehr unsympathisch. Mir als Regisseur entgeht so etwas nicht.«

Die Politik ist eine Art Theater, und alle dort Agierenden sind Schauspieler. Der eine spielt mit voller Hingabe, ein anderer tut nur seine Pflicht. Es gibt Solisten, die auf der Bühne sich selbst zu verwirklichen trachten. Sie stört es nicht, wenn das Ensemble durcheinandertanzt. Wer die Eskapaden des Solisten nicht mitträgt, hat zu leiden. Zelter unter den Politikern kommen nicht selten vor. Aber sie sorgen für Aufregung, vor allem durch ihre Unberechenbarkeit.

In diesem konkreten Falle beschäftigt mich eine andere Ungereimtheit: Was bewog Michail Gorbatschow zum Doppelspiel? Welche Visionen standen vor seinem geistigen Auge, wenn er die Wahrheit verbog und entstellte?

Das einzige Mittel, das der sowjetischen Gesellschaft noch aufhelfen konnte, hieß Wahrheit. Dabei durfte man auch die ungewöhnlichsten Wege zur Lösung der uns bedrängenden Probleme nicht scheuen und nicht ins Schneckentempo verfallen. An allem galt es zu zweifeln. Von vornherein verkündete Tabus sind wie Scheuklappen, die das dreidimensionale Sehen verhindern. Tabus durfte es nicht geben, außer einem vielleicht: Weder jetzt noch später durfte jemand Grund haben, die Verfechter der Perestroika der Heuchelei oder Unehrlichkeit zu bezichtigen. Selbst bei einem Misserfolg durften wir nicht das moralische Recht verlieren, von uns sagen zu können: Die Perestroika unterschied sich wenigstens dadurch von früheren Epochen, dass sie die Lüge aus unserer Politik verbannte.

Ich ließ keine Gelegenheit aus, Michail Gorbatschow an diese elementaren Gedanken zu erinnern. Mein Gedächtnis hat keinen Fall gespeichert, in welchem der Generalsekretär widerborstig reagierte oder sich in Geschwätz flüchtete, wie er das so gut konnte. Da Gorbatschow sich offenbar über alle Regeln und

Prinzipien erhaben wähnte, bezog er dies wohl auf andere in der Annahme, auf seiner Ebene sei die Unwahrheit etwas wie eine Kriegslist, ein taktisches Manöver, die der Politik angeboren sind. Sonst hätte ihn in Rage bringen müssen, wie ich von Memorandum zu Memorandum aufdringlich wiederholte, dass Ehrlichkeit schon im alten Rom und bei den französischen Moralisten als Ausweis für die Moral der Vernunft galt.

Nach der unglückseligen Behandlung des Themas der Geheimprotokolle zu den sowjetisch-deutschen Verträgen von 1939 im Politbüro versuchte ich, die Festung auf Umwegen zu erschüttern. Das Moskauer kriminaltechnische Labor ließ sich darauf ein, ein Gutachten darüber zu erstellen, ob die Texte des Nichtangriffsvertrages (dessen Original vorlag) und des Geheimprotokolls dazu (das damals nur als Fotokopie bekannt war, die aus dem Westen stammte) auf ein und derselben Schreibmaschine getippt waren. Das Gutachten kam zu dem Schluss, dass beide Texte ein identisches Schriftbild aufwiesen. Es war praktisch ausgeschlossen, dass die Kopie des Protokolls eine Fälschung sein konnte. Die technischen Mittel der vierziger Jahre waren noch nicht genug ausgereift, um Dokumente so perfekt zu fälschen.

Ich trug das Untersuchungsergebnis Michail Gorbatschow vor. »Glaubst du, du sagst mir damit etwas Neues?«, warf der Generalsekretär hin und ließ mich stehen. Meinen spontanen Kommentar hörte der ebenfalls anwesende und nicht weniger perplexe Alexander Jakowlew: »Die Originalprotokolle sind vorhanden, und Gorbatschow hat sie gesehen.« Mir war in diesem Moment aufgegangen, was die Andeutungen meiner Bekannten aus der Allgemeinen Abteilung bedeuteten: »Wenn der Befehl kommt, werden für viele Rätsel in unseren Archiven Lösungen zu finden sein.«

Niemand kann die Hand dafür ins Feuer legen, dass die Geheimprotokolle von 1939 der einzige Fall waren, in dem Michail Gorbatschow von der Wahrheit abwich. Wo sind wir noch zu unfreiwilligen Helfern des Betruges geworden? Für welches Ziel forderte man, uns selbst untreu zu werden? Die »Neurussen« und der Propagandaapparat in ihren Diensten halten ein Universaletikett bereit, das sie auch der Perestroika aufkleben: Eine schwachsinnige Politik und ein Heuchler als Steuermann waren Ergebnis und Fluch des verfaulten Regimes. Was kann einfacher und klarer sein?

Der Streit um Tatsachen und anhand von Tatsachen führt nicht immer zu einem gemeinsamen Nenner, aber alle Seiten werden fast immer klüger davon. Polemik dagegen führt nur vom Wesen der Sache weg und heizt die Konfrontation an. Hier möchte ich nur feststellen: Wenn wir die ideologische Brille nicht abnehmen, wenn wir nicht aufhören, jedem Fakt ein Parteibuch zu verpassen, dann werden wir die Wahrheit nicht erkennen. Wenn wir aber mit der Wahrheit auf Kriegsfuß bleiben, werden wir keine Lehren aus der Vergangenheit ziehen können, ohne die es dem Lande noch schwerer fallen wird, einen Weg aus dem Sumpf der Gegenwart zu finden. Die Geschichte richtet sich nicht nach Mode und Geschmack, sie beugt sich nicht Drohung und Gewalt. Sie wird nur dann zu »Wissen« und »Information«, wenn man, was das Wort im Griechischen ja bedeutet, sich von den Tatsachen leiten lässt und nur von den Tatsachen ausgeht.

Zu den ersten Beschlüssen des Kongresses der Volksdeputierten der UdSSR gehörte die Bildung einer Kommission, die sich über die Verträge der Vorkriegszeit Klarheit verschaffen sollte. Die Initiative ging von den Balten aus. Sie forderten Auskunft darüber, was Ribbentrop und Molotow, Hitler und Stalin hinter ihrem Rücken ausgekungelt hatten, bevor Litauen, Lettland und Estland ihre staatliche Unabhängigkeit verloren. Dabei war klar, dass ein solcher Exkurs in die Vergangenheit nicht auf das Baltikum beschränkt bleiben konnte. Bald war ein halbes Jahrhundert vergangen, seitdem der Krieg das ganze europäische Haus erfasst hatte. Er verschlang Abermillionen Menschenleben. Die materiellen und geistigen Verluste sind überhaupt nicht einzuschätzen.

Gorbatschow spürte die Stimmung unter den Deputierten und wagte nicht, die Exekution der Wahrheit, die er zwei Jahre zuvor im Politbüro vorgenommen hatte, zu wiederholen. Er delegierte Alexander Jakowlew als Vorsitzenden und mich als seinen Stellvertreter in die Kommission, damit wir dort versuchen sollten, das Wesen der Sache in einem Ozean von Worten zu ertränken oder, wenn dies nicht gelang, ein salomonisches Urteil zu finden. Mir ist bis heute unklar, was dem Generalsekretär da vorschwebte. Nach meiner Meinung war ein salomonisches Urteil nur unter einer Bedingung möglich: Die Kommission durfte weder auf dem rechten noch auf dem linken Auge kurzsichtig sein oder den internationalen Begriffen der Gegenwart rückwirkend Kraft verleihen. Unser Urteil musste also nicht einfach die Wahrheit, sondern die ganze Wahrheit im realen Rahmen von Raum und Zeit ans Tageslicht bringen.

Ich lasse das Vorspiel weg, das offenbar unvermeidbar war, damit die Mitglieder der Kommission miteinander bekannt wurden. Ich will hier nicht all die Forderungen und Beleidigungen wiedergeben, die sich über die Mitglieder der Kommission in Strömen ergossen, diese betäuben und in eine absolut nihilistische Stimmung versetzen sollten. Man wollte der UdSSR das Recht absprechen, ihre Interessen zu verteidigen. Ein Aussätziger durfte nicht die gleichen Normen für sich in Anspruch nehmen wie andere Mitglieder der internationalen Gemeinschaft. Die Sowjetunion war immer schuld, selbst dann, wenn sie recht hatte.

Allmählich legten sich jedoch die Leidenschaften. Die Vernunft ließ sich nicht länger von Emotionen übertönen. Man entschied, eine kleine Arbeitsgruppe zu bilden, was bedeutete, dass wir nun vom Wettstreit der Stimmbänder zur Systematisierung unserer Kenntnisse über die Ereignisse übergehen konnten, die einer grundsätzlichen Bewertung harrten.

Mir fiel es zu, in dieser Gruppe viel Nerven zu verschleißen, bevor ein Entwurf entstand, der nahezu die ganze Kommission zufriedenstellte. Selbst Vitautas Landsbergis, der ultranationalistisch eingestellte Vertreter Litauens, akzeptierte ihn zähneknirschend. Juri Afanassjew, der damals als Sprachrohr der interregionalen Deputiertengruppe agierte, die regelmäßig die Saalmikrophone des Kongresses stürmte, um sich als Gegengewicht zur Mannschaft Gorbatschows zu empfehlen, zog seine Anfragen zurück, die außer Rhetorik ohnehin nichts brachten. Die Mitglieder der Kommission hatten ihre Zustimmung gegeben, indem sie den Entwurf abzeichneten. Eine Ausnahme bildete lediglich der ukrainische Vertreter.

Dann wurde der Entwurf dem Vorsitzenden der Kommission übergeben. Der vorsichtige Alexander Jakowlew war »im Prinzip« einverstanden. Aber bevor er seine Paraphe setzen wolle, sei eine Konsultation angezeigt – »Sie verstehen, mit wem«. Ohne diese könne der Entwurf dem Kongress nicht vorgelegt werden.

Unser »Konsultant«, der Generalsekretär, der zugleich dem Präsidium des Volksdeputiertenkongresses vorsaß, verwarf den Entwurf. Außerdem las er Jakowlew und mir die Leviten, weil wir ihm die unangenehme Pflicht überlassen hatten, die Notbremse zu ziehen. Ich weiß bis heute nicht, welche Argumente und Gegenargumente Alexander Jakowlew im Gespräch mit Michail Gorbatschow vorbrachte. Ärgerlich über den Misserfolg, teilte er mir keine Einzelheiten des Gesprächs mit. Er bemerkte lediglich, der Generalsekretär habe sich »stur gestellt«. Damit entfiel auch unser Vorschlag, den Entwurf dem Sekretariat des Kongresses zu übergeben und zugleich zu veröffentlichen, ohne den 50. Jahrestag der Unterzeichnung des Nichtangriffspaktes durch Deutschland und die UdSSR abzuwarten.

Ich nahm es nun auf mich, Gorbatschow über die Position der interregionalen Deputiertengruppe, insbesondere der Abgeordneten aus den drei baltischen Republiken zu informieren. Auf sie Druck auszuüben, wäre kontraproduktiv gewesen, wenn man nicht bewusst einen offenen Konflikt und die Spaltung des Kongresses ansteuerte. Alexander Jakowlew äußerte Zweifel, ob weitere Versuche, den Generalsekretär noch umzustimmen, zweckmäßig seien: »Du wirst dir nur Scherereien einhandeln.

Wir müssen uns vorerst mit meinem Interview in der Prawda begnügen, für das ich ihm die Zustimmung abgehandelt habe. Hilf mir lieber bei der Vorbereitung.«

Meine Überlegungen zu möglichen Fragen und Antworten musste ich Alexander Jakowlew auf die Waldaihöhen schicken, wohin er sich mit seiner Familie in den Urlaub zurückzuziehen vorbereitete. In der Endfassung des Interviews umschiffte Alexander Jakowlew das Thema der Geheimprotokolle diplomatisch elegant. Was ich dazu vorbereitet hatte, fand keine Verwendung.

Damit die Mühe nicht umsonst war, beschloss ich, mich in der Presse selbst zu Wort zu melden. Das Interview führte der stellvertretende Generaldirektor von TASS, Wjatscheslaw Keworkow; die *Iswestija* stellte uns eine halbe Seite zur Verfügung. Ich beschloss, das kundzutun, was unseren irdischen Göttern nicht über die Lippen kommen wollte. Jakowlew weihte ich nicht ein, um ihm keine Schwierigkeiten zu bereiten. Michail Gorbatschow hatte die Möglichkeit, von meiner Eigenmächtigkeit zu erfahren, wenn er die Zeitung aufschlug. Zum ersten Mal anerkannte ein Mann, der in der UdSSR offizielle Posten bekleidete, dass als Anlagen zu den sowjetisch-deutschen Verträgen von 1939 Geheimprotokolle existierten, in denen die beiden Mächte ihre staatlichen Interessensphären abgegrenzt hatten.

Genau einen Tag nach Erscheinen dieses Materials in der *Iswestija* rief Gorbatschow mich an. Er teilte seinen Eindruck von Alexander Jakowlews Interview in der *Prawda* mit, das er für gelungen hielt. Dann kam er auf den Entwurf der Kommission zu sprechen. Hier musste ich mir nun anhören, wie unüberlegt wir gehandelt hätten, als wir uns »mit einem Entwurf solidarisierten«, der »nichts taugt«. So ging das ziemlich lange. Ich fragte nach, was Gorbatschow konkret missfiel und wie der Entwurf hätte verbessert werden können.

»Alles missfällt mir. Man darf historische Analyse und juristische Bewertung nicht durcheinanderbringen. Dafür habt ihr einen Kopf auf den Schultern, um selber zu denken. Ich wünsche, in diese Debatten nicht mehr hineingezogen zu werden.«

Ich erwartete, dass der Generalsekretär mich wegen des Interviews für die *Iswestija* abkanzelte. Neben der Zeitung lagen aller Wahrscheinlichkeit nach auf seinem Tisch bereits einige Reaktionen. Einer unserer eifrigen Botschafter signalisierte: Mit der Anerkennung der Existenz der Protokolle »lenkt Falin die Dinge auf einen gefährlichen Kurs«. Merkwürdig – das Thema blieb bei diesem Gespräch ausgespart.

Freu dich, das Gewitter ist noch einmal vorbeigezogen. Was von dir abhängt, hast du getan. Atme tief durch und befasse dich mit Problemen, wo die Wahrheit den Machthabern nicht quer im Halse steckt.

Den Rest des Tages saß ich über einem neuen Memorandum für Michail Gorbatschow. In der ersten Zeile unterlief mir allerdings ein Lapsus: Die Maxime der Lateiner über die Aufrichtigkeit der Gefühle stammt nicht von Jean de La Bruyre, sondern von La Rochefoucault. Ansonsten sollten Form und Inhalt für sich selbst sprechen. Ich sehe keinen triftigen Grund, das damals Geschriebene zu revidieren:

»Sehr geehrter Michail Sergejewitsch!

Ich glaube, La Bruyre hat einmal gesagt: ›Wenn unsere Gefühle nicht aufrichtig sind, ist all unsere Vernunft falsch.‹ Ich müsste also heucheln, wenn ich so täte, als hätten Ihre gestrigen Argumente mich überzeugt. Nicht nur deswegen, weil ich gelernt habe, mich strikt an die Tatsachen zu halten. Ich werde den Eindruck nicht los, Sie sehen das Wesen der Sache genau, aber ein fünfter oder sechster Sinn hält Sie davon ab, eine präzise Diagnose zu stellen. Wo aber Zweifel sind, dort stellen auch Denunziationen wie die von Pankin sich ein (die übrigens leicht zu widerlegen sind), dazu das rettende ›Fehlen der Originale‹.

1. Beweise dafür, dass die Protokolle existierten, gibt es genug für alle Opponenten, die eigenen und die fremden. Wie Molotow auch versucht haben mag, die Spuren zu verwischen, die Dokumente sind erhalten geblieben, auch in sowjetischen Archiven. Mehr noch, aus dem Vermerk über das Gespräch Molo-

tows mit dem deutschen Botschafter Schulenburg am 17. August 1939 geht hervor, dass der Gedanke, Deutschlands Verpflichtungen in einem Protokoll festzuhalten, von der sowjetischen Seite ausging. In dem Memorandum, das Molotow an jenem Tag dem Botschafter überreichte, heißt es: ›Die Regierung der Sowjetunion ist der Ansicht, dass der zweite Schritt (der erste wäre der Abschluss eines Handels- und Kreditabkommens) nach kurzer Zeit der Abschluss eines Nichtangriffspaktes oder die Bestätigung des Neutralitätspaktes von 1926 sein könnte bei *gleichzeitiger Vereinbarung eines speziellen Protokolls, das die Interessen der vertragschließenden Seiten an diesen oder jenen Fragen der auswärtigen Politik regelt und das einen integrierenden Bestandteil des Paktes bildet.*‹

Wie reagierte Schulenburg? Nach der sowjetischen Aufzeichnung sah der Botschafter ›Schwierigkeiten bei einem Zusatzprotokoll‹. Nach Meinung des Botschafters würde dann das ›Schwergewicht‹ der Vereinbarungen in dem Protokoll liegen, ›bei dessen Ausarbeitung solche Fragen hochkämen, wie Garantien für die baltischen Staaten u. a.‹. Schulenburg brachte den Wunsch zum Ausdruck, ›wenigstens einen Rohentwurf des Protokolls‹ von der UdSSR zu erhalten.

Molotows Antwort lautete, die Frage des Protokolls sei ›vorläufig noch nicht detailliert‹; ›die Initiative bei der Ausarbeitung des Protokolls sollte nicht nur von der sowjetischen, sondern auch von der deutschen Seite ausgehen‹; ›die Fragen, die in der deutschen Erklärung vom 15. August angesprochen werden (Abgrenzung der Interessen), sollten nicht in den Vertrag, sondern in das Protokoll eingehen; die deutsche Regierung sollte das überdenken‹.

In Kürze werden alle, die das wünschen, Zugang zu dieser Mitschrift des Gespräches Molotow-Schulenburg und zu weiteren analogen Dokumenten haben. Das Außenministerium der UdSSR gibt einen Dokumentenband für den Zeitraum von September 1938 bis September 1939 heraus.

Man könnte weitere Beispiele aus den Jahren 1940 und

1941 anführen. Wie sehr man das auch wünschen mag – es sind keine Dokumente zu finden, die die Tatsache der Existenz der Protokolle widerlegen oder auch nur in Zweifel stellen könnten. Sie sind kein Mythos. Wenn wir heute feststellen, dass die Protokolle existiert haben, geben wir nur die objektive Realität wieder.

2. Nun zu den Originalen und Kopien. Dass das Original nicht vorhanden ist, hilft uns ein klein wenig, solange wir nicht übertreiben. Denn erstens hat niemand die sowjetische Seite von der Verantwortung freigesprochen, in ihren eigenen Archiven Ordnung zu halten. Ebenso hätte auch das Original des Vertrages vom 23. August verschwinden können, wonach wohl analog die Diskussion eingesetzt hätte, ob dieser je existiert hat. Zweitens ist die überwiegende Mehrheit der Dokumente, auf deren Grundlage seit Menschengedenken bis zum 19. Jahrhundert Geschichte geschrieben wurde, nur als Kopie, zum Teil lediglich als Bruchstücke von Kopien bekannt. Das ›Lied von der Heerfahrt Igors‹, die ›Sage von vergangenen Zeiten‹ und andere klassische Literaturdenkmäler sind nur mündlich überliefert. Aber sie gelten als glaubwürdig, und das zu Recht.

Ich denke, Sie muss man nicht davon überzeugen, dass keine Möglichkeit besteht, die Kopien der Protokolle zu den Verträgen vom 23. August und vom 28. September als Fälschungen hinzustellen. Erlaubt ist höchstens eine ›kritische Haltung dazu‹. Jedes andere Vorgehen wirkt gegen uns, und zwar gewaltig.

Überhaupt rennen wir mit dem Kopf gegen die falsche Wand. Der Westen und die Balten haben den Ort längst verlassen, wo wir immer noch von einem Bein aufs andere treten – ob es die Protokolle nun gegeben hat oder nicht, ob die Kopien mit den Originalen identisch oder irgendwie manipuliert sind. Sie haben all das festgestellt, ohne uns um Erlaubnis zu fragen und sogar gegen unseren Willen. Ungehindert und ungehemmt beackern sie inzwischen ein anderes Feld, wo sie zu beweisen versuchen:

a) Die UdSSR sei an der Entfesselung des Zweiten Weltkrieges beteiligt gewesen. b) Als Moskau den Vertrag mit Hitler schloss, habe es nicht an seine Sicherheit, sondern an Expansion gedacht. c) Am 23. August teilten zwei totalitäre Regime Europa und die Welt unter sich auf. d) Die Gerechtigkeit und die Rechte der Völker, die zu Beginn des Krieges mit Füßen getreten wurden, seien noch nicht wiederhergestellt.

Da wir merkwürdigerweise das Thema der Protokolle tabuisieren und uns vor einer klaren Aussage drücken, binden wir uns schon jahrzehntelang die Hände, statt viel ernsteren Gefahren entgegenzutreten, die weniger die Vergangenheit als vielmehr die Gegenwart und Zukunft betreffen.

3. Gestern haben Sie betont, dass es unbedingt notwendig sei, die historische und politische Analyse von der juristischen Bewertung zu trennen. Ich teile diesen Standpunkt mit einer Einschränkung: Man kann die Sache weder auf die Politik noch auf das Recht allein reduzieren. Dies sind zwei Seiten einer Medaille; folglich hilft auch die Dialektik, mit der Sie wieder einmal geglänzt haben, hier nicht weiter. Eine halbe Medaille wäre eben wieder nur die halbe Wahrheit, die die Aufmerksamkeit lediglich auf das lenkt, was ungesagt bleibt. Das bringt uns nichts.

Natürlich müssen wir mit aller Überzeugungskraft darlegen, dass die UdSSR 1939 wie ein gehetztes Tier in einer Falle gefangen war. Eine Woche vor Kriegsbeginn blieb ihr kein anderer vernünftiger Ausweg, als Hitlers Danaergeschenk anzunehmen. Das geben sogar polnische Forscher zu.

Man kann beweisen, dass der Vertrag vom 23. August, das Protokoll dazu und selbst der Vertrag vom 28. September mit den entsprechenden Protokollen nicht die rechtliche Basis für die Ereignisse des Jahres 1940 darstellten, die mit der Einverleibung Litauens, Lettlands und Estlands in die UdSSR endeten. Es klingt beinahe kurios, aber in dem Memorandum, mit dem die Deutschen uns am 22. Juni 1941 den Krieg erklärten, werden die ›Bolschewisierung‹ des Baltikums, seine ›Okkupation und Annexion entgegen den kategorischen Versicherungen Moskaus‹ unter den Argumenten genannt, mit denen die Nazis ihren Wortbruch und ihre Aggression zu rechtfertigen suchten.

Es ist allerdings nicht möglich, die Ereignisse von 1940 von den 1939 eingetretenen Veränderungen politisch zu trennen. Noch komplizierter dürfte es sein, Stalin in die Toga eines Rechtsschützers zu hüllen, der sich um die Souveränität der baltischen Staaten sorgte, oder aus Berija einen Hüter der Freiheiten des Menschen zu machen. Ich fürchte, dieses Erbe wird für die nächsten hundert Jahre reichen, und niemand kann dieses Kreuz für uns tragen.

4. Aus den konfusen Änderungen einiger Ihrer Kollegen im Politbüro ziehe ich den Schluss, dass sie sich nicht die Mühe gemacht haben, sich in die verteilten Materialien zu vertiefen. Aber Ihnen ist sicher nicht entgangen, dass der Entwurf für die Schlusseinschätzung der Kommission Ihrem Gedankengang nicht widerspricht. An einigen Stellen kommt das direkt zum Ausdruck, an anderen ergibt es sich aus der Logik der Darlegung. Der Punkt über die Annullierung des Vertrages vom 23. August 1939 zum Zeitpunkt des Überfalls Deutschlands auf die UdSSR ist nach Zeit und Wortwahl von den Protokollen getrennt, an die andere politische, moralische und juristische Maßstäbe angelegt werden.

Die Motive, die während der Diskussion zum Zwecke einer Rechtfertigung des Nichtangriffsvertrages unter Berufung auf die allgemeine Lage ins Feld geführt wurden, noch dazu in so kategorischer Weise, entbehren jeder Grundlage. Die Kommission wird sie nicht akzeptieren. Man sollte sich auch fragen, ob all das angesichts der zu lösenden Aufgabe überhaupt notwendig ist. Schließlich befassen wir uns hier nicht mit Historiographie. Der Kongress hat die Kommission aus gegebenem Anlass für einen konkreten Zweck gebildet. Deshalb müssen in der Schlusseinschätzung der Kommission nicht unbedingt akademische Wahrheiten verkündet werden, die über der aktuellen Politik schweben.

Und noch eins. Nehmen wir an, die jetzige Kommission geht ergebnislos auseinander. Deshalb bleiben die Uhren nicht stehen. Die Obersten Sowjets der baltischen Republiken bilden ihre eigenen Kommissionen, die mit der Bewertung nicht zimperlich sein und das Vakuum bis zum Rande füllen werden. Auf dem Kongress in Moskau wird die interregionale Gruppe Boris Jelzins sich als ›Prinzipienwächter‹ aufspielen. Und man kann heute schon sagen, dass auch die Diskussion nicht still und ruhig ablaufen wird. Dafür werden schon Juri Afanassjew und seine Freunde sorgen. Die Mehrheit des Kongresses wird gegen Jelzin stimmen. Die Balten werden demonstrativ den Saal verlassen. Die Mehrheit unter ihnen wird ihre Mandate niederlegen und das Volk zu einem Referendum über den weiteren Verleib im Bestand der UdSSR aufrufen.

Um eine entsprechende Atmosphäre zu schaffen, wird man im Baltikum vorher, am 23. August, nicht zur Arbeit gehen. Sie wissen besser als andere, dass Ungehorsam sich wie eine Epidemie ausbreitet, dass die Leidenschaften extreme Formen annehmen können. Dann wird man entweder Gewalt anwenden oder ... Tatsachen anerkennen müssen, die wir heute noch auszuklammern versuchen. Geb's Gott, dass es ohne Blutvergießen abgeht und aus dem Baltikum kein Nordkarabach wird.

5. Sie haben bereits mehrmals die politische Initiative ergriffen, um bestimmten Entwicklungen zuvorzukommen. Im Grunde genommen beruhen die ganze Perestroika und das neue politische Denken auf der Einsicht, dass es besser ist zu führen, als geführt zu werden. Ohne Übertreibung und ohne das geringste Bestreben, die Dinge zuzuspitzen – im Baltikum verbietet es sich, noch länger tatenlos zuzuschauen.

Für aktive Schritte ist fast keine Zeit mehr. Pressekommentare, Äußerungen von Wissenschaftlern und Politologen bestimmen nicht das politische Klima. Sie haben höchstens als Begleitmusik zu großen politischen Aktionen einen Sinn. Wie sehr es an Letzteren fehlt, zeigt sich mit jedem Tag deutlicher.«

Unterschrift: V. F., 1. August 1989

Um das Thema der Geheimprotokolle abzuschließen, sei hier angemerkt, dass der von Gorbatschow abgelehnte Entwurf des Berichtes der Kommission an den Kongress in der Presse der baltischen Republiken am 22. oder 23. August 1989 veröffentlicht wurde. Wer ihn dorthin lancierte, weiß ich nicht. Alle, die an dem Text mitgearbeitet hatten und mit denen ich kurz sprechen konnte, versicherten, sie hätten mit dieser Verletzung der Vertraulichkeit nichts zu tun. Wenn ich aber ehrlich sein will, dann hatten wir mit der Möglichkeit gerechnet, dass über den Stand der Dinge in der Kommission etwas nach außen drang. Auch aus diesem Grunde hatten wir Michail Gorbatschow empfohlen, den Entwurf zu veröffentlichen.

Ende 1989 fasste der Kongress der Volksdeputierten im zweiten Anlauf einen Beschluss über diese Ereignisse, die ein halbes Jahrhundert zurücklagen. Den Bericht der Kommission nahm man dafür nicht einfach nur als Grundlage. In den Beschluss fanden alle zentralen Thesen unseres Entwurfs Eingang. So wurden die sowjetisch-deutschen Vereinbarungen, die hinter dem Rücken von Drittstaaten, in Verletzung völkerrechtlicher Verpflichtungen der UdSSR und der »Leninschen Prinzipien der Außenpolitik«, abgeschlossen wurden, für nichtig von Anfang an erklärt.

Michail Gorbatschow spielte während der Plenartagungen und auch in den Pausen den passiven Beobachter. Es hätte in seiner Macht gestanden, den negativen Ausgang des ersten Anlaufs abzuwenden, als die Delegierten, wie sich sicher viele erinnern, den Bericht der Kommission ablehnten. Dafür hätte er nur Waleri Boldin zu beauftragen brauchen, das »glückliche Auffinden« der Originale zu inszenieren, denn mit ihrem

Fehlen wurde die Ablehnung begründet.

Alexander Jakowlew und Eduard Schewardnadse ließen sich eine Ersatzvariante einfallen: Aus einer »Mappe Wjatscheslaw Molotows« wurde eine Abschrift der Protokolle hervorgezaubert, die durch ein Versehen im Archiv des Außenministeriums der UdSSR verblieben war. Man hatte sie angefertigt, bevor Fotokopien der deutschen Fassung, die beim Nürnberger Prozess gegen die Hauptkriegsverbrecher bekannt wurden, im Westen auftauchten.

Warum hatte Eduard Schewardnadse den Mitgliedern der Kommission die Existenz der »Mappe Molotows« nicht enthüllt? Schließlich hatte man der Kommission versichert, ihr stünden die Archive des Außenministeriums uneingeschränkt zur Verfügung. Die Antwort konnte nicht überzeugen, und sie wurde auch nur inoffiziell gegeben: Es sei nicht Diplomatenart, sofort alle Karten auf den Tisch zu legen. Etwas müsse man immer noch in der Hinterhand haben.

Meinem Leidensweg im Zusammenhang mit dem so genannten Fall Katyn habe ich einige Absätze in meinen *Politischen Erinnerungen* gewidmet. Die beharrliche Suche nach der Wahrheit hatte schon einmal ein schweres Gewitter auf mich niedergehen lassen, obwohl Juri Andropows Vorwürfe sich damals nicht allein auf Katyn beschränkten. Im Januar 1983 zog ich aus dem Apparat des ZK der KPdSU in das Redaktionsgebäude der *Iswestija* um, wo ich in der Funktion eines politischen Beobachters nicht die schlechtesten drei Jahre und drei Monate meines langen Arbeitslebens verbrachte.

Nach dem Konflikt mit Juri Andropow schwor ich mir hoch und heilig, mich mit Katyn und der wundersamen sowjetisch-polnischen Nachbarschaft nie wieder zu befassen. Weder auf eigene Initiative noch auf Befehl meiner Vorgesetzten oder nach dem Vermächtnis des von mir so verehrten Fjodor Tjutschew. Im Jahre 1850 schrieb der Dichter die Worte:

»Erst dann im weiten Slawenkreis

die Feiertrommeln laut erdröhnen,
ersehnte Ordnung zieht erst ein,
wenn Polen und Russland sich versöhnen ...«

Wenn man von der Zusammenarbeit mit dem polnischen Schriftsteller und Freund unseres Landes Janusz Przymanowski einmal absieht, der die Anstrengungen und den Aufwand auf sich nahm, in mühevoller Kleinarbeit die Gräber sowjetischer Armeeangehöriger zu identifizieren, die im Kampf gegen die Nazis auf polnischem Boden gefallen waren, dann blieb ich diesem Vorsatz bis 1989 treu. Allerdings direkt gefragt, scheute ich mich nicht, meine Position darzulegen. Wenn ich Listen von Themen aufstellte, die von der Zeit nicht erledigt und von der Entwicklung nicht überholt waren, dann ließ ich Katyn nicht aus. Aber nicht mehr.

Im März 1989 war das Maß meiner Geduld und Zurückhaltung voll. In Warschau zeichneten sich im Falle Katyn einseitige Schritte ab, die Zuständigen in Moskau aber rührten keinen Finger. Die Polen konnte und musste man verstehen. Die Kommission aus Wissenschaftlern der UdSSR und der VR Polen hatte in fast zwei Jahren nicht einmal mit der Erörterung des Problems begonnen. Dabei war sie durch eine Entscheidung Michail Gorbatschows und Wojciech Jaruzelskis mit dem Auftrag ins Leben gerufen worden, die weißen Flecken in den sowjetisch-polnischen Beziehungen zu beseitigen.

Meine Denkschrift dazu ging an das ZK der KPdSU und mit einem kurzen Begleitbrief an Michail Gorbatschow persönlich. Im Sommer 1996 stellte mir das Archiv des Präsidenten der Russischen Föderation eine Kopie vom Original zur Verfügung. Der Begleitbrief an den Generalsekretär fehlte jedoch. Vielleicht ist er verlorengegangen oder nicht in diesem Archiv abgelegt worden.

Ich teilte Gorbatschow und seinen Kollegen im Politbüro mit, Polen plane, eine Urne mit der Erde von der Grabstätte der polnischen Offiziere in Katyn auf den Warschauer Zentralfriedhof zu überführen. Dementsprechend sollte auch die Inschrift auf dem vor Jahren in Warschau aufgestellten Denkmal verändert werden. Die Verantwortung für den Tod der Offiziere wurde nun der sowjetischen Seite angelastet. Der Generalsekretär erhielt auch Kenntnis von weiteren Schritten der polnischen Seite, die die Umstände der Tragödie von Katyn aufklären wollte, da wir keine Bereitschaft zeigten, dieses Problem gemeinsam anzugehen.

Es gab allen Grund zur Sorge, dass unsere Politorthodoxen das Vorgehen Polens als Druck auf die sowjetische Führung auslegen und Gorbatschow zu einem Protest bewegen könnten. Deshalb schlug ich vor, bei der symbolischen Überführung der sterblichen Überreste aus Katyn nach Warschau behilflich zu sein. Am Ende der Denkschrift warnte ich davor, anzunehmen, das Problem sei vom Tisch.

Und wenn wir unsere Ausweichtaktik nicht aufgäben, könne man eine weitere Zuspitzung erwarten. (Den vollen Wortlaut dieser Denkschrift siehe Anlage 9.)

In meinem Brief an Michail Gorbatschow erinnerte ich ihn daran, dass die Polen uns eine Antwort auf einige für die sowjetische Seite wichtige Fragen schuldeten. Was war aus unseren Soldaten und Offizieren geworden, die 1920/21 von Pilsudskis Truppen gefangengenommen wurden? Etwa vierzigtausend Mann waren damals wie vom Erdboden verschluckt. Nach Angaben unseres Generalstabes waren fast alle in polnischen Lagern zu Tode gequält worden.

Ohne selbst einen Standpunkt zu äußern, beauftragte der Generalsekretär Eduard Schewardnadse, Wladimir Krjutschkow und mich, gemeinsam Vorschläge zu Katyn einzubringen. Sie wurden am 22. März 1989 vorgelegt und gingen etwas weiter als die Überlegungen, die ich zwei Wochen zuvor geäußert hatte. Die Dreiergruppe sprach sich dafür aus, den Polen mitzuteilen, wie sich die Vorgänge in der Realität abgespielt hatten und wer konkret die Verantwortung dafür trug.

Ich empfehle dem geneigten Leser dieses Dokument im

Wortlaut. Es gibt neben allem anderen auch eine Vorstellung davon, wie politische Beschlüsse in der Herrschaftszeit Michail Gorbatschows zustande kamen.

»*Geheim*
An das ZK der KPdSU
Zum Fall Katyn

Je näher die kritischen Daten des Jahres 1939 rücken, desto heißer wird in Polen über die so genannten weißen Flecken in den Beziehungen zur UdSSR (und zu Russland) debattiert. In den letzten Wochen konzentriert sich die Aufmerksamkeit auf Katyn. In einer Reihe von Veröffentlichungen, die sowohl aus der Feder von Personen stammen, die für ihre oppositionelle Haltung bekannt sind, als auch von Wissenschaftlern und Publizisten, die der polnischen Führung nahestehen, wird offen erklärt, am Tod der polnischen Offiziere sei die Sowjetunion schuld; die Erschießungen hätten im Frühjahr 1940 stattgefunden.

Der Pressesprecher der polnischen Regierung, Jerzy Urban, hat diesen Standpunkt in einer Verlautbarung faktisch zur offiziellen Regierungsposition erklärt. Dabei wird allerdings die Schuld für das Verbrechen von Katyn dem ›Stalinschen NKWD‹ und nicht dem Sowjetstaat angelastet.

Die Taktik der Regierung ist erklärbar – sie versucht, den Druck abzufangen, der entstanden ist, weil das Versprechen, den Fall Katyn aufzuklären, bisher nicht erfüllt wurde. Dies ist in gewissem Maße auch als Druck auf uns zu verstehen, da die Kommission sowjetischer und polnischer Wissenschaftler, die für die Aufklärung der ›weißen Flecken‹ gebildet wurde, bei diesem Thema nun schon zwei Jahre lang auf der Stelle tritt.

Der sowjetische Teil der Kommission verfügt über keinerlei zusätzliche Materialien, die die ›Burdenko-Version‹ von 1944 belegen. Andererseits haben unsere Vertreter auch keine Vollmacht, die im Grunde genommen schwerwiegenden Argumente der polnischen Seite zu erörtern.

Neben der Erklärung Jerzy Urbans werden in Warschau weitere Schritte erwogen, mit denen man die eigene Öffentlichkeit irgendwie zufriedenstellen will. So besteht unter anderem die Absicht, sterbliche Überreste (eine Urne mit Erde) aus Katyn symbolisch auf den Warschauer Zentralfriedhof zu überführen und zugleich die Inschrift auf dem dort errichteten Gedenkstein entsprechend zu ändern.

Je weiter diese Sache hinausgezögert wird – das zeigt eine Lageanalyse –, desto eindeutiger wird der Fall Katyn zu einem Stein des Anstoßes nicht nur für die sowjetisch-polnischen Beziehungen in der Vergangenheit, sondern auch in der Gegenwart. In der Broschüre ›*Katyn*‹, die 1988 unter der Schirmherrschaft der Kirche erschien, heißt es, Katyn sei eines der schrecklichsten Verbrechen in der Geschichte der Menschheit. In anderen Veröffentlichungen ist der Gedanke zu finden, solange die Tragödie von Katyn nicht völlig aufgeklärt sei, könne es zwischen Polen und der UdSSR keine normalen Beziehungen geben.

Mit dem Thema Katyn werden jetzt selbst Fragen des Ausbruchs des Zweiten Weltkrieges und des Überfalls Deutschlands auf Polen künstlich überspielt. Der Hintergrund dieser Kampagne ist klar – den Polen soll eingeredet werden, die Sowjetunion sei keineswegs besser, sondern eher noch schlechter als das damalige Deutschland; sie trage keine geringere Verantwortung für den Ausbruch des Krieges und sogar für die militärische Zerschlagung des damaligen polnischen Staates.

Der Fall Katyn kann – und je mehr Zeit vergeht, desto akuter wird die Gefahr – in Polen das Interesse an der Aufklärung des Schicksals weiterer Tausender internierter polnischer Offiziere rasch anwachsen lassen, deren Spuren sich in der Gegend von Charkow und Bologoje verlieren. Bisher haben wir der polnischen Seite auf diese zusätzlichen Fragen keine zufriedenstellende Antwort gegeben.

Eine Erörterung dieser tragischen Fragen der Vergangenheit mit der Führung der Volksrepublik Polen und der polnischen Öffentlichkeit ist offenbar nicht zu umgehen. Die Zeit arbeitet hier nicht für uns. Vielleicht wäre es zweckmäßiger zu sagen, was wirklich geschehen ist, wer an den Vorfällen konkrete Schuld trägt, und damit die Sache zu beenden. Ein solches Vorgehen richtet letzten Endes weniger Schaden an, als wenn wir weiterhin untätig bleiben.

Der Entwurf eines Beschlusses des ZK der KPdSU liegt bei.

E. Schewardnadse   V. Falin   W. Krjutschkow
22. März 1989«

Der Entwurf eines Beschlusses des ZK der KPdSU lag der Denkschrift natürlich bei. Diesen händigte mir das Archiv allerdings nicht aus. Möglicherweise wurde er nicht für so wichtig erachtet, denn der Beschluss in unserer Fassung trat niemals in Kraft. Stattdessen verabreichte man eine Beruhigungspille, die Bewegung und guten Willen vortäuschen sollte, aber nicht dazu geeignet war, politisch oder moralisch einen Schlussstrich zu ziehen. Die alten Wunden wurden so nur weiter aufgerissen.

Fast ein Jahr verging. Die Urne mit der Erde aus dem Wald von Katyn war nach Warschau gebracht worden. In den Gedenkstein hatte man ein neues Datum für den Tod der polnischen Offiziere gehauen, das darauf hinwies, dass das Verbrechen vor dem Überfall Deutschlands auf die Sowjetunion und nicht von den Nazis begangen wurde. In der polnischen Presse erschienen in regelmäßigen Abständen zusätzliche Dokumente und Enthüllungen, die die sowjetisch-polnischen Beziehungen belasteten. Ein weiteres Anwachsen von Misstrauen und Feindseligkeit gegenüber unserem Staat und unserer Nation waren vorprogrammiert.

Wojciech Jaruzelski bat, drängte und forderte von Michail Gorbatschow, das Veto aufzuheben, eine aufrichtige Erörterung des Problems zuzulassen und einen befriedigenden Ausweg aus der verfahrenen Situation zu finden. Der polnische Präsident wandte sich um Hilfe auch an mich und, davon bin ich überzeugt, an andere sowjetische Vertreter: »Überzeugen Sie Michail

Gorbatschow, dass die Zeit nichts heilt; die Folgen dieser Untätigkeit werden immer schlimmer.«

Auf meine Informationen über die Gespräche mit Jaruzelski reagierte Gorbatschow nicht. Ob er dem KGB, dem Außen- oder Verteidigungsministerium irgendwelche Aufträge erteilte, weiß ich nicht genau. Nach den Informationen, die mir vorlagen, gab es solche Aufträge nicht.

Am 22. Februar 1990 erhielt Michail Gorbatschow von mir eine persönliche Botschaft, in der ich mitteilte, sowjetische Wissenschaftler hätten im »Sonderarchiv« und im Zentralen Staatsarchiv Dokumente entdeckt, die unwiderlegbar bewiesen, dass die Verantwortung für den Mord an den polnischen Offizieren aus den Internierungslagern des NKWD in Koselsk, Starobelsk und Ostaschkowo unsere Straforgane, von Berija und Merkulow persönlich geführt, tragen. Ich schlug vor, aus dieser Tatsache ohne Verzug die notwendigen Schlussfolgerungen zu ziehen. (Wenn mein Gedächtnis mich nicht trügt, habe ich insgesamt drei Denkschriften zu diesem Thema an Gorbatschow gesandt. Nur eine davon ist in meiner Hand. Sie wird nach einer Kopie des Originals wiedergegeben, das im Archiv des Präsidenten der Russischen Föderation liegt.)

»Geheim
Ergänzende Informationen
zur Tragödie von Katyn

Sehr geehrter Michail Sergejewitsch!

Einige sowjetische Historiker (J. N. Sorja, V. S. Parsadanowa, N. S. Lebedewa), denen Zugang zu den Akten des Sonderarchivs und des Zentralen Staatsarchivs der Hauptverwaltung Archive beim Ministerrat der UdSSR sowie zum Zentralen Staatlichen Archiv der Oktoberrevolution gewährt wurde, haben bisher unbekannte Dokumente der Hauptverwaltung Kriegsgefangene und Internierte des NKWD der UdSSR sowie der Verwaltung

Begleittruppen des NKWD aus den Jahren 1939-1940 aufgefunden, die sich auf den so genannten Fall Katyn beziehen.

Nach diesen Materialien befanden sich Anfang Januar 1940 in den Lagern der Hauptverwaltung Kriegsgefangene und Internierte des NKWD in Ostaschkowo, Gebiet Kalinin, in Koselsk, Gebiet Smolensk, und in Starobelsk, Gebiet Woroschilowgrad, ca. 14 000 polnische Bürger – Offiziere von Armee und Flotte, Mitarbeiter von Polizei und Gendarmerie, Militärs und Beamte, verschiedene Agenten sowie Militärgeistliche.

Laut Befehl Nr. 00117 des NKWD von 1939 unterlagen diese Personen nicht der Freilassung und Rückführung in ihre Heimat. Über ihr Schicksal wurde mehrfach beraten. Es liegen Dokumente mit Vermerken Berijas und Merkulows vor, die dazu auffordern, die Ermittlungen zu beschleunigen und über ehemalige Mitarbeiter der Justizorgane und der Aufklärung Materialien für die Behandlung durch die Sonderkammer des NKWD der UdSSR vorzubereiten.

Im April und Mai 1940 wurden die Insassen aller drei Lager in die Verantwortung verschiedener Gebietsverwaltungen des NKWD überstellt. Die Listen wurden zentral geführt und hatten eine durchgehende Nummerierung. Eine Liste umfasste im Durchschnitt hundert Personen, die kontinuierlich antransportiert wurden, zuweilen vier- bis fünfhundert Mann am Tag. Darüber wurde täglich nach Moskau berichtet. Man hatte angeordnet, aus dem Kreis der Abzuschiebenden Informanten und andere Personen auszusondern, die von operativem Interesse waren. Im Unterschied zu normalen Verlegungen von Häftlingen wurden die Lagerkommandanten angewiesen, lediglich in der Lagerkartei einen Vermerk anzubringen (›nach Liste Nr. … am … abtransportiert‹), und die Registrierkarten nicht an die Zentrale zu senden.

Vor Beginn der Aktion wurde eine Postkontrolle eingeführt, die gesamte ein- und ausgehende Korrespondenz beschlagnahmt. Es war verboten, Auskünfte über die Lagerinsassen zu erteilen. Alle Lagerangestellten waren angewiesen, über ›den Bestimmungsort der Transporte strengstes Stillschweigen zu bewahren‹.

Nach Abschluss der Aktion wurden alle Akten der aus den Lagern Abtransportierten ›abgeschlossen, vorschriftsmäßig bearbeitet und dem Archiv der Sonderabteilung I des NKWD übergeben‹. Für neue Kontingente, die in den Lagern eintrafen, mussten ›völlig neue Registrier- und Aufenthaltsakten angelegt‹ werden. Später übergab man die Materialien aus den Lagern Koselsk und Ostaschkowo an die Hauptverwaltung zur Aufbewahrung, die des Lagers Starobelsk wurden vernichtet. Personen, die sich bis April–Mai 1940 in den drei Lagern aufgehalten hatten, erschienen in den statistischen Berichten nicht mehr.

Die Lager Koselsk und Starobelsk wurden danach für Personen polnischer Nationalität genutzt, die aus den Westgebieten der Ukraine, Belorusslands und aus dem Baltikum kamen. Informationen über die vorherigen Insassen dieser Lager wurden vor ihnen streng geheim gehalten. Die Gebäude des Lagers Ostaschkowo wurden im August 1940 an das dortige Heimatmuseum übergeben.

Die Dokumente aus den sowjetischen Archiven erlauben es somit, das Schicksal der in den Lagern des NKWD von Koselsk, Starobelsk und Ostaschkowo internierten polnischen Offiziere zu verfolgen, auch wenn Befehle über ihre Erschießung und Beerdigung nicht zur Verfügung stehen. Stichproben, bei denen die Namen der zum Abtransport aus dem Lager Koselsk mit den von den Deutschen bei der Exhumierung im Frühjahr 1943 aufgestellten Listen verglichen wurden, haben direkte Übereinstimmung ergeben, was beweist, dass die Ereignisse miteinander verzahnt sind.

Auf der Grundlage dieser neuen Dokumentenfunde haben sowjetische Historiker Publikationen vorbereitet. Einige sind von den betreffenden Redaktionskollegien bereits bestätigt und zum Druck freigegeben. Mit ihrem Erscheinen wird im Juni/Juli gerechnet. Mit derartigen Publikationen würde in gewissem Sinne eine neue Situation geschaffen. Unser Argument, in den staatlichen Archiven der UdSSR seien keine Materialien entdeckt worden, die den wahren Hintergrund der Tragödie von Katyn erhellen, wäre dann nicht mehr korrekt. Die von den Wissenschaftlern gefundenen Materialien – sie haben zweifellos erst einen Teil der Geheimarchive geöffnet – lassen uns zusammen mit den Fakten, auf die sich die polnische Seite bei ihren Einschätzungen stützt, wohl kaum noch die Möglichkeit, weiter bei der bisherigen Version zu bleiben und einer endgültigen Bewertung der Ereignisse auszuweichen. Da der 50. Jahrestag von Katyn bevorsteht, müssten wir unsere Haltung so oder so klar festlegen.

Die geringsten negativen Folgen hätte offenbar folgende Variante: Wojciech Jaruzelski wird mitgeteilt, dass nach sorgfältiger Prüfung der in Frage kommenden Archivbestände keine direkten Belege (Befehle, Erlasse usw.) gefunden wurden, nach denen der genaue Zeitpunkt und die konkreten Schuldigen der Tragödie von Katyn benannt werden können. Zugleich sind im Aktennachlass der Hauptverwaltung Kriegsgefangene und Internierte des NKWD sowie der Verwaltung Begleittruppen aus dem Jahre 1940 Indizien entdeckt worden, die daran zweifeln lassen, dass der ›Burdenko-Bericht‹ den Tatsachen entspricht. Die genannten Indizien lassen den Schluss zu, dass der Tod der polnischen Offiziere bei Katyn dem NKWD sowie Berija und Merkulow persönlich anzulasten ist.

Es erhebt sich die Frage, in welcher Form und zu welchem Zeitpunkt dieses Ergebnis der polnischen und sowjetischen Öffentlichkeit zur Kenntnis zu geben ist. Hier sollte der Rat des Präsidenten der Republik Polen eingeholt werden, da es notwendig ist, das Problem politisch abzuschließen und zugleich einen Ausbruch der Leidenschaften zu vermeiden.

Ich bitte um Behandlung dieser Frage.
Ihr Falin
22. 2. 1990«

Dieser Denkschrift ging ein Streit mit dem Leiter der Hauptabteilung Archive beim Ministerrat der UdSSR, Fjodor Waganow, voraus. Dieser hatte mit einem Ohr gehört, der Historiker Juri Sorja sei auf die Katyn-Akten gestoßen. Sofort wies er an, die Dokumente mit einer Sondersperre zu belegen. Mir blieb nichts weiter übrig, als den damals noch nicht ganz geschwundenen magischen Status des ZK der KPdSU auszunutzen und die Aktenordner mit den Dokumenten nach den Signaturen, die Sorja aufgelistet hatte, für die Internationale Abteilung des ZK anzufordern.

Der Historiker erhielt einen Raum und die technischen Hilfsmittel, die es ihm erlaubten, ohne Ablenkung die in zahlreichen Weisungen, Berichten und anderen Dokumenten verstreuten Fakten darüber zusammenzufassen, wie sich die Tragödie abgespielt hatte. Die brennendste Frage schien mir zu sein, ob und in welchem Maße die Listen für den Abtransport der Häftlinge aus dem Koselsker Lager mit den bei der Identifizierung während der Exhumierung der sterblichen Überreste aus den Massengräbern von Katyn im Frühjahr 1943 erstellten Dokumenten übereinstimmten. Sorja stellte erschütternde Übereinstimmungen fest.

Am 23. Februar 1990 kritzelte Michail Gorbatschow auf meine Botschaft den Vermerk: »An die Genossen Jakowlew, Schewardnadse, Krjutschkow, Boldin: Übermitteln Sie mir bitte Ihre Überlegungen.« Ich wurde zur Vorbereitung des Beschlusses nicht hinzugezogen. Das ließ nur einen Schluss zu: Der Generalsekretär musste sich in das Unvermeidliche fügen, grollte mir aber wegen meiner ungebetenen Einmischung. Er wollte nicht dazu auffordern, eine komplette Bestandsaufnahme zu erstellen, wie ich dem Generalsekretär empfohlen hatte. Immer wieder, auf Raten, scheibchenweise.

Dafür bekam die Internationale Abteilung die gesamte organisatorische Arbeit für die Vorbereitung des Empfangs des polnischen Staatspräsidenten in Moskau und die Zusammenstellung der Dokumentenkopien aus dem Archiv der Verwaltung für Kriegsgefangene und Internierte sowie der Begleittruppen des NKWD aufgeladen. Mein Vorschlag, Wojciech Jaruzelski die Archivakten in vollem Umfang zu übergeben und nicht nur Auszüge daraus, um nicht den Verdacht zu erwecken, wir hätten immer noch etwas zu verbergen, fand nicht Gorbatschows Billigung. Nein, der sowjetische Präsident wollte seinem polnischen Partner lediglich einzelne Dokumente übergeben, die der inhaltlichen Untermauerung seiner Information dienten.

Der KGB verfügte im Jahre 1982 über besonders wichtige Dokumente zu Katyn, die unter Umständen endgültige Aufklärung geben konnten. Ich beschloss zu prüfen, ob diese Akten nicht inzwischen aus der Kategorie »Nicht öffnen« in die Kategorie »Vor dem Lesen vernichten« überführt worden waren. Papiere haben wie Menschen, von denen sie handeln, mitunter ein kompliziertes Schicksal.

Die Möglichkeit dafür ergab sich einen Monat später. In der Sitzungspause einer Plenartagung des ZK der KPdSU berichtete ich Wladimir Krjutschkow von meiner Plackerei, eine solche Indizienkette aufzubauen, gegen die Michail Gorbatschow nichts mehr einwenden konnte. Im KGB hatte es seinerzeit ein Dossier gegeben, zu dem jeder Zugang verwehrt war. Der Vermerk »Nicht öffnen« kam auch bei höchst wichtigen Angelegenheiten nur selten vor.

Der KGB-Vorsitzende erwiderte, das Dossier liege immer noch in seiner Dienststelle, und dort sei »alles drin«. Ich fragte nach, ob es auch einen Befehl enthalte, der die nicht wiedergutzumachende Untat ausgelöst habe. »Auch der Befehl ist erhalten geblieben. Uns bleibt nur, zu bereuen«, antwortete Wladimir Krjutschkow.

Kaum zwei oder drei Tage später hatten Alexander Jakowlew und ich einen Termin bei Gorbatschow. Wie im Voraus abgesprochen, informierte ich den Generalsekretär am Schluss des Gesprächs darüber, dass der KGB die Originaldokumente besitze, nach denen sich das volle Bild der Vernichtung der polnischen Offiziere bei Katyn, Bologoje und Charkow im Jahre 1940 rekonstruieren lasse. Es sei also an der Zeit, den Polen eine weitergehende Information zu übergeben.

»Krjutschkow hat mir so etwas nicht berichtet«, entgegnete Michail Gorbatschow trocken. Durch die Geschichte mit den Geheimprotokollen gewitzt, wollte ich bei Wladimir Krjutschkow nachprüfen, ob der Generalsekretär von dem Dossier über Katyn wirklich nichts wusste. Der KGB-Chef antwortete auf meine Frage mit einer Gegenfrage: »Von welchen Dokumenten reden Sie? Offenbar haben wir uns falsch verstanden.«

Damit schloss sich der Kreis. Man hatte dem Leiter des Sicherheitsdienstes den Mund versiegelt: Enthülle Geheimnisse nicht Leuten, die sie nichts angehen. Wer wovon etwas wissen darf, entscheidet allein der oberste Gebieter.

Dank Waleri Boldin erfuhren wir, wenn auch viel später, dass Gorbatschow die Dokumente vom KGB erhalten und gelesen hatte. Die Legende, das Dossier sei erst zum Präsidenten der UdSSR gelangt, als er seinen Thron für Boris Jelzin räumte, entspricht nicht der Wahrheit. Die Wahrscheinlichkeit, Gorbatschow habe nach der Auseinandersetzung mit Krjutschkow seine eigene Neugier nicht befriedigt, ist gleich null. Er wäre nicht Gorbatschow gewesen, hätte er anders gehandelt.

Was mag wohl den ehemaligen Generalsekretär und Präsidenten der Sowjetunion dazu bewegen, sich auch heute noch zu verstellen? Meint er tatsächlich noch immer, gewisse Wissenslücken könnten ihm nützen? Oder gehört Gorbatschow zu der Art von Menschen, deren Augen entgegen dem Sprichwort nicht Spiegel ihrer Seele sind? Im normalen Leben sind solche Figuren unangenehm. In der Politik sind sie unheilvoll, besonders dann, wenn sie kraft der Umstände Macht an sich reißen.

Zu Gorbatschows Zeit ballte sich ein ganzes Knäuel ungünstiger Faktoren politischer, militärischer, technologischer, sozialökonomischer und nationaler Art zusammen. Mit einer derart komplizierten Situation allein fertig zu werden ist keinem Staatsmann gegeben, und besitze er auch eine unermessliche Genialität. Da Michail Gorbatschow das autoritäre Regime aufrechterhielt und sogar noch verschärfte, alles auf sich zog und von seinem subjektiven Verständnis davon abhängig machte, was richtig und vernünftig war, welche Tragfähigkeit das System noch besaß, wie er das Verhältnis von Politik und Moral, von Allgemeinem und Einzelnem zu sehen hatte, machte er die Chance der Sowjetunion zunichte, sich zu regenerieren und zu einer effektiv funktionierenden modernen Föderation zu werden.

Angesichts dieser Alleinherrschaft musste eine Krise der Persönlichkeit unweigerlich die Krise des Systems und des Staates nach sich ziehen. Der politische Zwiespalt der Persönlichkeit provozierte den Zerfall der UdSSR. Die Unfähigkeit, sich selbst zu verändern, Macht nicht länger als völlige Freiheit von jeglichen Geboten und jeglicher Kontrolle zu sehen – all das hatte die konstruktiven Ziele der Perestroika bereits zum Scheitern verurteilt, bevor sie sich richtig entfaltete.

Die sowjetisch-deutschen Geheimprotokolle und Katyn sind typische Beispiele dafür, wie Michail Gorbatschow mit unangenehmen oder psychologisch schwierigen Problemen umging. Typische, aber beileibe nicht die einzigen. Bei seinem Besuch in der Tschechoslowakei war er nicht bereit, unserer Empfehlung zu folgen und Reue für die Unterdrückung des Prager Frühlings zu zeigen. Mit enormer Mühe gelang es schließlich, ihn zur Herausgabe einiger Dokumente an die Ungarn zu bewegen, die etwas Licht in die Hintergründe der Ereignisse von 1956 und die Persönlichkeit von Imre Nagy brachten. Aber auch das geschah nur selektiv, und ich weiß bis heute nicht, ob es genutzt oder mehr geschadet hat.

Michail Gorbatschow hatte taube Ohren für Überlegungen, die uns nichts gekostet hätten und lediglich eine späte Würdigung des Beitrages Jugoslawiens zum Kampf gegen die faschistische Aggression gewesen wären oder es uns ermöglicht hätten, die Zusammenarbeit zum Beispiel mit Finnland oder der Mongolei auf eine höhere Stufe zu heben.

Einerseits wurden meine Vorschläge zur Reorganisation des RGW niemals ernsthaft erwogen, andererseits die Einwände missachtet, die ich gegen eine mechanische Umstellung der Verrechnungen zwischen den Mitgliedstaaten auf Dollarbasis vorbrachte. Entscheidend dafür, dass das Todesurteil über den RGW gesprochen wurde war die Hypothese, der Handel mit den Partnern in dieser Organisation bringe der Sowjetunion allein Verluste. Eine Analyse der tatsächlichen Lage, die die Internationale Abteilung des ZK anfertigte, zeigte, wie konstruiert die meisten Wertungen waren, denen Michail Gorbatschow und Nikolai Ryschkow so gern Glauben schenkten, wie sehr sowohl die Fachleute, die den RGW angriffen, als auch die geneigten Leser ihrer Berichte das Eigene und das Fremde mit verschiedener Elle maßen.

Oder wurde der RGW mit voller Absicht gesprengt? War das ein Bestandteil der Demontage der Positionen der UdSSR in Europa und in der Welt? Warf man die Weichen ohne jede Vorbereitung, ohne jede Übergangszeit herum und wartete nur darauf, dass der Zug entgleiste?

Naivität ist nicht der schlimmste Mangel, aber hier regierte die Absicht. Es störte nicht, dass Milliarden und Abermilliarden eigener Mittel, die man in die Arbeitsteilung im RGW investiert hatte, zum Teufel gingen, dass die Disproportionen in der sowjetischen Wirtschaft, auf dem Verbrauchermarkt oder bei der Versorgung der Bevölkerung mit Medikamenten sich zuspitzten und anderes mehr. Wer mit der Umwälzung der Geschichte befasst ist, der kleckert nicht, sondern klotzt.

Der große russische Gelehrte Konstantin Ziolkowski, der Urvater der Weltraumfahrt, sagte einmal: »Ich erkenne keinen technischen Fortschritt an, wenn er über den moralischen hinweggeht.« Wir haben allen Grund, diese Formel auf die Politik anzuwenden und Zweifel anzumelden, ob eine Erscheinung progressiv genannt werden kann, wenn sie sich zu Lasten der Moral durchsetzt.

In einer Rede, die Michail Gorbatschow, wenn ich nicht irre, im Jahre 1990 von der Tribüne des Lenin-Mausoleums auf dem Roten Platz hielt, sagte er die wunderbaren Worte: Ehrliche

Ziele dürfen nicht mit unehrlichen Mitteln verfolgt werden. Wäre dies der Leitspruch für ein geschlossenes Programm von Maßnahmen und Schritten gewesen, die die sowjetische Gesellschaft und den sowjetischen Staat zu einer neuen Qualität führten, dann hätte man sie nur begeistert begrüßen können. Hätten sie doch wenigstens das Versprechen bedeutet, die Wahrheit nicht länger zu beschneiden und die Winkelzüge einzustellen. Allein dafür hätte der Präsident ein Quäntchen gesellschaftlicher Anerkennung zurückgewinnen können, die damals bereits stark im Schwinden begriffen war.

Aber der Umschwung kam nicht. Der Aufruf zur Ehrlichkeit war an andere gerichtet. Für die Macht ist Ehrlichkeit oder, mehr noch, Moral etwas Unbequemes, das man ertragen muss, wenn man es nicht umgehen kann. Fast niemals aber ist es der Prüfstein für die Auswahl des Wahren und Würdigen. In unserer Zeit, da die moralischen Begriffe auf dem Kopf stehen und die Werte verfälscht werden, da die Mentalität des Konsums im Großen und im Kleinen triumphiert, gehört es nicht zum guten Ton, ja, ist es fast ein Skandal, wenn man von Prinzipien, vom gesunden Menschenverstand oder gar vom Schicksal der Zivilisation spricht.

Der Egoismus regiert die Welt. Er ist der Gradmesser dafür, was nützlich oder schädlich, erlaubt oder verboten, diskussionswürdig oder ohne jede Alternative ist. Neutralität gilt als unmoralisch. Was »stört«, wird bereits als »Bedrohung« empfunden. Aber wie kann man mit dem Träger einer Bedrohung in guter Nachbarschaft oder gar Partnerschaft leben? Als richtige Strategie gilt bis heute eine »Politik des berechneten und nachdrücklichen Zwangs«, die keinerlei Extreme ausschließt.

Wenn das Fortschritt heißt, was ist dann Verfall?

Können Erbarmen und Staatsräson, Gewissensfreiheit und Atheismus koexistieren?

Die Serie meiner Denkschriften an Michail Gorbatschow lief letzten Endes auf ein Dilemma hinaus, das die Menschen von alters her bewegt – das Verhältnis zweier Arten zu denken, zweier Seelen, die in unserer Brust wohnen und unser Handeln bestimmen. Die eine Hälfte des menschlichen Hirns kalkuliert, berechnet und misst nach Kilogramm, Kilometern, Stunden, Sekunden, Dollars und Rubeln. Die andere trennt das Gute vom Schlechten und misst dabei nicht nach Annehmlichkeit und Nutzen, sondern eher nach den Werten von Ethik und Kultur. Das ist nicht gerade eine sehr neue, aber doch sehr aktuelle Feststellung. Wer das eine übertreibt, wird zum Raubtier, wer sich in das andere hineinsteigert, zum Träumer.

Meine Versuche, als der Verfasser die Denkschrift zum Fall Mathias Rust und das Memorandum zur tausendjährigen Wiederkehr der Christianisierung Russlands zurückzuerhalten, sind bis jetzt ohne Ergebnis geblieben. Das ist schade, denn diese beiden äußerlich weit entfernt voneinanderliegenden Themen hätten mir die Möglichkeit gegeben, nicht die Dekoration der Perestroika, die vor aller Augen aufgestellt war, zu beschreiben, sondern einige ihrer unterschwelligen Strömungen und typischen Strudel zu illustrieren.

Der Flug des Mathias Rust aus Finnland nach Moskau, wo er auf dem Roten Platz landete, erregte riesiges Aufsehen. Der Begriff »Furore« wäre auch angebracht, wenn die berüchtigte Staatsräson nicht jegliches elementare Mitgefühl sofort niedergewalzt hätte. Der Junge hatte etwas nahezu Unmögliches vollbracht: Er hatte eine Lücke von eintausend Kilometern in einem Luftabwehrsystem aufgespürt, das als das beinahe vollkommenste der Welt galt. Damit war bewiesen, dass das Leben mehr Überraschungen bereithält, als sich jede Phantasie vorstellen kann.

Deshalb lautete auch mein spontaner Kommentar auf die Frage einer Hamburger Zeitung, man sollte Mathias Rust dafür danken, dass er uns allen die Augen geöffnet hatte, ihm raten, so etwas nicht wieder zu tun, und ihn zu seinen Eltern nach Hause schicken. Ich hoffte aufrichtig, die sowjetische Seite möge mit Großmut gegenüber diesem Jungen das neue Denken in der Praxis demonstrieren. Das hoffte ich nicht nur, sondern bemühte mich auch, mittels öffentlicher Äußerungen Michail Gorbatschow die Vorteile einer solchen Reaktion vor Augen zu führen.

Es kam aber ganz anders. Ich hatte keine Ahnung, dass der Generalsekretär zu jener Zeit nach einem brauchbaren Vorwand suchte, um die Militärs zu zügeln und an die Kandare zu legen. Generale und Admirale sind keine Parteisekretäre in Regionen oder Republiken. Hier kann man keine Neuwahlen ansetzen, um sich Unliebsamer auf »demokratische« Weise zu entledigen. Da kam Mathias Rust wie ein Geschenk des Himmels. Unerwartet und so heiß ersehnt.

Napoleon ließ in gespieltem Zorn kostbares Porzellan am Boden zerschellen. Unser Herrscher ließ nun die Köpfe von Militärs rollen. In den Ruhestand geschickt wurden Verteidigungsminister Sergej Sokolow, die Kommandeure einiger Militärbezirke und Waffengattungen, Generale, die im Verwaltungsapparat der Armee zu viele Hosenböden durchgewetzt hatten. Die »Unzuverlässigen« wurden gleich schockweise aus dem aktiven Dienst entfernt. Hier bieten sich historische Parallelen geradezu an. Aber ich will mich ihrer enthalten und mich auf eine Bemerkung beschränken: Die leichtmotorige Cessna von Mathias Rust hatte eine Wirkung, um die sie ein ganzes Geschwader der strategischen Luftwaffe der USA beneiden konnte.

Die sowjetischen Streitkräfte mussten solche Kübel von Schmutz über sich ergehen lassen, als hätten sie eine lebenswichtige Schlacht verloren. Als Schrittmacher fungierte hier Michail Gorbatschow. Mitstreiter und künftige (oder bereits damalige?) Rivalen versuchten, ihn zu übertreffen. Von diesem Moment an waren Armee, Luftstreitkräfte und Flotte nicht länger das Hätschelkind der Nation. Zugleich verloren sie auch den Schutz vor Schmähung, der ihnen in jedem Lande gebührt. Die Streitkräfte gerieten in den Sumpf einer langanhaltenden Krise und endloser Reorganisationen.

Meine weiteren Schritte, meinte Alexander Jakowlew, hätten der Lage und der vorherrschenden Stimmung nur schlecht entsprochen. Nehmen wir die sowjetische Botschaft in Bonn. Sie wusste, was gefragt war, und überschüttete die Zentrale mit Telegrammen, wo in verschiedener Tonart immer nur das eine Lied gesungen wurde: Mathias Rust habe im Auftrag einen Diversionsakt begangen, er sei Werkzeug einer Verschwörergruppe, die das Ziel verfolge, dem Ansehen der Sowjetunion als Supermacht und dem Ruf ihres neuen Führers Schaden zuzufügen. Wo eine Verschwörung ist, kann die NATO nicht weit sein. Das Bündnis habe eine tiefschürfende Aufklärung der Verteidigungsfähigkeit und Kampfbereitschaft des potenziellen Gegners geplant und durchgeführt.

Dieser primitive Unsinn wurde jedem Mitglied des Politbüros auf den Tisch gelegt, damit kein Zweifel aufkam, dass man mit Armee und Luftstreitkräften zu Recht so scharf ins Gericht ging. Die Militäraufklärung konnte die »Enthüllungen« der Diplomaten nicht bestätigen. Um so schlimmer für die Aufklärer. Sie waren wohl nicht wachsam genug, müssen auch regelmäßig auf Trab gebracht werden, damit sie bei ihrer Arbeit nicht eindämmern. Haben sie eine Gefahr verschlafen, lauert schon die nächste.

In dieser angeheizten Atmosphäre war durchaus Vorsicht geboten. Stattdessen sandte ich dem Generalsekretär eine Denkschrift, in der die Richtigkeit seines Vorgehens im »Fall Rust« in Zweifel gezogen war. Mehr noch, auf einer APN-Pressekonferenz für die Journalisten, die Bundespräsident Richard von Weizsäcker auf seiner Reise durch die UdSSR begleiteten, schnaufte ich nicht vor Empörung über die Rust-«Provokation» und ließ auch keine Muskeln spielen. Im Gegenteil, ich gab zu verstehen, dass unabänderliche Beschlüsse zu diesem Zeitpunkt noch nicht gefallen seien und auch eine undramatische Lösung noch im Bereich des Möglichen liege.

In Anwesenheit des ganzen Politbüros disqualifizierte Michail Gorbatschow mein Memorandum und meine öffentlichen Äußerungen. Er charakterisierte dies als unzulässigen Druck auf die Führung. Eine Disziplinarstrafe erhielten allerdings die Untersuchungsoffiziere des KGB, die den »Fall Rust« bearbeiteten. Man unterstellte ihnen, sie hätten Geheimnisse des Verfahrens preisgegeben, von denen vor der Übergabe an das Gericht oder vor Einstellung der Untersuchung außer dem Generalsekretär lediglich der Generalstaatsanwalt wissen durfte. Was mich betrifft, so beschränkte man sich auf eine Standpauke, die mir Alexander Jakowlew halten musste, verbunden mit dem Verbot, weiter öffentlich Abweichungen zur Position Michail Gorbatschows zu äußern, die nun die Position des Politbüros geworden war.

Wessen hatten sich aber die Mitarbeiter des KGB schuldig gemacht? Hier hatte sich eine zufällige und doch vielsagende Übereinstimmung ergeben. Unabhängig voneinander kamen die Untersuchungsführer und ich zu einer analogen Bewertung der Vorgänge und brachten übereinstimmend den Vorschlag ein, den Fall abzuschließen, ohne sich ans Gericht zu wenden.

Meine Analyse des Verhaltens des Jungen und der Motive seines unüberlegten Schrittes, die auf allgemein zugänglichen Materialien beruhte, hätte, wenn man von den Fakten ausgegangen wäre, als Argument dafür genommen werden können, dass der Bericht des KGB zutreffend war. Aber der Generalsekretär war nicht der Wahrheit auf der Spur. Er verfolgte seinen eigenen Zweck und brauchte Phantomziele.

Auch heute kann ich auf meinen Eid nehmen, dass ich zu den Untersuchungsoffizieren des KGB keinerlei Kontakt hatte. Deshalb kannte ich natürlich auch ihre Schlussfolgerungen und Vorschläge nicht. Ich weiß bis heute nicht, welche Varianten der Rückführung Mathias Rusts in die Heimat der KGB erwog. Ich sprach mich dafür aus, Mathias Rust zusammen mit den Vernehmungsprotokollen den BRD-Behörden zu übergeben, die selbst entscheiden mussten, ob sie den Helden und seine Lehrmeister zur Verantwortung ziehen wollten oder nicht. Wenn diese Variante als zweifelhaft angesehen wurde, war aus meiner Sicht auch ein anderer Weg möglich. Angesichts der Labilität des Jungen, die in diesem Alter durchaus vorkommt, schlug ich vor, sein Schicksal in die Hände von Ärzten (sowjetischen und westdeutschen oder nur westdeutschen) zu legen und damit zu vermeiden, dass er durch eine Gerichtsverhandlung und Strafverbüßung vielleicht Schaden nahm, der nicht wieder gutzumachen war.

Als ich bereits an diesem Buch arbeitete, erhielt ich von Mathias Rust einen Brief und einen Essay unter dem Titel »Gedankenspiele, meine Verhaftung betreffend«. Ich zitiere daraus mit seiner Erlaubnis einige wichtige Sätze:

»Die Verhaftung ging eigentlich ziemlich zwanglos über die Bühne. Wie aus dem Nichts waren drei Männer verschiedenen Alters neben mir am Flugzeug aufgetaucht. Der jüngste stellte sich mir als Dolmetscher vor, wer die beiden anderen waren, bekam ich nicht zu wissen …

Trotz dieser äußerst prekären Situation war die Atmosphäre außergewöhnlich entspannt. Vonseiten der Offiziellen schien man unverkrampft und unvoreingenommen an die Sache heranzugehen …

So locker und entspannt hätte ich mir die Sowjets nie träumen lassen. Ich war angenehm überrascht und zugleich von der wohlwollenden Stimmung überwältigt, sodass ich gar nicht begriff, dass ich mich bereits auf dem Weg zum Gefängnis befand«, schreibt Mathias Rust und fährt fort:

»Der Zwischenstopp in der Polizeistation war nur von kurzer Dauer, aber auch hier begegnete ich nur Sympathie, von Hass und Abneigung keine Spur, niemand schien sich durch meine gesetzwidrige Anreise gekränkt oder gar angegriffen zu fühlen. Das Ganze wirkte beinahe unrealistisch, wie von einer anderen Welt, könnte man beinahe sagen.

Angesichts der damals allgegenwärtigen Ost-West-Konfrontation hätte diese Art der Begegnung eigentlich feindseliger, zumindest aber frostiger ablaufen müssen.«

Drei Wochen sollten vergehen, erinnert sich Mathias Rust, bis der KGB dem Piloten die friedlichen Motive glaubte. Am 24. Juni 1987 teilten die Untersuchungsführer Mathias Rust mit, »da man nichts seinen Aussagen Widersprechendes gefunden hätte, müsse man auch nicht weiter annehmen, dass sich hinter dem Flug provokative Absichten, geschweige denn Drahtzieher verbergen würden«. Der Leiter des Untersuchungsgefängnisses sagte Rust am Abend desselben Tages, dass er ihn als einen »Freund der UdSSR« betrachte.

»Fazit: Die untersuchenden Beamten des Komitees für Staatssicherheit waren mir von Anfang an freundlich gesinnt, sie haben nichts unternommen, was sich unter Umständen hätte nachteilig für mich auswirken können, ganz im Gegenteil waren sie stets bemüht, mich bei guter Laune zu halten, und teilten aufrichtig meine Empörung über die haarsträubende Berichterstattung in den westeuropäischen Staaten, allen voran der Bundesrepublik ...

Ich bin davon überzeugt«, schließt Mathias Rust, »dass, wenn man diese ›reine Sache‹ nicht politisch missbraucht hätte, sie durchaus geeignet gewesen wäre, aktiv zur Reform der Sowjetunion beizutragen.« (Den vollen Wortlaut siehe Anlage 8.)

Den »Gedankenspielen« Mathias Rusts habe ich kaum etwas hinzuzufügen. Sollte mein Memorandum an Gorbatschow einmal freigegeben werden, dann kann jeder Interessierte feststellen, wie sehr meine Gedankengänge und Schlussfolgerungen denen der Untersuchungsführer des KGB nahekamen.

Die Mitarbeiter der Staatssicherheit hatten es offenbar versäumt, vorher nachzufragen, was die oberste Führung von ihnen erwartete. Sie entschieden sich dafür, nach ihrem Gewissen zu handeln. Immerhin spross bereits der »Sozialismus mit menschlichem Antlitz«. Aber ihnen und auch mir zeigte man, dass Menschlichkeit in der Politik eine Ware, kein Prinzip und keine Lebenshaltung ist.

Mathias Rust war es beschieden, 432 Tage lang die russische Gastfreundschaft – unter besonderen Umständen – zu genießen. Seine relativ frühzeitige Entlassung erfolgte in unserem Lande fast unbemerkt. Die Chronisten würdigten diese Nachricht nur weniger Worte. Vom früheren Donnergrollen war nicht einmal ein Echo geblieben. Der »Fall Rust« hatte seinen Zweck erfüllt. Der Mensch Rust war in den Plänen des Hofes nun überflüssig. Man konnte sich anderen Aufgaben zuwenden. Auf dem Olymp gibt es keine ewigen Freunde und ewigen Feinde. Dort herrscht das Interesse – eine launische und wechselhafte Größe.

In den einführenden Bemerkungen versprach ich zu berichten, wie es meinem Memorandum an Michail Gorbatschow zur tausendjährigen Wiederkehr der Christianisierung Russlands erging.

Die Zeit für die Vorbereitung auf dieses denkwürdige Jubiläum war äußerst knapp. Auf Umwegen erhielt ich Nachrichten, die mich äußerst besorgt und skeptisch stimmten.

Elementare Bitten und Wünsche der Kirche wurden brüsk abgewiesen. Statt das Jubiläum als nationales Ereignis zu begehen, zeichnete sich ab, dass man gegenüber dem Klerus die Schrauben anziehen wollte. Das engstirnige Sektierertum der Bürokraten im Apparat des ZK konnte ich nicht begreifen, und ich wollte mich damit auch nicht abfinden.

Hier eine im direkten Sinne des Wortes gottgegebene Chance nicht zu nutzen, um das Verhältnis von Kirche und Staat in Ordnung zu bringen, wäre dumm und verantwortungslos gewesen. Sich von den Feierlichkeiten abzugrenzen, zu denen im ganzen Lande – dem Rufe des Herzens folgend und der Vorfahren gedenkend – Millionen Menschen zusammenkommen würden, hätte bedeutet, unsere Vergangenheit zu schmähen, uns von den eigenen Wurzeln loszusagen und nichts hinzuzulernen.

Schon die Zaren kamen mit der Kirche nicht zurecht – sie konnten sich mit ihr nicht über die Teilung der Macht einigen. Peter I. galt beim Klerus überhaupt als der Antichrist. Die Kirche lag mit Leo Tolstoi und Lenin im Streit. So war das. Immer wieder traf die Sense auf einen Stein, von den Zerwürfnissen wurde die Nation nicht wohlhabender, meist litten alle Seiten darunter. Einmal mussten wir doch endlich Lehren daraus ziehen! Oder wollten wir das nächste Jahrhundert oder gar Jahrtausend abwarten?

Komme, was da wolle, dachte ich. Ich lud eine Gruppe mir persönlich bekannter Kirchenvertreter in mein Büro bei APN ein. Es erschienen derer mehr als erwartet. Der Vorsitzende des Staatlichen Komitees für Kultangelegenheiten, Konstantin Chartschew, den ich gebeten hatte, bei der Ausrichtung des Treffens zu helfen, war wohl ein wenig übereifrig gewesen. Mein Arbeitszimmer erwies sich als zu klein, wir mussten in den Vorstandssaal der Agentur umziehen.

Nach der gegenseitigen Begrüßung, die sich nicht in die Länge zog, stellte ich meinen Gästen einige konkrete Fragen: Was war und wurde für das Jubiläum vorbereitet? Welche Wünsche des Patriarchen fanden konstruktiven Widerhall, wo zeigten sich die weltlichen Behörden unzugänglich? Gab es im Zusammenhang mit dem tausendjährigen Jubiläum Fortschritte bei alten Problemen, denen die Kirche Bedeutung beimaß?

Die Antwort, die ich zu hören bekam, war bitter und traurig. Da die orthodoxe Kirche sich keine Abfuhr holen wollte, hatte sie nur bescheidene Bitten an den Staat geäußert. Aber selbst diese blieben zumeist in dem Netz aus Dreistigkeit, Hartherzigkeit und Bürokratismus hängen und kamen nicht voran.

Wir vereinbarten, meine Gesprächspartner sollten die Lage mit Patriarch Pimen besprechen und mir dann offen mitteilen, wie die Kirche sich ein optimales und ein äußerst minimales Programm der Feierlichkeiten vorstellte. Ich nahm es auf mich, Michail Gorbatschow persönlich über die Situation zu informieren. Ich versäumte nicht hinzuzufügen, im Interesse der Sache sei es ratsam, dass die Teilnehmer an dieser Begegnung bei APN all das für sich behielten, was sie bei unserem gemeinsamen lauten Denken zu hören bekommen hatten. Man sollte bedenken, dass diejenigen, die gern Teer in den Honig gießen, nicht weniger wurden, wenn sie erfuhren, dass der Vorsitzende der Agentur hohe Kirchenvertreter empfangen hatte. Das aber war nicht geheimzuhalten.

Weiter entwickelte sich dann alles in beneidenswertem Tempo. Bereits nach einigen Tagen übergab mir Metropolit Pitirim die vom Patriarchen gebilligten Überlegungen. Ich setzte mich sofort an einen Brief für den Generalsekretär. Dabei wollte ich mich nicht auf die Ersuchen beschränken, die man an mich herangetragen hatte. Wenn wir eine schwere, häufig unsinnig grausame Vergangenheit beenden wollten, mussten wir viele Dinge ohne Umschweife beim Namen nennen. Wenn wir uns nicht sofort dazu entschlossen, würde diese Aufgabe sicher für lange Zeit oder für immer ungelöst bleiben.

Die Trennung von Kirche und Staat dürfe man nicht länger als Entfremdung und Vertreibung aus der Gesellschaft handhaben. Das Jubiläum sollte als großes nationales Ereignis und ein wichtiger Einschnitt in der Geschichte der Zivilisation begangen werden. Deshalb sei es nur zu begrüßen, wenn zu den Feierlichkeiten hohe Vertreter verschiedener religiöser Gemeinden aus der ganzen Sowjetunion und auch aus dem Ausland nach Moskau kämen. Die Kirche habe durchaus das Recht, das Bolschoitheater für die Feierlichkeiten zu beanspruchen und diese nicht im Konzertsaal des Hotels »Rossija« abzuhalten, wohin man sie bisher verwiesen habe.

Man sollte die Übertragung der Feierlichkeiten durch das zentrale sowjetische Fernsehen im ganzen Lande und im Ausland ins Auge fassen und nicht um die Aufnahmerechte feilschen, um dann die Berichte lediglich interessierten Ausländern vorzuführen. Man sollte den Gläubigen die Möglichkeit geben, ihre Heiligen zu verehren und sich vor ihren Heiligtümern zu verneigen.

Wenn wir uns allerdings darauf beschränkten, dann hieße das, nur ein geringes Pensum auszuführen. Das Jubiläum dürfe nicht verwehen wie ein Feuerwerk, das einmal erstrahlt und dann wieder der Finsternis weicht. Es sei ein Gebot der Gerechtigkeit, der Kirche die noch intakten Kultstätten zurückzugeben. Es verstehe sich von selbst, dass das Kiewer Höhlenkloster und andere Denkmäler an den Orten, wo die ersten Taufen auf russischem Boden vollzogen wurden, wieder ihrer ursprünglichen Bestimmung zuzuführen seien. Sterbliche Überreste von Heiligen, Reliquien und Bibliotheken, die vor allem in den zwanziger Jahren unter den Losungen von »Nationalisierung« und Kampf gegen das Dunkelmännertum beschlagnahmt worden waren, müssten in den Schoß der Kirche zurückkehren.

Mein Schreiben reizte viele Geister. Wenn sich Michail Gorbatschow der Fraktion der Demagogen anschloss, für die Atheismus bedeutete, alles Heilige in den Schmutz zu ziehen, die Gewissensfreiheit mit Gewissenlosigkeit verwechselten, dann konnte man mich in die politische Eiswüste schicken und dort blaufrieren lassen. Das war noch nicht die Zeit, da die Herrscher unseres Landes mit Kirchenfürsten Reigen aufführten, vor Ikonen Kerzen anzündeten und um den Segen der Kirche baten. Die Religion war nach den ehernen Grundsätzen eingefleischter Dogmatiker noch immer »Opium für das Volk«. Und wer eine derartige Droge verbreitete oder dies »deckte«, durfte nicht auf milde Behandlung rechnen.

Wenn man so will, war mein Schreiben ein Test, wie ernst die Partei- und Staatsführung ihre in eherne Lettern gehauenen Losungen nahm, die versprachen, dass nun Humanität gegenüber Dogmen und -ismen den Vorrang haben sollte.

Das Original meines Schreibens schmort in irgendwelchen Archiven. Meine Kopie gab ich seinerzeit Konstantin Chartschew, der verfolgen sollte, wo die Sache vorankam und wo sie im Sande verlief. Der Vorsitzende des Komitees für Kultangelegenheiten wurde bald nach den Feierlichkeiten von seinem Posten entfernt. Es gelang nicht, ihn in die Diplomatie zurückzubringen, obwohl ich mich redlich mühte, denn es war bedauerlich, dass ein Mensch unterging, für den Mut und Bürgerpflicht keine leeren Worte waren. Die Ereignisse von 1991 haben uns dann in alle vier Winde verweht, und ich verlor Chartschew aus den Augen.

»Einst findet wohl ein Mönch, ein arbeitsfroher, Mein mühevolles Werk ...«, schrieb der Zauberer des Wortes Alexander Puschkin in seinem *Boris Godunow*. Man wird mein Memorandum finden und sehen, dass es mit dem Satz begann: »Die Zeit schreitet unaufhaltsam voran, und bald wird das tausendjährige Jubiläum der Christianisierung Russlands ungebeten an unsere Tür klopfen ...« Weiter stellte ich fest, dass meine Aufforderung aus dem Jahre 1986, das bevorstehende Jubiläum würdig zu begehen, kein Gehör gefunden hatte. Gedankenlos werde eine Chance vertan, einen neuen Anfang im Verhältnis von Staat und Kirche zu wagen.

In bewusst zugespitzter Form warf ich die Frage auf, wem es nütze, wenn man alte Kränkungen und Untaten immer weiter konserviere. So habe man zum Beispiel die Bibliothek des Troize-Sergiew-Klosters beschlagnahmt. Die Handschriften und Folianten seien ungeordnet in den Keller der Lenin-Bibliothek geworfen worden, wo höchstens die Mäuse in ihnen blätterten. Wenn man daran nichts ändere, gebe man geistige Schätze von unschätzbarem Wert der Vernichtung preis. Ich skizzierte einen Plan möglicher und nach meiner Auffassung zweckmäßiger Schritte, die natürlich das Problem nicht lösten, sondern eher die Richtung wiesen, in der man weiter vorangehen sollte.

Michail Gorbatschow teilte mir nicht mit, wie er zu meinen Gedanken und Einschätzungen stand. Von »informierten Leuten« – nennen wir sie einmal so – erfuhr ich, dass der Generalsekretär auf die erste Seite eine Frage für seine Politbürokollegen gekritzelt hatte: »Ihre Meinung?« Mündlich habe er hinzufügen lassen: »Verdient Aufmerksamkeit.« Dieser Zusatz wirkte wie ein Katalysator. Besonders standhafte Atheisten haben sich möglicherweise bekreuzigt: Nun brauchten sie wenigstens nicht zu rätseln, in welche Richtung das Pendel stärker ausschlug.

Als Erster signalisierte Alexander Jakowlew Zustimmung, wofür er sofort mit dem Auftrag belohnt wurde, die Vorbereitung des Jahrestages unter seine Kontrolle zu nehmen. So hatte er beispielsweise Wladimir Schtscherbizki, der damals an der Spitze der Ukraine stand, davon zu überzeugen, dass das Kiewer Höhlenkloster, die Wiege der russischen Christenheit, der orthodoxen Kirche zurückgegeben werden musste. Diese erhielt damals noch nicht alles, aber ein Teil gelangte wieder unter die Fittiche des Patriarchats.

Bei der operativen Beseitigung von Missverständnissen und Reibungen, zu denen es bei der Durchsetzung der »neuen Politik« der Sowjetmacht in Fragen des Glaubens häufiger an der Peripherie, seltener in Moskau kam, fungierte Alexander Jakowlew als Schiedsrichter. In Klammern sei angemerkt, dass APN sein dichtes Korrespondentennetz im ganzen Lande nutzte, um über entsprechende Fälle zu berichten, ungeachtet dessen, wer in den Streit verwickelt war, sodass die Vermittlungsanträge den Schiedsrichter in der Regel nicht unvorbereitet trafen.

Ich weiß nicht, auf wessen Geheiß auf der Bühne des Bolschoitheaters für mich ein Sessel in der ersten Reihe reserviert worden war, als beim Festakt die Reden und Grußansprachen der Oberhäupter und Bevollmächtigten der verschiedenen Religionsgemeinschaften erklangen. Möglicherweise war es eine Geste der Dankbarkeit des Patriarchen Pimen persönlich, eine Auszeichnung, die er mir zuteil werden ließ. Ansonsten wurde mein Wunsch, meinen Namen unter keinen Umständen zu nennen und mir auch keinen Kirchenorden zu verleihen, streng respektiert. Nervenkraft, Mühe und Zeit, die ich auf diese große und nach meiner tiefen Überzeugung sehr notwendige Sache verwandte, hatten Früchte getragen.

Welche Auszeichnung konnte ich mir da noch wünschen?

Empfand ich Befriedigung darüber, dass einige Widerlinge von kleinerem und größerem Format sich bei dieser Sache Beulen holten? Wenn ich ehrlich sein soll, kam mir das am Ende gar nicht in den Sinn. Natürlich war ich in den ersten Tagen meiner offenen Auseinandersetzung mit den Götzenanbetern, die sich nach der Tradition immer noch militante Gottlose nannten, nicht gerade gut auf derartige Figuren zu sprechen. Sofort waren auch Anwärter auf den Posten des APN-Vorsitzenden zur Stelle, die nur darauf warteten, dass ich in meiner Widerborstigkeit über Paragraphen wie »Überschreitung der Kompetenzen« oder »Verletzung der Subordination« stolpern könnte. Es gab auch solche, die glaubten, ich sei unter die »Gottsucher« gegangen, eine Entdeckung, die in interessierten Kreisen genüsslich durchgehechelt wurde. Ob sie das ernsthaft glaubten oder nur Spaß am Intrigieren hatten, ist mir niemals klar geworden.

Merkwürdige Menschen. Für sie existieren nur Schwarz und Weiß. Entweder man ist mit ihnen oder gegen sie. Das hat sich seit den Tagen des alten Rom um kein Jota geändert. Einheit in der Vielfalt, Farben mit Schattierungen? Das sei keine Dialektik, sondern aus ihrer Sicht Sophistik. Es wäre allerdings falsch zu behaupten, dass Mutanten mit derartigen Eigenschaften allein in der sowjetischen Politschule vorkommen.

McGeorge Bundy war der Mentor John Kennedys und stand auch anderen US-Präsidenten nahe. Wie sein Biograph schreibt, habe der tief religiöse Bundy, als er in die obersten Etagen der Macht gelangte, begriffen, dass es wichtigere Dinge gab als das Christentum, dass Gewalt, eine herrschende Clique oder Privilegien letzten Endes viel mehr bedeuteten. Ihm sei nur eine Wahl geblieben, all das geschickt zu nutzen, was Bundy, wie der Biograph bemerkt, durchaus gelang.

Unsere Gewaltapostel haben mit dem Bauch gespürt, dass Gewalt und Unmoral schlecht mit dem Christentum vereinbar sind, zumindest mit dessen früher Version. Daraus folgte fast von selbst – wer gegen Gewalt ist, ist ein Pazifist; Pazifismus bedeutet, dem Kontrahenten keinen Widerstand zu leisten; kein Widerstand bedeutet Kapitulation, und jeder Kapitulant hofft – offen oder heimlich – auf den lieben Gott.

Wenn ich heute die Perestroika nach der Hamburger Rechnung abwäge, dann gebe ich zu: Es ist ihr gelungen, das in der Gesellschaft angestaute zerstörerische Potenzial zu entfalten und auf volle Touren zu bringen. Ihre kreativen Ansätze wurden bereits im Keim nicht ausreichend gehegt, gepflegt und gefördert. Sie wurden überwuchert von Unkraut und neuen Pflanzen, die man von fremden Feldern herbeigeholt hatte und die bereits im ersten oder zweiten Jahr Rekordernten versprachen. Was danach kam, war unwichtig. So ist es bei uns fast immer und überall gewesen.

Mir lag die Feier der tausendjährigen Wiederkehr der Christianisierung Russlands sehr am Herzen, weil sich dabei jeder Bürger unseres Landes als Teil eines Ganzen, als Teil der Vergangenheit, Gegenwart und Zukunft seines Vaterlandes fühlen konnte. Ich will die Überzeugungskraft der Worte, die ich vor Michail Gorbatschow ausbreitete, gar nicht überschätzen. Ein feines Gespür für seine Chancen kann man ihm nicht absprechen. Mein Appell fiel möglicherweise deshalb auf fruchtbaren Boden, weil eine innere Stimme dem Generalsekretär sagte: Überwinde dein Schwanken, hüte dich vor solchen, denen die bisherige Übervorteilung der Kirche durch den Staat nicht genügt.

Diese Übereifrigen hätten sich lieber die Frage stellen sollen, wie es der russisch-orthodoxen Kirche gelang, ungeachtet des physischen und geistigen Terrors weiterzubestehen und die Verbindung zu den Millionenmassen nicht zu verlieren? Warum erreichte das Wort vom Altar die Menschen oft besser als die Lawinen von Beschwörungen, die sich von offiziellen Tribünen über sie ergossen? Hätten sie sich dafür interessiert, würden sie vielleicht nicht verlernt haben, die Schmerzen des Nächsten zu empfinden.

Wilhelm Busch, der Meister der lapidaren Satire, bemerkte

einmal. »Wer rudert, sieht den Grund nicht.« Erhaben über die einfachen Sterblichen, verändern sich irdische Gestirne verschiedener Art und Leuchtkraft erstaunlich rasch. Der von den demokratischen Politikern so »geliebte« und »geachtete« Wähler, den sie so schmeichlerisch umwerben, wird nach dem Auszählen der Stimmen bei Wahlen und der Verteilung der Sitze in den Parlamenten wieder zur »Straße«, über die man kreuz und quer fahren kann.

Wenn es sich aber um eine autoritäre Macht handelt, dann nehmen die Würdenträger sie sich, ohne danke schön zu sagen, usurpieren sie restlos und trampeln die Gesellschaft unter ihren Stiefel, den sie Staat nennen. In einem solchen Staat existiert für die Untertanen nur die Moral des Gehorsams und der Demut, gilt es als Gipfel der Freiheit, dem Herrscher ein Loblied singen zu dürfen. Es ist nicht verboten, dabei auch Kind und Kegel einzubeziehen.

Allen politischen Wohl- und Missetaten geht aber in der Regel ein »Urknall« voraus. Zumeist sind wir selbst daran beteiligt. Gehen wir zur Wahl? Natürlich. Um Tjutschews Worte leicht zu modifizieren: »Es ist uns nicht vergönnt, im Voraus zu wissen, wie unsere Stimme zurückschallt«, die Stimme, die wir einem Anwärter auf die Macht schenken. Was folgt – Wohlstand oder Tränen? Machthungrige versprechen uns das Schlaraffenland, borgen sich dafür beim Wähler den Staat und kneten ihn, wenn sie ihn haben, wie ein Bildhauer den Ton. Was aber wird daraus nach dem Formen und mehrfachen Brennen?

Bis zur vollkommenen Gerechtigkeit ist es für alle Systeme noch ein weiter Weg. In Russland scheint er geradezu unendlich zu sein.

Jeder stellt die Uhr nach seinen Sternen

Bei allen Wechselfällen meiner langen dienstlichen Laufbahn bin ich von den deutschen Dingen nie losgekommen. Nicht, weil ich den Ruf als Fachmann auf diesem Gebiet zu schätzen wusste. Das Schicksal meines Volkes und meiner Familie, die Verluste und Entbehrungen, die sie in dem verfluchten Krieg erleiden mussten, haben meine Gefühle, Gedanken und Bestrebungen zu einem unentwirrbaren Knoten geschürzt. All das kann man auf verschiedene Weise sehen, aber Tatsachen sind ein hartnäckig Ding.

Auch ohne viele Worte dürfte klar sein, dass es mir nicht immer vergönnt war, auf die sowjetische Haltung zu Deutschland und den Deutschen spürbaren Einfluss zu nehmen. Andererseits wäre es Sünde zu klagen, ich hätte selten Gelegenheit gehabt, mein Wort zu sagen und meine Haltung zu verdeutlichen. Schon unter Stalin und nach seinem Tode habe ich mich auf Wege gewagt, die zuweilen steinig und dornig waren. Oder traut sich jemand zu behaupten, Auseinandersetzungen mit Lawrenti Berija, Diskussionen mit Nikita Chruschtschow oder Tauziehen mit Andrej Gromyko seien etwas Alltägliches gewesen?

Es liegt mir fern, meine Urteile und Bewertungen, insbesondere der fünfziger und sechziger Jahre, heute zu beschönigen, um mich in das Gedränge von Politikern, Diplomaten, Politologen und Journalisten zu mischen, die unserer Nation die Vergangenheit rauben. Wenn man sie beim Wort nimmt, dann war ihnen, schon bevor sie ihre erste Fibel in der Hand hielten, klar: Wer ist wer, und was ist was. Aus ihrer Sicht war die Sowjetunion die Ursache allen Unglücks, das Europa, Asien und die übrigen Kontinente ereilte, die Antarktis nicht ausgenommen. Deshalb war ihnen eine Politik der Zermürbung der UdSSR durch

Wettrüsten, Wirtschaftsblockaden, subversive Aktionen, durch die Erschütterung ihrer Stabilität von innen und außen stets äußerst willkommen. Solche Leute, die die »Stimme Amerikas« tief in ihrem Inneren verbargen und sich zur Tarnung besonders »orthodox« aufführten, gab es in unserem Lande, wie sich jetzt herausstellt, offenbar wie Sand am Meer. Häufiger noch als mitten im Fluss die Pferde wechseln diese Menschen Ideen und Masken.

Nein, ich stehe auch heute zu dem, was ich vor einem halben oder einem Vierteljahrhundert abgelehnt und was ich grundsätzlich akzeptiert habe. Die Spaltung Europas und Deutschlands wie auch die Spaltung der Welt waren keine geeignete Grundlage, um die Aufgaben zu lösen, die die Zeit uns stellte. Als die Vereinigten Staaten das Atommonopol und damit ihre relative Unangreifbarkeit einbüßten, war die Strategie der globalen Konfrontation bereits hoffnungslos veraltet. Die Parole hieß seitdem nicht mehr Konfrontation, nicht die alles verderbende Militarisierung unseres Planeten, sondern eine oder mehrere Entwicklungsvarianten, die sich auf gute Nachbarschaft, Partnerschaft und Zusammenarbeit gründeten. Ist ein freundschaftliches Neben- und Miteinander möglich unter Beibehaltung von Gewalt als Mittel der Politik? Und wenn Geschäftspartner stets die gleiche Meinung und den gleichen Geschmack haben, dann ist einer von ihnen überflüssig.

Mancher, der diese Zeilen liest, wird vielleicht ausrufen: Aber der Kalte Krieg hat sich bewährt, das »Reich des Bösen« ist verschwunden! Erst unsere Nachfahren werden wohl einmal errechnen, was dieses Fest die Menschheit gekostet hat. »... Es könnte sein, dass die Menschheit reicher wird, indem sie ärmer wird, und gewinnt, indem sie verliert«, schrieb Kant. Die Philosophie ist eine zarte Pflanze, und Zartes bricht leicht.

Ich meine, wenn der Zweck nicht die Mittel heiligt, dann adelt auch der Triumph zuletzt die Untaten nicht, mit denen der Weg zu ihnen gepflastert ist. Aus Unmoral macht er noch lange keine Moral.

Die Spaltung Deutschlands und Europas stammt von der Spaltung des Atoms. Die Zerschlagung des deutschen Staates war nicht Voraussetzung für den Kalten Krieg, sondern sein Produkt und zugleich der Nährboden, auf dem man Feindschaft und Furcht kultivierte. Richtig ist auch etwas anderes: Fast alles in der Nachkriegswelt wäre anders gekommen, wenn die Herrscher der Sowjetunion die Strategen des »Balancierens am Rande des Krieges« nicht nachgeahmt und die militärische Stärke nicht zu ihrem Idol erwählt hätten.

In der Politik fällt es leider immer am schwersten, nicht die fremden, sondern die eigenen Grenzen zu erkennen. Als die sowjetische Politik sich aufs Nachahmen verlegte (»Sind wir etwa schlechter als die Amerikaner?«) und in die Logik der Konfrontation abglitt, band sie sich selbst die Hände und verlor dabei die eigene Sprache. Die Prioritäten verschoben sich, langfristige Interessen schienen nur noch ein Spiegelbild utilitaristischer Bedürfnisse zu sein. Der Spiegel gibt nicht die Rückseite der Dinge wieder, er hat noch eine andere Besonderheit: Rechts sieht aus wie links und Unrecht wie Recht.

Was bedeutet es, in der Politik die Initiative einzubüßen? Es geht der Glaube an sich selbst verloren, an den Wert der eigenen Ideen, daran, dass man die gerechte Sache vertritt. Die Machthaber in unserem Lande wiesen Zweifel und Zweifler weit von sich. Nach außen demonstrierten sie unerschütterlichen Optimismus: Die Zukunft arbeite nur für sie; der Strom der Zeit werde sie, und wenn nicht sie, dann ihre Nachfolger, in den ersehnten Hafen tragen. Man brauchte nicht einmal zu rudern. Keinerlei Argumente und Berechnungen konnten das Dogma erschüttern, dass die Zeitenwende nicht mehr rückgängig zu machen sei. Tatsachen prallten an dieser Art von Fatalismus ab wie Erbsen an einer Wand.

Nehmen wir die Deutschlandfrage. Nach der Unterzeichnung des Moskauer Vertrages strich Andrej Gromyko den Begriff der deutschen Einheit und einer endgültigen Friedensregelung schlicht aus seinem Vokabular. Das tat er, anstatt Positionen zurückzuerobern, die wir aus Unachtsamkeit zum eigenen Schaden aufgegeben hatten. Mit Gedanken, die auch nur den Anschein einer Bewegung oder eines erneuten Abwägens von Pro und Kontra erweckten, durfte man ihm nicht zu nahe treten.

Das neue politische Denken, das die Perestroika in den Jahren 1985/86 verkündete, forderte von uns, eine Inventur aller aufgelaufenen Aktiva und Passiva vorzunehmen. Das galt sowohl für die laufenden Konten als auch für die strategischen Reserven. Am Ende musste ich mich aber erneut davon überzeugen, dass man nicht jeden Trompetenstoß als Startsignal auffassen darf. Bis ich dies erkannte, hatte ich jedoch viele weitere Kurse an der Lebensuni zu absolvieren.

Zunächst legte ich dem Generalsekretär regelmäßig Zustandsanalysen und Berichte über meine Begegnungen mit kompetenten Gesprächspartnern auf den Tisch, die radikale Korrekturen an dem offiziell sanktionierten Bild der DDR enthielten. Ausgangspunkt war ein Vermerk, den ich einer Prognose Professor Rem Beloussows beilegte. Drei Jahre bevor die Krise in ihre unumkehrbare Phase eintrat, sagte Beloussow voraus, dass die DDR und andere Mitgliedstaaten des Warschauer Vertrages Ende 1989, Anfang 1990 mit gewaltigen ökonomischen Schwierigkeiten konfrontiert würden, die sie aus eigener Kraft nicht mehr zu überwinden imstande wären und die schwere politische, soziale und andere Komplikationen mit sich bringen könnten. Die Sowjetunion würde zu dieser Zeit selbst in so starke wirtschaftliche Bedrängnis geraten, dass sie ihren Partnern und Verbundeten nicht mehr unter die Arme würde greifen können.

Welcher Politiker, der möchte, dass andere so an ihn glauben wie er selbst, lässt sich schon von einem Orakel über ferne Jahre aus der Ruhe bringen? Die Meteorologen mit ihren Hunderten Wetterstationen und Tausenden Computern sind nicht einmal in der Lage, eine ordentliche Prognose für den nächsten Tag abzugeben. Wie viel Nekrologe hatten der Ökonom Eugen Varga und andere Kenner auf den Weltkapitalismus geschrieben? Aber er hat sich zusammengerissen und existiert heute noch. Alle langfristigen Prophezeiungen konnten nur Teufelswerk sein.

Ein Jahr später erhielt Michail Gorbatschow von mir eine Denkschrift mit einem weiteren Alarmsignal: Nach Informationen, die von den üblichen Propagandafloskeln gereinigt waren, ging für die DDR die Zeit für Modernisierung beziehungsweise Heilung ihres Systems zur Neige oder war bereits abgelaufen.

Hier sei daran erinnert, dass 1987 eine Revision der Militärdoktrin des Warschauer Vertrages vorgenommen wurde. Man legte das Schwergewicht nun auf ein für die Verteidigung hinreichendes Potenzial. Sollte die NATO auf diese Politik des guten Beispiels eingehen, sah man eine solche Reduzierung der Militärpotenziale der Staaten voraus, dass Aggressionskriege in Europa, darunter auch militärische Konflikte innerhalb der Blöcke, unmöglich werden sollten.

Angesichts der qualitativen Veränderungen im militärischen Denken und Planen schien eine grundlegende Debatte über die Lage in allen ihren möglichen Aspekten dringend notwendig. Ich will nicht behaupten, dass es im kleinen Kreise keine Diskussionen gegeben hat. Wurde dort über die ungünstige Diagnose gesprochen, die man der DDR stellte? Ich weiß es nicht, ob es eine solche Debatte überhaupt je gab. In den Kontakten mit mir sprach Michail Gorbatschow dieses Thema nicht an.

Im März 1988 hatte der Generalsekretär die Möglichkeit, in einer neuen Analyse, die ich ihm zusandte, zu lesen, dass die Lage in der DDR innerhalb von drei Monaten völlig destabilisiert werden könne. Aus Informationen, die wir erhielten, ging hervor, dass die Bundesrepublik das politische Klima im Osten des Landes immer stärker beeinflusste. Bonn bestimmte jetzt in vieler Hinsicht bereits, wohin sich der Wind nicht nur in West-, sondern auch in Ost-Berlin drehte.

Vorläufig hielt es Bundeskanzler Helmut Kohl nicht für opportun, die Dinge zu forcieren. Er wartete ab, bis die Frucht von innen heraus reif war. Er gestattete es sich sogar, den Vorsitzenden des Staatsrates der DDR, Erich Honecker, zu einem offiziellen Besuch in die Bundesrepublik einzuladen.

Michail Gorbatschow forderte von unseren Botschaften in Berlin und Bonn sowie von anderen Dienststellen so ausführliche Informationen wie möglich über das deutsch-deutsche Gipfeltreffen, das man zuvor wegen sowjetischer Einwände mehrfach aufgeschoben hatte. Ob die Informationen, die er über den Besuch erhielt, mit der von mir genannten Galgenfrist von drei Monaten korrespondierten, ist mir nicht bekannt. Die Rückkopplung funktionierte nach wie vor nicht.

Ich will mich auch nicht in Vermutungen darüber ergehen, in welchem Maße die düsteren Prognosen, die nicht auf die DDR allein beschränkt waren und sicherlich nicht nur von mir kamen, zur Entstehung der »Gorbatschow-Doktrin« beigetragen haben, die in einer Rede vor den Vereinten Nationen dargelegt wurde. Sie bedeutete in allgemein verständlichen Worten, dass die UdSSR beabsichtige, sich aus Mittel- und Osteuropa zurückzuziehen. Diese Doktrin wurde im Stillen formuliert, als ob man ein ganz gewöhnliches Referat ausgearbeitet und nicht die Europa- und Weltpolitik der Sowjetunion nachhaltig umgestaltet hätte. Die Mehrheit der Mitglieder des Politbüros erhielten von dem fertigen Wortlaut erst Kenntnis, als Michail Gorbatschow bereits über den Atlantik flog.

Mit keinem der Bündnispartner der UdSSR im Warschauer Vertrag und Partner anderer Vereinbarungen war vorher ein Meinungsaustausch darüber geführt worden, dass die UdSSR sich im Falle einer »indirekten Aggression« aus ihren Verpflichtungen zurückziehen werde. Dass die Verbündeten Kopien der Rede des Generalsekretärs eine Stunde vor seinem Auftritt in der UNO-Vollversammlung erhielten, kann man wohl kaum eine vorherige Konsultation nennen.

Michail Gorbatschow vermied emotionsgeladene Auseinandersetzungen. Viel einfacher war es doch, andere, besonders wenn sie von einem abhängig waren, vor vollendete Tatsachen zu stellen. Auf diese Weise nahm man zwei Jahre vor Auflösung des RGW Abschied von »brüderlicher Liebe« und »sozialistischer Solidarität«. Von nun an wurde jedem verordnet, allein zu strampeln und zu sterben.

Im Wortschatz des Generalsekretärs und späteren Präsidenten erhielt nun der Begriff der »Menschheitswerte« einen Ehrenplatz. Hinter sie sollten nationale Interessen und sozialökonomische Grundsätze zurücktreten. Durch diese »Menschheits«-Brille hatte man von nun an die eigenen Positionen und Doktrinen, die gesamte bisherige Erfahrung zu betrachten.

Sowjetrussland hatte bereits einmal versucht, die Welt mit einer Politik des guten Beispiels umzukrempeln. Das Bajonett wurde in die Erde gerammt, der Soldat ging nach Hause. Der proletarische Staat brauchte keine Armee! Frieden ohne Annexionen und Kontributionen! Weg mit den geheimen Raubverträgen, die die Imperialisten geschlossen hatten! Fort mit dem Mantel, der die Vorbereitung der Kriege einhüllte, dann wurden Kriege fortan unmöglich. Eine bessere Begleitmusik zur Geburt einer neuen Gesellschaftsordnung, einer neuen Philosophie der Volksherrschaft und eines neuen Verständnisses der »Menschheitswerte« konnte man sich im Oktober 1917 gar nicht denken.

Vielleicht ist die Idee wirklich stärker als Waffen. Schließlich entsteht sie als Erste und lässt sich von Schlagbäumen an Grenzen nicht aufhalten. Eines Tages wird die Idee sicher zu einer unüberwindlichen Kraft werden. Die Menschheit existiert, weil und solange sie denkt, solange sie in sich die Weisheit findet, die »ismen« zu zügeln. Zuweilen weicht das Recht der Gewalt sogar der Gewalt des Rechts. Das gibt Hoffnung und beflügelt die Träumer, die fest daran glauben, dass das goldene Zeitalter der Zivilisation noch vor uns liegt. Träume und Hoffnungen helfen, sich nicht selbst aufzugeben, aber sie können die Realität nicht hinwegzaubern.

Als Sowjetrussland seinen Wunsch für die Wirklichkeit nahm, erhielt es zum Lohn Aggression und Intervention, Kontributionen und Annexionen, Blockade und Diskriminierung.

Der Preis für die »Menschheitswerte« in der Fassung Michail Gorbatschows waren das Sterben der Sowjetunion auf Raten und schließlich ihr Zerfall.

Ich bin durchaus kein Anhänger der Maxime, dass man stets mit den Wölfen heulen muss. Wie öde ist es doch, klüger zu sein als ein Dummkopf, wie gering der Erfolg, etwas besser als schlecht zu erscheinen. Dass Michail Gorbatschow danach strebte, eine neue Qualität der Politik herbeizuführen, sah ich nicht als Versuch, sich zu bestätigen und selbst zu erhöhen. Natürlich war seine Eitelkeit auch bei schlechtem Licht nicht zu übersehen, aber sie hätte ein Fleck auf der Sonne sein können, wäre sie nicht zu einem bestimmten Zeitpunkt zum vorherrschenden Teil des Egos des Generalsekretärs geworden, unersättlich und hemmungslos.

Für Politiker gilt Lombrosos Theorie, der Mensch werde als Verbrecher geboren, noch weniger als für gewöhnliche Kriminelle. Einen Politiker verdirbt die Macht. Absolute Macht verdirbt absolut und, wie es den Anschein hat, auch unwiderruflich. Ein unkontrollierter und ungelenkter Senkrechtstart wächst sich oft zu einem Flug über »gähnende Höhen« aus.

Wer Ohren hatte zu hören, konnte im Jubelgeschrei der Jahre 1985 und 1986 durchaus auch skeptische Töne vernehmen. Beim Aufstieg Michail Gorbatschows gaben mir persönlich seine Selbstsicherheit, seine kategorischen, überspitzten Urteile und sein verwegener Umgang mit dem ererbten politischen Kapital zu denken. In Montaignes »Essays« kann man lesen: »Es ist Irrsinn, auf der Grundlage unserer Information darüber urteilen zu wollen, was echt und was falsch ist.« Es wäre ungerecht gewesen, dem neuen führenden Mann Informationslücken vorzuwerfen. Aber alles im Handumdrehen zu erkennen? Das ist niemandem gegeben. Ging man nicht laienhaft an Dinge heran, wo professionelles Wissen unverzichtbar war?

Alle Bedenken hinderten mich nicht daran, die Erklärung vom 15. Januar 1986, den Aufruf der Sowjetunion zur Befreiung der Erde von Atomwaffen bis zum Ende des 20. Jahrhunderts, entsprechend zu würdigen. Das war ein vielversprechender Anfang einer neuen Außenpolitik. Und dieses Verdienst kann Michail Gorbatschow niemand abstreiten.

Die Position der USA machte den Plan zur Entnuklearisierung unseres Planeten zunichte, was sehr bedauerlich ist. Aus den Vorgängen beim Treffen mit Ronald Reagan in Reykjavik zog Gorbatschow nach meinem Eindruck den einzig richtigen Schluss: Die Sowjetunion wollte aufhören, sich nach der amerikanischen Strategie zu richten und jede Neuerung im Waffenarsenal der USA nachzuvollziehen. Die UdSSR werde das qualitative Wettrüsten der anderen Seite nicht unbeachtet lassen, warnte der Generalsekretär, eine Reaktion werde folgen, sie werde wirksam sein und doch unser Land wirtschaftlich nicht überfordern.

Wie viel Nerven hatte ich gelassen, um Leonid Breschnew und anderen die Augen dafür zu öffnen, dass die Nachahmung der USA im militärtechnischen Denken und Handeln für die Sowjetunion unhaltbar und schädlich war. Wir verurteilten uns dazu, dem Gegner ewig hinterherzulaufen, uns ihm anzupassen – und dies angesichts gravierender Unterschiede zwischen der sowjetischen und der amerikanischen Wirtschaft, unseres deprimierenden Rückstandes in Kybernetik, Gerätebau und Materialforschung.

Nun endlich ein frischer Windhauch. Wenn es jetzt noch gelang, dem NATO-Block die Argumente dafür zu nehmen, in Westeuropa eine riesige Militärmaschinerie zu unterhalten und diesen Teil des Kontinents über alle Maßen zu militarisieren, dann gerieten die erstarrten Fronten vielleicht endlich in Bewegung.

Die Revision der Militärdoktrin des Warschauer Vertrages wollte ich in diesem Zusammenhang sehen. Was die Sowjetunion betraf, so zeichnete sich hier eine vielversprechende Entwicklung ab, die der Politik der Stärke die Spitze nehmen und die Keime des Vertrauens zum Sprießen bringen konnte. Aber dann ging wieder alles drunter und drüber.

Die sowjetische Seite erbebte. Die USA kassierten ein einseitiges Zugeständnis der Sowjetunion nach dem anderen. Michail Gorbatschow bestand darauf, die Reagansche »Nullvariante« bei den Mittelstreckenraketen in Europa zu akzeptieren, was bedeutete, dass die UdSSR und teilweise die USA einer ganzen Klasse von Waffen verlustig gingen, das Atomraketenpotenzial Großbritanniens und Frankreichs aber unangetastet blieb. Aus der militärischen Infrastruktur der Sowjetunion und des Warschauer Vertrages wurden wichtige Bestandteile oder, richtiger gesagt, tragende Säulen herausgebrochen, während man es dem Nordatlantikblock gestattete, sich im Wesentlichen auf eine Umgruppierung der Kräfte zu beschränken.

Möglicherweise war Gorbatschows Linie von unabdingbaren wirtschaftlichen und anderen inneren Zwängen diktiert. In vielen Bereichen war die Lage verzweifelt. Es herrschte katastrophaler Mangel an Mitteln für die Befriedigung lebenswichtiger Bedürfnisse der Bevölkerung. So musste immer wieder für die nächste Woche, manchmal sogar für den nächsten Tag Kopeke um Kopeke zusammengekratzt werden. Das Wettrüsten hatte noch immer gewaltigen Schwung, und erst im vierten Jahr der Perestroika nahm die Unersättlichkeit dieses Molochs langsam ab.

Der Generalsekretär war nicht gewillt, selbst im Politbüro oder im Sekretariat des ZK sich in alle Karten schauen zu lassen. Er bevorzugte die Taktik, »historischen Optimismus« auszustrahlen, damit keinem Außenstehenden in vollem Umfang bewusst wurde, wohin wir geraten waren. Die hektischen Initiativen in den Abrüstungsverhandlungen mit den USA sollten ein festes Hinterland und weite Spielräume vortäuschen, über die nur ein Staat mit doppelten oder dreifachen Stabilitätsreserven verfügt.

Erreichte die Gorbatschowsche Taktik ihr Ziel? Die Öffentlichkeit applaudierte. Das war schon etwas. Die US-Administration ging dem Führer der Sowjetunion geschickt um den Bart – Komplimente, so viel er nur wollte. Je verzückter man sich aber gab und ihm auf die Schulter klopfte, desto nachdrücklicher forderte man zusätzliche Hausaufgaben – wenn wir hier noch eine »Asymmetrie« beseitigten, da ein Zugeständnis machten und dort Verständnis für die »besondere« Lage der USA zeigten, dann werde das »Sesam, öffne dich!« schon funktionieren.

Der Appetit kommt beim Essen. In der Politik wächst er, wenn man die Hilflosigkeit, Verwirrung und Nachgiebigkeit des Partners erkennt. Washington wusste bis in die Einzelheiten, dass in der Sowjetunion die Lichter ausgingen und Gorbatschow kein Preis zu hoch war, um Zeit zu gewinnen, die ihm davonlief.

Das unlogische Verhalten der politischen Führung der Sowjetunion verwirrte uns Experten. Ich stellte Marschall Sergej Achromejew, dem Hauptberater des Generalsekretärs im Abrüstungsbereich, Alexander Jakowlew, Michail Gorbatschow selbst, vielen anderen Politikern, Militärs und Diplomaten die Frage, worin der verborgene Sinn, oder brutaler gesagt, die Bauernschläue der Vereinbarungen mit den USA lag, die vor allem die sowjetischen Zugeständnisse fixierten. Zudem musste die ausladende internationale Kontrolle der Einhaltung der sowjetischen Verpflichtungen nach den Vereinbarungen mit den USA auch noch von uns bezahlt werden. Warum, so fragte ich, können diese Maßnahmen zur Reduzierung der militärischen Aktivitäten der Sowjetunion nicht einseitig durchgeführt werden? Wenn die USA die Wirksamkeit dieser Beschlüsse unbedingt beobachten wollten, dann sollten sie für dieses Vergnügen doch ihr eigenes Geld ausgeben.

Sergej Achromejew kommentierte das so: Auf welche Weise wir zur Abrüstung schreiten, bestimme der Generalsekretär. Da er die aktuellen Abkommen als Teil und Vorlauf für ein umfassenderes Paket von Regelungen sah, hielt er gewisse Einseitigkeiten als Interimslösung für zulässig. Bei den Unterschieden in den militärischen Strukturen der beiden Seiten seien sie auch kaum zu umgehen. Wichtiger sei es, Präzedenzfälle und Modelle von Abkommen für die Zukunft zu schaffen, wo sich der derzeit demonstrierte gute Wille der UdSSR dann auszahlen werde.

Alexander Jakowlew ließ sich auf Gespräche zum Wesen der Sache gar nicht erst ein. »Michail Gorbatschow versteht besser als wir, wie man die sowjetische Position mit Blick auf die Perspektive aufbauen muss. Wir sollten ihn mit unseren Zweifeln nicht durcheinanderbringen«, bemerkte der Vizearchitekt der Perestroika.

Wenn ich mich dem Generalsekretär mit derartigen Fragen näherte, gab er mir zu verstehen, dass er keine Lust hatte, den Kreis der Verkoster am Abrüstungstopf auszuweiten. »Alles, was Aufmerksamkeit verdient, wird berücksichtigt«, wich er mir aus und spielte mit den Knöpfen, als wollte er prüfen, ob sein Jackett richtig zugeknöpft war.

Dabei wollte mir vor bangen Fragen schier der Kopf zerspringen: Washington und seine NATO-Partner waren dabei, das Verteidigungssystem des Warschauer Vertrages aufzubrechen, und ließen sich dabei von der UdSSR bedienen. Die sowjetische Führung bewies mit Erfolg, dass die Gewährleistung der Sicherheit zu einer vorwiegend politischen Aufgabe geworden war. Aber sie bewies es nur bei sich selbst und ihren Verbündeten, während die Atlantiker einfach abwarteten, ohne einen Finger krummzumachen.

Wie sonst soll man die Tatsache verstehen, dass die Aktivisten der Perestroika einen Deal mit dem »Hauptgegner« anstrebten, ohne sich im Warschauer Vertrag abzustimmen, zuweilen sogar hinter dem Rücken ihrer Verbündeten? Leihen wir bei den Amerikanern deren beliebten Terminus und fragen, ob das eine »weite Auslegung« des neuen politischen Denkens war? Oder, extrem tolerant und höflich gesagt, fehlende Loyalität?

In den Jahren 1988 bis 1990 wurde ich faktisch zu allen Sitzungen der »Saikow-Kommission« eingeladen. Diese Einrichtung, die das Mitglied des Politbüros Lew Saikow leitete, befasste sich unter anderem damit, die Linie des Außen- und des Verteidigungsministeriums der UdSSR aufeinander abzustimmen, auftretende Meinungsverschiedenheiten zwischen ihnen operativ beizulegen und Vorschläge an den Vorsitzenden des Verteidigungsrates, Michail Gorbatschow, auszuarbeiten, wenn es der Kommission selbst nicht gelang, Diplomaten und Militärs auf einen gemeinsamen Nenner zu bringen. Außerdem hatte die Kommission zu kontrollieren, dass die sowjetischen Vertreter bei den Abrüstungsverhandlungen, die an verschiedenen Orten zu verschiedenen Themen geführt wurden, ihre Direktiven einhielten, darauf zu achten, dass es zwischen den einzelnen Vertretern, zum Beispiel beim Tempo ihres Vorgehens oder bei einzelnen Positionen, nicht zu Diskrepanzen kam.

Als Augenzeuge kann ich feststellen, dass das Außenministerium, das Verteidigungsministerium und der Generalstab, die in der Regel von Eduard Schewardnadse, Dmitri Jasow und Michail Moissejew vertreten wurden, in meiner Anwesenheit nicht ein einziges Mal darauf hinwiesen, dass Konsultationen mit den Teilnehmerstaaten des Warschauer Vertrages notwendig seien, bevor man der amerikanischen Administration diesen oder jenen Vorschlag präsentierte. Informationstreffen mit den Botschaftern dieser Länder, die in Genf und an anderen Verhandlungsorten mit unterschiedlicher Regelmäßigkeit einberufen wurden, sowie die Kontakte unter den Offizieren im Vereinten Stab des Warschauer Vertrages konnten die Zusammenarbeit auf politischer Ebene natürlich nicht ersetzen.

Der Austausch von Küssen bei den formalen Besuchen hoher Repräsentanten dieser Staaten gab zwar den Fotografen genügend Futter, erbrachte jedoch für das Bündnis nur kümmerliche Ergebnisse. In den achtziger Jahren verlor es immer mehr an Wärme, Vertrauen und Zusammengehörigkeitsgefühl, ohne die das Ganze wertlos wird. Man sagte zwar noch nicht, wie es die alten Römer zu tun pflegten: »Götter, schützt uns vor unseren Freunden, mit unseren Feinden werden wir schon selber fertig«, aber Gefühle dieser Art kündigten sich bereits an.

Die Reform der Militärdoktrin des Warschauer Vertrages reduzierte sich aber nicht auf den Übergang von der Strategie der »offensiven Verteidigung« zu einer Strategie der »defensiven Verteidigung«. In der Sowjetunion brütete das militärische Denken Varianten einer rein nationalen Strategie aus – in Abwesenheit eines Systems der Vorneverteidigung. Man beließ es nicht beim Nachdenken.

Ich weiß, wovon ich schreibe. Nach der Rohfassung einer solchen Doktrin errichteten Bautrupps der Armee zusätzliche Kommandopunkte, Beobachtungsposten und Kommunikationsstellen sowie andere Objekte. Ist es da verwunderlich, dass für Kasernen, Offizierswohnungen, Krankenhäuser, Schulen, also für alles, ohne das sich der Mensch außerhalb des Dienstes nackt und bloß fühlt, nur noch Kopeken übrig blieben? Und die Populisten suchten die verschwundenen Millionen Tonnen Zement, Armaturen und Ziegel hinter den Zäunen eines runden Dutzends von Generalsdatschen.

Welcher Zusammenhang, wird der Leser fragen, besteht zwischen diesem Wechsel der Militärdoktrinen und der Deutschlandfrage? Ich werde Sie nicht in die Erörterung hineinziehen, woher die Schwankungen in der amerikanischen oder britischen Europapolitik in den vierziger, fünfziger oder sechziger Jahren resultierten. Die Rolle der Rüstungsindustrie als Stichwortgeber beim Abwägen politischer Entscheidungen und zuweilen auch bei ihrer Annahme ist mehr oder weniger bekannt. Unser Thema ist die zweite Hälfte der achtziger Jahre, und das Schwergewicht liegt auf dem Verhalten der Sowjetunion.

Öffentlich und offiziell hielt Michail Gorbatschow an dem Grundsatz fest, die Existenz zweier souveräner deutscher Staaten gehöre zu den Besonderheiten der Nachkriegsentwicklung. Die Geschichte musste ihr Urteil sprechen, sonst niemand. Um dieses Urteil zu formulieren, gab ihr der Generalsekretär fünfzig bis hundert Jahre. Meine Versuche zu argumentieren, ein Hinweis auf die Geschichte ohne den zeitlichen Rahmen reiche völlig aus, ignorierte er. Das ist durchaus erklärlich: Diejenigen, die Geschichte machen, und diejenigen, die die Heldentaten ihrer Schöpfer erforschen, lassen sich von ganz unterschiedlichen Kriterien leiten, selbst wenn sie nur zwei und zwei zusammenzählen.

Ungeklärt blieb für mich die Frage, ob die Abwertung der DDR als militärischer Verbündeter der Sowjetunion in Gorbatschows Vision, die sich aus den sowjetisch-amerikanischen Vereinbarungen ergab, nicht die Grundlagen unserer langfristigen Politik in der Deutschlandfrage erschüttern musste? Bestand nicht ein immanenter Zusammenhang zwischen der »Gorbatschow-Doktrin«, die Ende 1988 verkündet wurde und die sowjetischen Verpflichtungen darauf beschränkte, nur in dem, zugegeben wenig wahrscheinlichen, Fall einer direkten Aggression von außen der DDR zur Seite zu stehen, und der Evolution der Militärdoktrin der UdSSR, die den Verzicht auf ein System vorgeschobener Fronten nicht mehr ausschloss?

Anzunehmen, der Vorsitzende des Verteidigungsrates und zugleich Generalsekretär der KPdSU hätte den Effekt kommunizierender Röhren oder das Gesetz von der Erhaltung der Energie vergessen, wäre einfach unanständig. Fast so unanständig, wie im 17. Jahrhundert in Holland schlechte Bilder zu malen.

Die Konfrontation mit den USA muss um jeden Preis ihr Ende finden. Wenn Erich Honecker nicht mitspielen will, dann ... Soll dann alles zum Teufel gehen? Vielleicht. Oder soll man nachhelfen, dass Honecker von der Führung abgelöst wird? Keine Einmischung in die inneren Angelegenheiten der Republik. Einmischung bedeutet, seinem Nachfolger Unterstützung in Aussicht zu stellen. Unterstützung – das sind neue Ausgaben, die man sich nicht aus den Rippen schneiden kann.

Nein, komme, was kommen muss. Konzentration auf die USA. Washington, das mit Moskau in einem Boot sitzt, hat seine Gründe, stillzuhalten. So etwa sah man die Dinge auf dem sowjetischen Olymp 1988/89. Wenn man das Wortgeklingel und die Schauspielerei einmal beiseite lässt.

Die Geschichte ließ nicht lange auf ihr Urteil warten, ob es weiterhin zwei deutsche Staaten geben sollte oder ob einer genügte. Der politisch aktive Teil der Bürger der DDR konnte durchaus Russisch lesen und begann zu sondieren, ob mit Moskaus Anerkennung des Rechtes jedes Volkes, sein Schicksal und die Ordnung, unter der es leben wollte, selbst zu bestimmen, etwas anzufangen war. Gorbatschows Warnung an Erich Honecker vom Sommer 1989 – sollte es zu einem Konflikt der Behörden der DDR mit der eigenen Bevölkerung kommen, blieben die sowjetischen Soldaten in ihren Kasernen –, die eigentlich für »oben« bestimmt war, sickerte nach »unten« durch. Es ist eigentlich verwunderlich, dass man zögerte, daraus sofort Kapital zu schlagen.

Nach dem Treffen Michail Gorbatschows mit Erich Honecker im Juni 1989 in Moskau hatte ich eine Hoffnung und bewahrte mir eine Illusion – dass die unvermeidlichen Veränderungen in der DDR ohne Blutvergießen ablaufen mögen und dass die junge Generation der SED, die die »alte Garde« stützte, die Republik vor dem Sturz ins Chaos bewahren möge. Davon war auch in vielen Gesprächen mit dem Generalsekretär die Rede.

Was den Verzicht auf Gewalt betraf, so hielt sich die sowjetische Seite auf allen für mich überblickbaren Ebenen strikt an die Orientierung: Führung und Funktionäre der DDR mussten bei der Festlegung jedes ihrer Schritte davon ausgehen, dass die UdSSR Gewalt nicht für ein geeignetes Mittel zur Stabilisierung der Lage hielt und dass sie im Falle von Gewaltanwendung allein auf sich gestellt waren. Die Legenden und Unterstellungen, die von Zeit zu Zeit in Umlauf gesetzt werden und den sowjetischen Beteiligten am stürmischen Herbst 1989 oder im Jahr 1990 eine gegenteilige Position zuschreiben wollen, haben mit der Wahrheit nichts zu tun.

War am Horizont ein Politiker zu sehen, der genügend Vertrauen besaß, um im Sommer und Herbst 1989 mit einiger Aussicht auf Erfolg an eine tiefgreifende Reform der DDR zu gehen? Wenn ich hier behaupte, die Republik hätte eines

Retters von außen bedurft, dann will ich damit niemanden kränken.

»Gorbi« genoss enormes Ansehen. Hätte er die Staatsbürgerschaft gewechselt und auf die Bibel geschworen – dann wäre es ihm als künftigem Ehrenbürger Berlins vielleicht gelungen, die Republik konsolidieren zu helfen. Aber garantieren kann man auch dafür nicht, wenn man bedenkt, was er in der Sowjetunion angerichtet hat.

Sehr populär und geschätzt in der DDR war Willy Brandt. Aber von ihm hätte man keine demokratische Umgestaltung der DDR, sondern ihre zügige Vereinigung mit der Bundesrepublik erwartet.

Helmut Kohl hielt einen Royal Flush in der Hand – die Macht und das Geld. Und nicht nur das. Mit seinem »Zehnpunkteplan« ergriff er die Initiative und gab sie bis zum 3. Oktober 1990 nicht mehr ab.

Die Wahl fiel auf Egon Krenz. Er wurde ihr damit gerecht, dass er keine Überspitzungen zuließ, die zur Gewaltanwendung führen konnten. Zugleich zeigt aber die Übergabe der Hauptrolle an Hans Modrow drei Monate später, dass die erste Variante nicht immer die beste ist. Zuweilen muss sie teuer bezahlt werden. In diesem Falle blieb die Atempause ungenutzt, bevor der lawinenartige Absturz begann.

Ende 1989 war offensichtlich geworden: Die Geschichte presste 100 Jahre in 100 Tagen zusammen. Die Selbstbestimmung der Bürger in der DDR fand statt. Aufgabe der Politiker war es nun, die Wegmarken so zu setzen, dass die Materialisierung der Rechte einer Nation nicht die Rechte und Interessen anderer Nationen verletzte. Diese Arbeit musste in höchstem Tempo geleistet werden. Die Stimmung in beiden deutschen Staaten war vor allem von Ungeduld bestimmt. Diese konnte rasch in Intoleranz umschlagen, wenn sich die beteiligten Regierungen nach dem Vorbild früherer Jahre noch lange in hohlen Worten ergingen.

Die Ausgangslage war aus sowjetischer Sicht in gewissem

Sinne sogar ermutigend. Helmut Kohl setzte erst auf eine Konföderation. Für Margaret Thatcher war das Könfoderationsmodell die Endstation eines fließenden Prozesses der Umgestaltung der deutsch-deutschen Beziehungen. François Mitterrand teilte Londons Einwände und war innerlich bereit, von sich aus das eine oder andere beizusteuern. Sein demonstrativer Besuch in der DDR Ende 1989 sprach für sich. George Bush hatte sich nach Informationen, die in Moskau eingingen, entschieden, erst einmal abzuwarten. Den US-amerikanischen Präsidenten bewegte vor allem die Frage, wie sich die möglichen Veränderungen in Deutschland auf die NATO auswirken könnten. Die künftigen deutsch-deutschen Beziehungen als solche interessierten die USA nur sekundär.

In den Diskussionen bei Michail Gorbatschow vom November/Dezember 1989 bis zum Januar 1990 zeichneten sich zwei Tendenzen oder zwei Sichten der weiteren sowjetischen Politik ab. Die Berater des Generalsekretärs Anatoli Tschernjajew und Georgi Schachnasarow traten dafür ein, ganz Deutschland in die NATO zu entlassen. Besonders originell argumentierten sie dabei nicht. Wenn der Nordatlantikpakt seinen Geltungsbereich auf das Gebiet der DDR ausdehnte, ändere das bei den derzeitigen Mitteln der Kriegführung überhaupt nichts, behaupteten sie. Wenn das so war, dann hätte auch der Abbau der NATO-Strukturen in der Bundesrepublik Deutschland nichts geändert. Auf dieses Gegenargument reagierten die Berater nicht.

Erst später kam ich auf den Gedanken, dass Tschernjajew und Schachnasarow – möglicherweise nicht bis ins einzelne Wort – Kommentare zum Entwurf einer künftigen Militärdoktrin der UdSSR im Falle der Auflösung des Warschauer Vertrages wiedergaben, die sie von ihrem Chef gehört hatten.

Eduard Schewardnadse legte sich nicht genau fest. Zumindest waren von ihm bei den Beratungen, an denen ich teilnahm, keine klaren Einschätzungen zu hören. Jedoch näherten sich seine Überlegungen über mögliche Etappen und Wege zur Überwindung der Spaltung Deutschlands insgesamt immer mehr dem Gedanken, man sollte sich davor hüten, durch eine zu enge Kooperation mit London und Paris das Verhältnis der UdSSR zur BRD zu belasten und durch eine nicht genügend »flexible« Haltung zur NATO Dissonanzen in der »Partnerschaft« mit den USA heraufzubeschwören.

Möglicherweise liegen hier die Wurzeln dafür, dass Schewardnadse beim Treffen der Außenminister der Sechs in Ottawa am 13. Februar 1990 ohne Zustimmung des sowjetischen Präsidenten den Standpunkt aufgab, die Verhandlungen müssten nach der Formel »4 + 2« ablaufen, und sich Hans-Dietrich Genscher anschloss, der sich für die Formel »2 + 4« einsetzte.

Ich legte meinen Standpunkt im Klartext dar. Das Herzstück der Deutschlandfrage bestand für die UdSSR auch weiterhin darin, nicht zuzulassen, dass von deutschem Boden eine neue Aggression ausging. Falls unsere Seite also der Vereinigung des Landes ihre Zustimmung gab, wenn die Deutschen selbst dafür waren, dann konnte sie auch zu Recht darauf bestehen, dass Bedingungen in die Regelung aufgenommen wurden, die die Interessen der UdSSR, vor allem die Interessen ihrer Sicherheit, ausreichend berücksichtigten. Die drei Westmächte gaben uns permanent ein Beispiel dafür, wie man seine Interessen schützte, die lange vor Gründung der beiden deutschen Staaten entstanden und nicht an deren Existenz gebunden waren. In juristischer und moralischer Hinsicht standen die sowjetischen Rechte denen der damaligen Alliierten in nichts nach, und es gab überhaupt keinen Grund, hier Minderwertigkeitskomplexe zu empfinden.

Beim Abschluss des Moskauer Vertrages war man davon ausgegangen, dass die Überwindung der Spaltung Deutschlands und der Spaltung Europas sich als parallele Prozesse vollziehen sollten. Beide Tragödien hatten ihren Ursprung in der militärischen Konfrontation. Eine »europäische Friedensordnung«, die Walter Scheel in seinem Brief an Andrej Gromyko vom 12. August 1970 angesprochen hatte, war undenkbar, solange die Konfrontation in dieser oder jener Form weiterbestand und kein gesamteuropäisches Sicherheitssystem existierte. Die Vereinigung Deutschlands sollte zumindest die Brücke zu einem solchen System schlagen, wenn es schon wegen der Kürze der Zeit nicht möglich war, beide Aufgaben gleichzeitig zu lösen.

Daraus zog ich den Schluss, dass die Pläne, den Geltungsbereich der NATO auf das Gebiet der DDR auszudehnen, für uns als unannehmbar anzusehen waren. Die vertragschließenden Seiten hätten dadurch eine ganz unterschiedliche Stellung erhalten. Das zentrale Glied der militärischen Infrastruktur des Westens – die Bundesrepublik – sollte danach die ihr zugedachten Funktionen weiter ausfüllen. Die DDR, das zentrale Glied der militärischen Infrastruktur der Sowjetunion, sollte ausfallen, was zu einem beträchtlichen Ungleichgewicht geführt hätte. Wenn das Gebiet der DDR außerdem noch unter die Verfügungsgewalt oder Kontrolle der NATO gelangte, dann fügte das dem Verteidigungssystem der UdSSR einen unübersehbaren Schaden zu und konnte sogar zu dessen Zerrüttung führen.

Das wesentliche Element meiner damaligen Position lautete: Großbritannien und Frankreich waren aus unterschiedlichen Motiven daran interessiert, dass sich die Evolution der deutsch-deutschen Beziehungen ohne Überbelastungen für West- und Osteuropa vollzog. Wenn London und Paris in diesem Zusammenhang dem Dialog mit der sowjetischen Seite aufgeschlossen waren, dann hatten auch wir keinen Grund, uns auf einen Partner und auf ein einziges Lösungsmodell festzulegen.

Welche Akzente setzte Michail Gorbatschow? Gewaltanwendung war auszuschließen. Am besten, es ging auch ohne Druck ab.

Wenn alle das Ziel verfolgten, ein friedliches Deutschland in einem friedlichen Europa zu erreichen, war eine Einigung möglich. Solange er sich nicht auf Einzelheiten einließ, sah alles akzeptabel aus. Der Generalsekretär hatte keine Eile, seine Position zu den meisten konkreten Fragen aufzudecken. Bald hieß es, man müsse das Treffen mit James Baker abwarten, dann das mit Helmut Kohl, danach die Wahlen in der DDR und schließlich den Meinungsaustausch mit François Mitterrand.

Und doch neigte Gorbatschow bis zu seiner Washingtonreise im Sommer 1990 eher einer Lösung zu, die beiden Militärblöcken in Europa gerecht wurde, solange sie noch existierten. Zugleich reagierte der Generalsekretär von Anfang an zurückhaltend auf Signale, die ihn dazu aufforderten, die französischen und britischen Vorbehalte zu unterstützen. Paris und London wollten die Sowjetunion die Schmutzarbeit machen lassen und selbst sauber bleiben – so argumentierte er sinngemäß, hatte allerdings keine Einwände gegen weitere Kontakte.

In meinem Besitz sind die Kopien von vier Dokumenten, die ich Michail Gorbatschow von Februar bis Juli 1990 vor Begegnungen mit Bundeskanzler Helmut Kohl und Außenminister Hans-Dietrich Genscher sandte. Er erhielt von mir auch Gedanken zu den Besonderheiten der Positionen Frankreichs und der USA. Meine eigenen Kopien der beiden letzten Denkschriften sind verschwunden, neue Kopien der Originale konnte ich nicht erhalten.

Der Verlust ist nicht allzu groß, ausgenommen höchstens die ausführliche Analyse der Tendenzen der amerikanischen Politik unter Präsident George Bush. Diese sah das Verhältnis der USA zu Europa stets im Rahmen der globalen Konzeption Washingtons. Wenn man das nicht berücksichtigt, kann man dessen Sturheit in der Frage der deutschen NATO-Mitgliedschaft weder verstehen noch erklären.

Diese und weitere unerwähnte Arbeiten kamen nicht wie vom Fließband. Darin waren die verschiedenen Charaktere meiner Gesprächspartner berücksichtigt, ich ging auf die unterschiedliche objektive Lage der Länder und ihre geschichtlichen Traditionen ein. Ich war bemüht, Zwischentöne zu erfassen, aber die Achse, um die sich meine Gedanken drehten, blieb unverändert. Das Mosaik setzte sich stets aus Steinchen zusammen, die einer Herkunft und vom selben

Stichel geschnitten waren. Der Verfasser ließ sich niemals von Metternichs Maxime leiten: Sage jedem seine Wahrheit.

Das Gespräch Michail Gorbatschows mit Helmut Kohl vom Februar 1990 hatte mehrere Zwecke zu erfüllen. Es war an der Zeit, den peinlichen Zwischenfall aus der Welt zu schaffen, der die Atmosphäre der sowjetisch-westdeutschen Beziehungen verdüsterte.[11] Ein Vergleich von Positionen, wie sie im Dialog zum Ausdruck gebracht werden könnten, sollte ergeben, ob Voraussetzungen für eine Übereinkunft bestünden und wenn ja, ob die UdSSR in der Person des Kanzlers einen soliden Partner vor sich hätte, um vorhandene Chancen Realität werden zu lassen.

Ich hielt es außerdem für zweckmäßig zu sondieren, inwiefern sich die Wende in der Deutschlandfrage mit der Überwindung der Deformationen des Kalten Krieges in ganz Europa synchronisieren ließ. In der Westpresse erschienen mit Bezug auf die Bundesregierung Kommentare, in denen es hieß, die Entwicklung in Osteuropa habe die Vorstellungen überholt, die deutsche Einheit könne nur im Rahmen einer deutschen NATO-Mitgliedschaft erreicht werden. Helmut Kohl wurden die Worte in den Mund gelegt, in dieser Frage habe Bonn eine andere Lesart als Washington. Worin diese Verschiedenheiten bestanden, sollte herausgefunden werden.

Hier meine Empfehlungen an Michail Gorbatschow zum Meinungsaustausch mit Helmut Kohl vom Februar 1990 im Wortlaut[12]:

»*An M. S. – für das Gespräch mit H. Kohl am 10. Februar 1990*
Nachdem Helmut Kohl und Hans-Dietrich Genscher die Positionen der BRD-Regierung dargelegt haben, könnte man etwa Folgendes ausführen:

1. Zwischen der UdSSR, der BRD und der DDR gibt es keine Meinungsverschiedenheiten zur Frage der Einheit der deutschen Nation und des Rechtes der Deutschen, die staatliche Form dieser Einheit selbst zu bestimmen.

2. Wir sind uns weiterhin darüber einig, dass sich die Deutsch-

landfrage nicht auf die Vereinigung des Landes und die Erfüllung der Hoffnungen der Deutschen allein reduzieren lässt. Sie betrifft sowohl Deutschlands unmittelbare Nachbarn als auch die Situation in Europa und in der Welt. Folglich müssen bei ihrer Lösung sowohl die Interessen der Deutschen als auch die legitimen Interessen anderer Völker adäquat berücksichtigt werden. Man kann mit Befriedigung feststellen, dass Bundeskanzler Kohl dies offiziell anerkennt.

3. Nach unserer Auffassung haben wir auch Verständigung darüber erzielt, dass unsere gemeinsame Hauptaufgabe gegenwärtig darin besteht, nicht allein konkrete Elemente der Regelung, sondern diejenigen Basiskonstruktionen zu bestimmen, die eine stabile und konfliktlose Entwicklung sowohl in Deutschland als auch in ganz Europa gewährleisten. In gewisser Weise werden in Deutschland die Grundsatzlösungen für das gemeinsame Haus Europa erprobt, die die kollektive Sicherheit und die Regeln guter Nachbarschaft in den wirtschaftlichen, ökologischen, kulturellen und auch politischen Beziehungen betreffen. Daraus müssen die Entwicklungsetappen, die praktischen Prioritäten und, was besonders wichtig ist, genaue Vorstellungen von den objektiven Möglichkeiten beider Seiten logisch abgeleitet werden.

4. Aus den Worten von Kanzler Kohl und Außenminister Genscher sowie aus anderen Informationen schließt die sowjetische Seite, dass beim heutigen Stand die Stabilisierung der wirtschaftlichen Lage in der DDR das dringlichste Problem ist. Deshalb sollte man sich in erster Linie darauf konzentrieren. Ein wirtschaftlicher Zusammenbruch der DDR nützt niemandem, könnte aber die Lage in Osteuropa in gefährlicher Weise komplizieren.

Wenn in Wirtschaft, Ökologie, Technologie und anderen derartigen Bereichen in für beide deutsche Staaten annehmbarer Form konföderative oder gar föderative Strukturen entstünden, würde die Sowjetunion sich dem nicht widersetzen und nach ihren Möglichkeiten Unterstützung gewähren. Wenn die wirtschaftlichen Strukturen der DDR und der BRD in solider, ausgewogener Weise auf einen gemeinsamen Nenner gebracht werden, könnte das, wie es gegenwärtig aussieht, sicherlich die Leidenschaften dämpfen.

5. Es dürfte nicht im Interesse der BRD liegen, dass die Deutschen als unzuverlässige Partner erscheinen. Wenn man aus dieser Sicht die gegenwärtige Einmischung der BRD in die Angelegenheiten der DDR bewertet, die eine Verletzung des Berliner Vertrages mit der DDR und des Moskauer Vertrages mit uns darstellt, dann kann man schon ins Grübeln kommen. Und man sollte nicht versuchen, die Situation schönzureden, indem man auf ›außerordentliche Umstände‹, ein ›Sonderverhältnis‹, die ›Aufforderung‹ an die westdeutschen Politiker, die DDR bereits jetzt als ihre Domäne zu betrachten, u. a. hinweist. ›Außerordentliche Umstände‹ gibt es überall, nicht nur im Westen, und sie werden auch künftig nicht zu vermeiden sein.

6. Zugleich wäre es nicht angebracht, insbesondere in der gegenwärtigen aufgeheizten Atmosphäre, die Situation übermäßig zu ideologisieren. Es ist unschwer zu erkennen, dass solche Versuche uns in beträchtliche Schwierigkeiten bringen können, weil sie Gegenreaktionen provozieren. Außerdem sind sie gefährlich für die demokratischen Institutionen sowohl der beiden deutschen Staaten als auch des künftigen einheitlichen Deutschland. Unsere aktuellen Erfahrungen beweisen, dass es leichter ist, die Geister zu rufen, als sie wieder loszuwerden.

7. Bei allem bisher Gesagten war und bleibt der Kern der Deutschlandfrage ihre militärische Komponente. Wenn wir hier übereinkommen, wird Deutschland einig sein.

Eine solche Übereinkunft ist aber nur unter der Voraussetzung möglich, dass das Kräfteverhältnis in Europa und der Welt nicht in Gefahr gerät. Kann man eine solche Lösung finden? Nach unserer Meinung durchaus. Wenn kein Staat und keine Staatengruppe mehr beansprucht, als sie selbst einem anderen Staat oder einer anderen Staatengruppe zu geben bereit sind.

Unsere Gedanken kann man auf folgende kurze Formel bringen: Damit von deutschem Boden nie wieder Kriegsgefahr ausgeht, darf dieses Territorium nicht von äußeren Kräften für militärische Zwecke benutzt werden, vor allem nicht für solche, die andere Staaten als Gefahr für sich selbst ansehen. Weiter soll auf deutschem Boden nur ein Minimum an nationalen Rüstungen und Streitkräften verbleiben, das die Erfordernisse einer hinreichenden Verteidigung nicht überschreitet.

Wenn vorgeschlagen wird, im Rahmen des einheitlichen Deutschland faktisch einen unterschiedlichen Status für das Gebiet der BRD und der DDR einzuführen, dann ist das keine lebensfähige Konstruktion. Es macht den Eindruck, dass der Nordatlantikpakt und die USA an der weiteren Nutzung des BRD-Gebietes für die NATO großes Interesse haben. Der Wert eines solchen Aufmarschgebietes wüchse ungeheuer an, wenn das Gebiet der DDR zugleich neutral würde.

Darauf wird aber die UdSSR, wird keine sowjetische Führung eingehen. Versuche, uns ein derartiges Modell aufzuzwingen, müssten zu einer extremen Krise führen. Das ist nicht in unserem Sinne und kann sicherlich in niemandes Sinne sein.

Zu den Überlegungen, es könnte zur Beruhigung seiner Nachbarn wünschenswert sein, einen Teil oder ganz Deutschland in die NATO einzubeziehen, sei folgende Frage gestattet: Wie soll die Stationierung atomarer, chemischer und anderer Waffen auf dem Territorium des einheitlichen Deutschlands dessen Nachbarn beruhigen – Waffen, die hoffentlich auch dann nicht gegen die Deutschen eingesetzt werden, wenn einer der Nachbarn der Meinung sein sollte, Deutschland zeige nicht genügend Loyalität oder breche in mancher Hinsicht sogar gegebene Versprechen. Wenn man ehrlich ist – und eine andere Grundlage für gegenseitige Verständigung sehe ich nicht –, dann sollte man von solchen Spielen und Konstruktionen die Finger lassen. Sie haben in der Vergangenheit viel Schaden angerichtet und könnten in der Zukunft eine Katastrophe heraufbeschwören, die nicht wieder gutzumachen wäre.

8. Für die UdSSR wäre sowohl ein rascher als auch ein schrittweiser Übergang Deutschlands zum Status eines blockfreien

Landes annehmbar (wenn Ihnen der Terminus ›Neutralität‹ nicht zusagt), das heißt, ein Zustand, da Deutschland kein zentraler Schauplatz militärischer Aktivitäten vor allem ›dritter‹ Staaten mehr ist. Praktisch gedacht, sind hier mehrere Varianten möglich:

a) Da die Vereinigung Deutschlands dem Prozess der europäischen Vereinigung vorauseilt, bleiben die gegenwärtige DDR und die BRD im Rahmen konföderativer Strukturen für eine bestimmte Zeit Mitglieder des Warschauer Vertrages beziehungsweise der NATO. Dabei wird vorausgesetzt, dass sich Warschauer Vertrag und NATO rasch zu vorrangig politischen Organisationen wandeln. In dieser Etappe könnte eine starke Reduzierung der in dem Gebiet stationierten ausländischen und nationalen Streitkräfte durchgeführt werden. Nach unserer Auffassung könnte man alle atomaren und chemischen Waffen vollständig von deutschem Territorium abziehen oder diese Waffensysteme dort radikal reduzieren.

b) Man könnte auch von Anfang an ein Modell *symbolischer Militärpräsenz der Vier Mächte* in West- und Ostdeutschland vereinbaren, so etwa, wie es seinerzeit für Berlin vorgesehen war. Mit anderen Worten, es ginge nicht so sehr um Militäreinheiten mit selbständigem Kampfpotenzial als vielmehr um Missionen der Vier Mächte, die die Einhaltung der vereinbarten Beschlüsse durch die Deutschen und die Vier Mächte beobachten. Auch hier müssten alle Arsenale an atomaren, bakteriologischen und chemischen Waffen auf deutschem Boden abgebaut und die deutschen Streitkräfte bis auf ein für die Verteidigung hinreichendes Niveau reduziert werden.

c) Man sollte als Variante auch nicht ausschließen, dass die genannten Militärmissionen der Vier Mächte von Anfang an gemischt zusammengesetzt sein könnten. Damit könnte man ihre spezifische Aufgabe noch deutlicher hervorheben und ein Maximum an Sicherheit dafür schaffen, dass deutsches Gebiet nicht mehr für militärische Ziele – gegen wen auch immer – genutzt wird.

9. In dem Maße, wie ein gesamteuropäisches Sicherheitssystem entsteht, könnte in einer entsprechenden Etappe analog auch die Beobachtung der militärischen Aktivitäten aller Beteiligten an diesem Prozess eingerichtet werden. Die nationale Zusammensetzung der Missionen in Deutschland könnte dann dem angeglichen werden, was für alle anderen Staaten gilt.

10. Eine konkrete Übereinkunft zu dieser Frage und der notwendige politische Zeitplan wären in Verhandlungen bevollmächtigter Vertreter der Vier Alliierten mit Beteiligung von Delegationen beider deutscher Staaten (4 + 2) zu erarbeiten. Die Verhandlungsergebnisse könnten einem gesamteuropäischen Gipfel zur Bestätigung vorgelegt werden. Eine Formel der deutschen Einheit, die eine Konferenz ›Helsinki-2‹ bestätigte, machte aus dieser einen real erfüllbaren gesamteuropäischen Plan.

Da ungewöhnliche Wege gegangen werden müssen, wenn wir einen Strich unter den Zweiten Weltkrieg ziehen und Ost- sowie Westdeutschland von den gültigen Regelungen der Kriegs- und Nachkriegszeit entbinden wollen, könnte man vereinbaren, dass ein solches Schlussdokument oder Dokument ›Helsinki-2‹ den Status eines Friedensvertrages mit allen sich daraus ergebenden juristischen Folgen erhält.

11. Wenn Kohl die Frage der Direktwahl von Bundestagsabgeordneten in West-Berlin anspricht, sollten wir vorschlagen, diese im Rahmen der 4 + 2-Verhandlungen zu erörtern.

V. Falin«

Nach der Mitschrift des Gespräches[13] wurde deutlich, dass der Generalsekretär meinen Gedanken nur teilweise Aufmerksamkeit geschenkt hatte. Beide Seiten stellten fest, dass die Deutschen selber die Frage der Einheit der deutschen Nation lösen und selber ihre Wahl treffen müssten, in welcher Staatsform, zu welchem Zeitpunkt, in welchem Tempo und zu welchen

Bedingungen sie die Einheit realisieren würden. Damit war der Konsens auch schon erschöpft.

Die äußeren Aspekte der Regelung blieben offen. Helmut Kohl und Hans-Dietrich Genscher sparten nicht mit Versprechungen, die Interessen der UdSSR zu respektieren und, wenn dies hilfreich sei, auch entsprechende Garantieerklärungen abzugeben. Der Bundeskanzler bot sich als Vorzugspartner und beinahe als Vermittler für eine generelle Verständigung an. Es versteht sich von selbst, dass er bereit war, der sowjetischen Seite jederzeit zur Verfügung zu stehen, wenn Unklarheiten oder Zweifel an der Position der Bundesrepublik Deutschland auftauchen sollten.

Michail Gorbatschow war von der Begegnung stark beeindruckt. In seiner Umgebung sprach man nun im Hinblick auf Helmut Kohl von »deutscher Gründlichkeit«, vom Entgegenkommen der politischen Führung der Bundesrepublik, nachdem diese sich überzeugt hatte, dass dem führenden Mann der Sowjetunion die nationalen Sehnsüchte der Deutschen nicht fremd waren. Man erachtete es für zweckmäßig, auf die CDU/CSU-FDP-Koalition zu setzen und auf Distanz zur SPD zu gehen.

Nach meiner Auffassung dürfen Politiker auch im Überschwang der Gefühle keinen Anlass zum Beispiel für Behauptungen geben, die Zustimmung Moskaus, die Lösung des Problems der Einheit völlig den Deutschen selbst zu überlassen, »*widerspiegele vollkommen auch die Position der* DDR«.[14] Man hätte auch mit klaren Worten nicht sparen sollen, um zu verdeutlichen, dass Vereinbarungen sich nicht darauf beschränken konnten, lediglich Abstriche am Verteidigungssystem der Sowjetunion zu machen, dass unser Ziel nicht »geringere Sicherheit« für eine Seite, sondern gleiche Sicherheit für alle war.

Unbedachtsamkeit rächt sich immer. Am 10. Februar wurde die Vereinigung Deutschlands als de facto gelöste Aufgabe verkündet. Ohne jegliche Bedingungen, ohne die Zusammenhänge mit der Regelung der äußeren Aspekte aufgeklärt zu haben. Die

Deutschen erhielten damit eine Carte blanche, was, wie und wann zu tun war. Flugs kehrte man die Formel »4 + 2« bereits zwei Tage später in »2 + 4« um.

Nach Genscher hatte es damit nicht nur eine psychologische, sondern auch eine tiefe politische Bewandtnis.[15] Die Vier Mächte hatten damit das Recht eingebüßt, »Verhandlungen über Deutschland« zu führen. Es wurde nun zum Vorrecht der beiden deutschen Staaten, die Abstimmung (oder Sachkonsultationen) zu den außenpolitischen Aspekten mit den Vier Mächten in dem Maße vorzunehmen, wie die Bundesrepublik und die DDR den Weg der Vereinigung festlegten.

Eduard Schewardnadse, aus dessen Händen Hans-Dietrich Genscher dieses Geschenk empfing, begnügte sich mit dem platonischen Vorschlag, »zusammenzukommen, um die äußeren Aspekte der Vereinigung Deutschlands, darunter die Sicherheit der Nachbarstaaten zu erörtern«. Zu erörtern, nicht zu entscheiden. Bevor der sowjetische Minister aus den Startlöchern kam, hatte der Moskauer Krisenstab still und leise das Zeitliche gesegnet. Dies sei in Klammern vermerkt.

Auf Bitte seines Bonner Kollegen erwies Schewardnadse diesem einen weiteren Dienst – er nötigte den Außenminister der DDR, Oskar Fischer, an Ort und Stelle, in Ottawa, dem Druck der BRD nachzugeben und die Konstruktion »2 + 4« ebenfalls gutzuheißen. Damit beschnitt man der Deutschen Demokratischen Republik von vornherein das Recht, gegen das ihr zugedachte Urteil gegebenenfalls Berufung einzulegen.

Zusammen mit der Aufhebung der Formel »4 + 2« wurden zugleich der Zehnpunkteplan Helmut Kohls und die öffentlichen Erklärungen offizieller Vertreter revidiert, die versprochen hatten, die Entwicklung nicht zu forcieren und die Verpflichtungen der Bundesrepublik gegenüber der DDR, der Sowjetunion und anderen Staaten nicht zu unterlaufen. Bei einer Belehrung deutscher Journalisten am 12. Februar 1990 hob Hans-Dietrich Genscher besonders hervor, dass die Umstellung in der Formel von 4 + 2 in 2 + 4 bei den Verhandlungen von

»historischer« Bedeutung sei. Weiter betonte er, die Termini »Vertragsgemeinschaft« und »Konföderation« seien aus dem Verkehr gezogen. An ihre Stelle trete der Begriff »Herstellung der deutschen Einheit«[16].

Nehmen wir zur Kenntnis, dass man nicht mehr von der Vereinigung beider Staaten oder ihrer Wiedervereinigung, auch nicht von der Wiederherstellung der Einheit Deutschlands sprach, sondern eben von etwas, was dem englischen Begriff »made« nahe kommt.

Aus diesem Nachwort zu meinen Februarthesen für Michail Gorbatschow wird dem Leser verständlich, warum meine folgende Denkschrift im Ton sowie in der Darlegung der Fakten härter ausfiel. Ich war damals weit von der Annahme entfernt, dass der Geist des Generalsekretärs und Präsidenten getrübt sei. Ich redete mir ein, die notwendigen Informationen gelangten nicht bis zu ihm oder die endlosen Probleme im Lande hinderten ihn daran, die Geschehnisse um Deutschland angemessen zu bewerten.

Wie dem auch sei, ich hielt es für meine Pflicht, die Dinge offen auszusprechen. Am 18. April 1990 ging eine längere Botschaft an Gorbatschow ab.

»Für M. S.

Die USA und die BRD drängen bei etwas passiver Rolle Englands und Frankreichs nachdrücklich und zielbewusst darauf, dass alle inneren und äußeren Aspekte der deutschen Vereinigung außerhalb der 2+4-Verhandlungen entschieden werden und die Sowjetunion vor vollendete Tatsachen gestellt wird. Man versucht, der Öffentlichkeit den Grundsatz zu suggerieren, in der Sechsergruppe dürfe kein Staat ein Vetorecht haben. Insbesondere in den Fragen, wo die Meinung der ›demokratischen Mehrheit‹ offensichtlich ist. Im Grunde genommen sprechen sich die Westmächte vorher im engen Kreise ab und verletzen damit bereits das Konsensprinzip. Wenn man einen Vergleich zu den Treffen mit Bush auf Malta und mit Baker in Moskau und Ottawa zieht, dann gehen die Positionen der UdSSR und der USA in den Schlüsselfragen immer weiter auseinander. Das Ausgangsmotiv für das Verhalten Washingtons und Bonns ist ganz simpel: Der Spielraum der Sowjetunion ist heute so eingeschränkt, dass der Westen, ohne eine ernste Konfrontation befürchten zu müssen, Ziele, die er seit ewigen Zeiten verfolgt, maximal durchzusetzen vermag. Von den Befürwortern eines ausgewogeneren Vorgehens, die bisher eine entsprechende Berücksichtigung der Interessen der UdSSR nicht ausgeschlossen haben, um eine langfristige konstruktive Entwicklung zu erreichen, ist fast nichts zu hören.

Ein wesentliches Moment der Taktik des Westens ist die intensive Beeinflussung nicht nur der Mitglieder des NATO-Paktes, sondern auch unserer Verbündeten im Warschauer Vertrag. Das Ziel ist unschwer zu erkennen: Die UdSSR soll sowohl in der Sechsergruppe als auch beim Treffen der 35 Staaten Europas isoliert und ins Abseits gedrängt werden.

Es erscheint dringend notwendig, die sowjetische Position vor allem in folgenden Fragen mit allem Nachdruck zu vertreten:

1. Der Friedensvertrag
Wir müssen darlegen, warum es für die Sowjetunion unannehmbar ist, auf nichtjuristische Weise (durch Deklarationen, Denkschriften u. a.) einen Strich unter den Zweiten Weltkrieg zu ziehen, die Hauptbestandteile einer Friedensakte (die Nachkriegsgrenzen, die militärischen Verpflichtungen Deutschlands, das Schicksal der vierseitigen Beschlüsse der Alliierten, der sich daraus ergebenden Rechte u. a.) auseinanderzureißen und durch qualitativ unterschiedliche Regelungen zu lösen.

Wir müssen feststellen, dass es für die Grundfragen von Krieg und Frieden keine Verjährungsfrist gibt. Das hartnäckige Streben einiger Kreise, den Abschluss eines Friedensvertrages zu umgehen, kann nur misstrauisch machen und ist ein zusätzliches Argument zugunsten einer Friedensregelung.

Auf jeden Fall wird die UdSSR vor Unterzeichnung eines entsprechenden Dokumentes, das nach seinem rechtlichen Gewicht und realen Inhalt einem Friedensvertrag gleichkommt, die Rechte und die Verantwortung nicht niederlegen, die sie übernommen hat, als sie die Abkommen von Jalta und Potsdam, die Erklärung über die bedingungslose Kapitulation und die Niederlage Deutschlands unterzeichnete, die Teil des gültigen Völkerrechts sind und in der Charta der Vereinten Nationen ihren Niederschlag gefunden haben.

Was Form und Wesen der Friedensregelung betrifft, so ist die UdSSR für einen konstruktiven Dialog offen, an dem die Vertreter der BRD und der DDR gleichberechtigt teilnehmen. Da es sich vor allem darum handelt, die Verpflichtungen Deutschlands gegenüber der internationalen Gemeinschaft festzulegen, also die äußeren Aspekte der deutschen Vereinigung zu regeln, ist es ganz logisch, dass das Thema einer Friedensregelung auch Gegenstand der 2+4-Verhandlungen sein muss.

Man könnte dafür eintreten, dass die Sechsergruppe es übernimmt, in engem Kontakt mit Polen, Jugoslawien, der Tschechoslowakei und anderen Staaten, die der Aggression und Okkupation Hitlerdeutschlands ausgesetzt waren, den Wortlaut des Dokumentes vorzubereiten, der dann den Vertretern aller Staaten, die sich mit ihren Streitkräften am Krieg gegen Deutschland beteiligt haben, zur Unterzeichnung offensteht.

Um dem klassischen Dilemma von Siegern und Besiegten zu entgehen, könnte man das Dokument nicht Friedensvertrag, sondern ›Friedensakte‹ nennen und darin mit Worten und Begriffen, die den unterschiedlichen Status der Vertragsteilnehmer hervorheben, sparsam umgehen. Die bisherige Praxis (der Moskauer Vertrag und die anderen ›Ost‹-Verträge, eine Reihe von Abkommen, die die BRD insbesondere mit Frankreich geschlossen hat) ermöglicht es, die gewünschte Situation ohne Schaden für die Sache zu beschreiben, in einem für die Deutschen nicht diskriminierenden Stil zu fixieren und so zu verhindern, dass es zu einem neuen ›Versailles-Syndrom‹ kommt.

So könnte zum Beispiel dem Dokument das Prinzip des Verzichts auf Gewalt als Mittel nationaler Politik zugrunde gelegt werden. Dies könnte man ergänzen durch die Verpflichtung, keine Nutzung deutschen Territoriums durch Drittstaaten oder Staatengruppen für eine Politik der Stärke – gegen wen auch immer – innerhalb und außerhalb Europas zuzulassen. Bei einer solchen Konstruktion wären die sowjetischen Interessen entsprechend juristisch geschützt.

Weiter. Als ersten Schritt zur Erfüllung der Verpflichtung über den Verzicht auf Gewalt und auf die Nutzung deutschen Territoriums für die militärische Bedrohung anderer könnte man die Angleichung des Militarisierungsniveaus Deutschlands zumindest an den europäischen Durchschnitt vorsehen (heute ist es um ein Vielfaches höher). In den folgenden Etappen könnte Deutschland dann bei Tempo und Umfang der Maßnahmen zur Abrüstung und Rüstungskontrolle sowie beim Aufbau eines gesamteuropäischen Sicherheitssystems tonangebend sein.

Die heute gültigen Verpflichtungen von BRD und DDR über den Verzicht auf Produktion und Besitz von ABC-Waffen sollten sich in den neuen Dokumenten umfassender (nach japanischem Vorbild – keine Produktion, kein Besitz und keine Einfuhr solcher Waffen) niederschlagen. Außerdem sollte der Verzicht auf Arbeiten zur Entwicklung oder Beschaffung von Massenvernichtungswaffen, die auf neuen physikalischen Prinzipien beruhen, festgeschrieben werden.

In engstem Zusammenhang mit den einseitigen militärischen Verpflichtungen Deutschlands, die bei einer Friedensregelung zu fixieren sind, steht das Problem von Deutschlands militärischem Status überhaupt. Überlegungen dazu finden Sie in Punkt 2. Hier sei nur erwähnt, dass der Friedensvertrag unsere einzige Chance ist, die Vereinigung Deutschlands mit dem gesamteuropäischen Prozess zu verknüpfen, obwohl beide zeitlich getrennt voneinander ablaufen werden, und das offenbar mit großem Abstand.

Die Grenzfrage erfordert strikte rechtliche Festlegungen. Deutschlands Verpflichtungen dürfen auf keinen Fall die Form einer einseitigen Deklaration beziehungsweise eines Verweises auf bereits früher abgeschlossene oder künftig mögliche Regelungen annehmen. Die Frage der Anerkennung eines Rechtes der Deutschen auf ›friedliche territoriale Veränderungen‹ ist mit Vorsicht zu behandeln. Die gegenwärtigen Erfahrungen im Falle der DDR zeigen, wohin das führen kann. Es ist nicht ausgeschlossen, dass die Deutschen ihre ›ehemaligen‹ Gebiete von den Polen und nicht nur von ihnen ›kaufen‹ oder ›auslösen‹, besonders wenn das Problem der nationalstaatlichen Grenzen bei der Integration wirtschaftlicher und anderer Strukturen in den Augen der Öffentlichkeit an Bedeutung verliert.

Die übrigen Probleme der Friedensregelung, zum Beispiel die wirtschaftlichen, sind leichter zu lösen. Hier wird es höchstens Streit darum geben, wie heute eine Entschädigung für die Kriegsereignisse gestaltet sein könnte und müsste. Ein besonderes Thema sind die wirtschaftlichen Interessen der UdSSR nach den multilateralen und bilateralen Verträgen mit der DDR. Sie werden in Punkt 4 behandelt.

Ein weiteres Argument zugunsten einer vollwertigen Friedensregelung: Nehmen wir an, die Wiedervereinigung Deutschlands vollzieht sich als wirkliche Vereinigung zweier Staaten und nicht als Einverleibung des kleineren durch den größeren. Selbst in diesem Falle entstünden Asymmetrien bei der Berücksichtigung der Interessen der Vier Mächte, es sei denn, wir forderten, dass Deutschland nicht mehr dem ›Gemeinsamen Markt‹ angehören soll oder Ähnliches.

Die Realität ist aber so, dass die Versuche der drei Mächte und der BRD, sich einer Friedensregelung zu entziehen, nichts anderes bedeuten als ihre Absicht, die Rechte der Sowjetunion als Siegermacht, als Architekt und Verbündeter der DDR aufzuheben, während die USA, England und Frankreich ein gewichtiges Paket ›originärer Rechte‹ behalten sollen, die in den Bonner Vertrag von 1952 (mit den Abänderungen von 1954) und in andere Abkommen mit der BRD eingegangen sind.

Es ist durchaus wahrscheinlich, dass Washington, London und Paris angesichts der ›Unnachgiebigkeit‹ der UdSSR ihrerseits ›Großmut‹ demonstrieren wollen und deshalb die Bereitschaft erklären, ihre Sonderrechte und zahlreichen Vorbehalte gegen die Souveränität der BRD außer Kraft zu setzen. Das ergäbe eine juristische Fiktion, denn die Einschränkungen der Souveränität der Deutschen haben längst in die Strukturen der NATO, des ›Gemeinsamen Marktes‹ und der militärisch-politischen Organisationen Westeuropas Eingang gefunden. Eine Revision aller in über 40 Jahren entstandenen Beziehungen und Verhältnisse wäre aber noch komplizierter als die Wiederherstellung eines einheitlichen Deutschlands.

Womit könnte die Sowjetunion auf eine solche formale ›Großmut‹ des Westens reagieren? Sie könnte sicherlich den Entwurf eines Friedensvertrages (einer ›Friedensakte‹) vorlegen, der für die breite Masse der Deutschen und die Geschäftsleute maximal günstig gestaltet wäre. Sie könnte im Namen einer vollständigen und endgültigen Aussöhnung unserer Völker vorschlagen, diesen Vertrag (diese Akte) nur mit uns zu unterzeichnen. Bereits 1952 fand der Gedanke eines Friedensvertrages mit dem einheitlichen Deutschland in den Herzen und Hirnen der Deutschen großen Widerhall. Heute sollte es eigentlich denen, die eine Ablösung der zeitweiligen Regelungen in Europa durch permanente nicht wollen, noch schwerer fallen, einen solchen Vorschlag zurückzuweisen.

2. Der militärische Status des einheitlichen Deutschlands
Wie es aussieht, ist der Westen dazu entschlossen, uns hier das Hauptgefecht zu liefern. Nach anfänglicher Verwirrung, da einzelne nicht unattraktive Ideen geäußert wurden (Austritt der BRD aus der Militärorganisation der NATO; gleichzeitige Mitgliedschaft Deutschlands in NATO und Warschauer Vertrag; raschere Schritte zur Rüstungsbeschränkung auf deutschem Territorium als im übrigen Europa; die Möglichkeit einer teilweisen Entnuklearisierung Deutschlands und anderes), zeigt sich jetzt von Woche zu Woche eine Verhärtung der Positionen der USA und der BRD sowie der Führung des atlantischen Blocks.

Genscher spricht immer noch ab und zu von einer forcierten Entwicklung hin zur kollektiven Sicherheit in Europa, in der ›NATO und Warschauer Vertrag aufgehen‹ sollen. Von ihm stammt auch die Aussage, dass die Abrüstung zum ›Kern‹ des gesamteuropäischen Prozesses werden soll. Aber auf Genscher hört außer den westdeutschen Sozialdemokraten und linken Parteien in einigen Staaten des ›Gemeinsamen Marktes‹ kaum noch jemand.

Jetzt wird darüber geredet, dass Deutschland ein ›vollwertiges‹ NATO-Mitglied sein muss. Man weist jeden Gedanken von sich, dass das Territorium Deutschlands aus der Infrastruktur des Blockes ausscheiden könnte. Während man früher in der Propaganda die ›Kontrolle‹ über das künftige einheitliche Deutschland betonte, wird jetzt darauf verwiesen, dass das Bündnis als ›Faktor der Stabilität‹ in Europa funktionsfähig gehalten werden müsse. Noch vor kurzem nannte man Deutschlands Mitgliedschaft in der NATO eine ›Zwischenvariante‹. Seit einiger Zeit wird sie jedoch als langfristige Regelung dargeboten. Versuchte man noch bis zum März dieses Jahres den Preis für das ›Zugeständnis‹ der Nichtausdehnung der NATO auf das Territorium der DDR hochzutreiben, so heißt es etwa seit einem Monat in NATO-Kreisen, eine derartige Verpflichtung sei in ›Krisensituationen‹ gar nicht anwendbar.

Beim Treffen George Bushs und Margaret Thatchers auf den Bermudas wurde die NATO-Mitgliedschaft Deutschlands als Voraussetzung für den Erhalt des Nordatlantikpaktes dargestellt.

Der Gedanke einer militärischen Neutralisierung Deutschlands wird aus ganz utilitaristischen Gründen abgelehnt: Der Nordatlantikpakt war von Anfang an auf der Nutzung des deutschen Territoriums nach der amerikanischen Militärdoktrin der ›Vorneverteidigung‹ aufgebaut, was die Beteiligung der BRD an der Realisierung dieser Doktrin erforderte. Wie es in einem bis vor kurzem geheimen Dokument der britischen Regierung von 1953 heißt, hätte die Annahme des Vorschlages über die Neutralisierung Deutschlands bedeutet, zur Politik von Potsdam, das heißt zur Kontrolle des entmilitarisierten Deutschlands gemeinsam mit der UdSSR, zurückzukehren, die die drei Mächte offiziell im Jahre 1947 (das heißt vor den Ereignissen in der Tschechoslowakei vom Februar 1948 und vor der Berlin-Blockade) aufgegeben hatten.

Das Entscheidende an dieser Gleichung ist nicht die Neutralisierung, sondern die Entmilitarisierung. Mehr noch. Die negative Reaktion der USA und der BRD auf die Hypothese von einer gleichzeitigen Mitgliedschaft des vereinigten Deutschland in NATO und Warschauer Vertrag kann ein Anzeichen dafür sein, dass der Westen in diesem Spiel den Einsatz erhöhen will. Beim Treffen von Bush und Thatcher auf den Bermudas wurde erklärt, das vereinigte Deutschland müsse ›volle Kontrolle über sein gesamtes Territorium ohne irgendwelche diskriminierenden Beschränkungen der deutschen Souveränität‹ haben. Nach den Worten Fitzwaters[17] *käme eine gleichzeitige Mitgliedschaft des einheitlichen Deutschland in beiden Gruppierungen einer ›Neutralisierung‹ gleich. Genauso ist das heute allerdings.* Die Verlockung, das Gleichgewicht zum eigenen Nutzen zu verändern, trübt offenbar den Blick und lässt manchen die gesamteuropäischen Vorhaben platonischer betrachten.

Was die auf dem Territorium der DDR stationierten sowjetischen Truppen betrifft, so möchte man deren Verbleib auf das reduzieren, was für eine Verlegung technisch notwendig ist.

Es wird fieberhaft daran gearbeitet, nicht nur für die Pläne der NATO gegenüber Deutschland und dem Warschauer Vertrag den Boden zu bereiten, sondern bereits jetzt die Lage eigenmächtig zu verändern und damit die Möglichkeiten der UdSSR zur Gegenwehr einzuschränken. Signale in dieser Richtung sind die Erklärung der neugewählten Volkskammer der DDR zugunsten einer Mitgliedschaft Deutschlands in der NATO und frühere *analoge Erklärungen Polens, Ungarns und der Tschechoslowakei.* Seit dem 1. Januar 1990 hat eine staatliche Behörde der DDR zur Nutzung des Luftraums der Republik ohne Absprache mit uns ihre Tätigkeit aufgenommen. Die Westgruppe unserer Truppen wurde aufgefordert, einen ›Beobachter‹ dorthin zu entsenden. Vor einigen Tagen hat die Nationale Volksarmee der DDR ihre Mitwirkung am Dienst habenden System der Luftabwehr im Interesse des Warschauer Vertrages faktisch eingestellt.

Die sowjetisch-amerikanische Übereinkunft über Höchstgrenzen für die Truppen der UdSSR und der USA in Mitteleuropa (sowie die amerikanischen Truppen in anderen Teilen Europas) wird ausgehöhlt. Diejenigen Kreise, die den Druck auf die UdSSR erhöhen möchten, sehen einen ›Mangel‹ der Vereinbarung darin, dass beide Mächte hinsichtlich der Stationierung ihrer Truppen in Deutschland auf eine Stufe gestellt werden. In diesen Kreisen kursiert die Meinung, die USA hätten unvorsichtigerweise einen für sie ›ungünstigen‹ Zusammenhang hergestellt, den man so schnell wie möglich wieder aufheben sollte.

Die größten Hoffnungen setzen die BRD und ihre Partner darauf, Artikel 23 des Bonner Grundgesetzes auf die DDR auszudehnen. Das hieße, dass auf der politischen Karte Europas eine erweiterte Neuauflage der BRD mit dem gesamten Erbe des ›Kalten Krieges‹ entsteht.

Haben wir noch Reserven zur Verfügung, um den Kampf für die gesamteuropäische Variante einer langfristigen Lösung zu verstärken? Seit das SED-Regime in der DDR zusammenbrach, ist die Europapolitik der UdSSR, insgesamt gesehen, in eine Phase des Nachdenkens und der Selbstanalyse, um nicht zu sagen, der Depression geraten. Der Westen versucht, uns zu überfahren – er verspricht, die Interessen der UdSSR zu respektieren, aber in der Praxis versucht er, unser Land Schritt für Schritt vom ›traditionellen Europa‹ abzudrängen. Wenn man eine Zwischenbilanz dieses vergangenen halben Jahres ziehen will, dann muss man feststellen, dass das ›gemeinsame Haus Europa‹ aus einer konkreten Aufgabe, an der, wie wir dachten, die Staaten des Kontinents arbeiten, zu einem Trugbild geworden ist.

Die Schlussfolgerung ergibt sich eigentlich von selbst: Wir müssen alles in die Waagschale werfen, um den Europäern und insbesondere den Deutschen klarzumachen, dass ihre Hoffnungen wieder verraten werden können. Statt eines stabilen Europa mit Garantien für eine friedliche Zukunft und gegenseitig vorteilhafte Zusammenarbeit in den verschiedensten Bereichen versuchen die Apologeten des ›Kalten Krieges‹, eine Umgruppierung der Kräfte durchzusetzen, um ihre Konfrontationspolitik weiterführen zu können.

Damit man uns glaubt und uns versteht, müsste man einige Klammern öffnen und die Linie der USA bei den Verhandlungen in Genf und Wien kritisch einschätzen, besonders ihre hartnäckige Weigerung, gleiche Standards anzuerkennen, ihre Versuche, die Materie künstlich auseinanderzureißen, um nicht Verpflichtungen übernehmen zu müssen, die das Gleichgewicht der Interessen beider Mächte nicht verletzen. Die sowjetische Seite hat Washington mit ihrer Flexibilität, ihrem guten Willen und ihrer Nachgiebigkeit verwöhnt. Die Amerikaner ziehen aus unserer konstruktiven Haltung meist Schlüsse, die das genaue Gegenteil von dem sind, was die UdSSR, die sich von gesundem Menschenverstand und elementarem Anstand leiten lässt, zu Recht erwarten könnte.

Eine weitere unbedingte Voraussetzung für Erfolg ist Festigkeit. Bei all unserer Flexibilität in den Verhandlungen muss die westliche Seite ständig spüren, wo die Grenze ist, die die UdSSR nicht überschreiten wird, auch wenn man versucht, massiven Druck auf sie auszuüben.

Für die wirksamste Form solchen Drucks hält man das Aufhetzen zu Bekundungen des ›Volkswillens‹ und das Erzeugen einer Atmosphäre der Intoleranz um die sowjetischen Truppen in der DDR. Angesichts dessen ist es dringend notwendig, der Bevölkerung beider deutscher Staaten und ganz Europas das Wesen unserer Konzeption einer europäischen Friedensregelung zu erläutern, die den Kontinent von allen Arten operativ-taktischer Atomwaffen befreien und die ganze Region entmilitarisieren soll. Natürlich müssen wir zugleich die Vorteile aufzeigen, die sich ergeben, wenn die Teilung Europas in einander feindselig gegenüberstehende Militärblöcke und voneinander entfremdete Wirtschaftslager überwunden wird. Mit anderen Worten, wir sollten in allen Bereichen viel aktiver für das ›europäische Haus‹ werben und dabei besonders hervorheben, wie eng die Überwindung der Spaltung Deutschlands und der Spaltung Europas miteinander zusammenhängen.

Je nachdem, wie die Öffentlichkeit reagiert, sollte man abwägen, ob es zweckmäßig ist, in Deutschland ein Referendum zur Frage – gesamteuropäisches Sicherheitssystem oder NATO-Mitgliedschaft – durchzuführen. Wenn unsere Sondierungen zeigen, dass ein Ausgang des Referendums in unserem Sinne wenig wahrscheinlich wäre, sollten wir alles auf den Friedensvertrag konzentrieren und dabei daran denken, dass die Deutschen bis zu seinem Abschluss nur ein begrenztes Selbstbestimmungsrecht haben und die Festlegung des künftigen militärischen Status Deutschlands ein Vorrecht der Mächte bleibt, die die bedingungslose Kapitulation entgegengenommen haben.

Im äußersten Falle – eher, um die Scheinheiligkeit des Westens zu demonstrieren, der dieses Modell ohnehin nicht annehmen wird – könnte man auch ins Auge fassen, dass das vereinigte Deutschland in der Übergangszeit bis zum Aufbau eines europäischen Sicherheitssystems den vorhandenen Militärblöcken angehören darf. Dabei müssten jedoch folgende Voraussetzungen strikt eingehalten werden:

a) Die Festlegungen des Friedensvertrages.

b) Deutschland gehört nicht den integrierten Strukturen dieser Bündnisse an und stellt ihnen sein Territorium nicht für Handlungen zur Verfügung, die mit der unmittelbaren Verteidigung Deutschlands nichts zu tun haben.

c) Auf deutschem Territorium werden keine Massenvernichtungswaffen stationiert, es werden keine Serviceleistungen für Technik und Kampfeinheiten beliebiger Staatszugehörigkeit erbracht, die Aufgaben blockumfassenden, regionalen oder globalen Charakters erfüllen.

d) Die Mitgliedschaft in einem der Bündnisse schließt die parallele Mitgliedschaft in dem anderen Bündnis, dem der jeweilige deutsche Staat vor der Vereinigung angehörte, nicht aus. Wenn Deutschland es vorziehen sollte, einem der Bündnisse anzugehören, dann darf das Territorium (der Luftraum eingeschlossen), das zuvor im Bereich des anderen Bündnisses lag, unter keinen Umständen, auch nicht in Krisensituationen, für die Stationierung von Streitkräften des Bündnisses, dem Deutschland nun beigetreten ist, oder für andere Interessen dieses Bündnisses genutzt werden.

e) Die sowjetischen Truppen verbleiben so lange auf dem gegenwärtigen Gebiet der DDR, wie es die UdSSR im eigenen Interesse für notwendig hält, da auf dem gegenwärtigen Territorium der BRD ausländische Truppen stehen und noch keine gesamteuropäischen Sicherheitsstrukturen existieren. Wenn die UdSSR zu dem Schluss kommt, dass für den weiteren Verbleib ihrer Truppen in dem genannten Gebiet keine Notwendigkeit mehr besteht, behält sie nach deren Abzug das Recht, zur Kontrolle der Einhaltung der in Unterpunkt d) getroffenen Festlegungen dort Personal zu unterhalten.

3. Vereinigung der beiden deutschen Staaten oder Anschluss des einen an den anderen?
Die Verhandlungsformel ›2 + 4‹ hat bisher keine Dynamik gewonnen und übt keinen Einfluss auf die Prozesse des praktischen Zusammenwachsens der DDR und der BRD aus. Den Westdeutschen ist es in nicht geringem Maße gelungen, der neuen DDR-Führung ihre Sicht aufzudrängen. Letztere verhält sich zuweilen so, als sei die Republik aller internationalen Verpflichtungen gegenüber der UdSSR ledig.

Es ist paradox – nicht nur der Westen, sondern auch unser Verbündeter versucht, die Sowjetunion davon zu überzeugen, dass das vereinigte Deutschland der NATO beitreten müsse, dass ein Friedensvertrag nicht notwendig sei und Artikel 23 des Grundgesetzes der BRD eigentlich der logischste Weg zur

Überwindung der Spaltung des Landes wäre. Man suggeriert uns, dass wir aus pragmatischen Überlegungen keine Einwände gegen die von Bonn vorgetragenen und von der NATO unterstützten Forderungen erheben, sondern schlicht eine für die UdSSR ›annehmbare‹ Realisierung anstreben sollten.

Die sowjetische Seite hat schon beträchtlich an Boden verloren, weil sie nicht offengelegt hat, welche Folgen es für die Deutschen und die internationalen Beziehungen insgesamt haben kann, wenn unsere berechtigten Einwände gegen bestimmte Positionen ignoriert werden. Wenn die UdSSR zum Beispiel die Warnung aussprüche, dass die Einverleibung der DDR in die BRD nach Artikel 23 des Bonner Grundgesetzes als Aggression eines NATO-Staates gegen einen Staat des Warschauer Vertrages und als Verletzung grundlegender Rechte der Sowjetunion betrachtet wird, dann würde man in Bonn, und nicht nur dort, vielleicht darüber nachdenken, ob man den Bogen überspannen sollte. Wenn wir erklärten, dass ohne Friedensvertrag unsere Rechte als Siegermacht in vollem Umfang erhalten bleiben, dann brächte das viele zur Vernunft und regte die Deutschen dazu an, nicht hinter dem Rücken der UdSSR, sondern gemeinsam mit ihr nach Lösungen zu suchen.

Unsere Freunde in beiden deutschen Staaten desorientiert das, was sie als sowjetische Nachgiebigkeit oder mangelnde Bereitschaft sehen, rechtlich gesicherte Positionen zu verteidigen. Die Sowjetunion hätte wenigstens in Berlin, wo die Rechtsschutzorgane der DDR die Kontrolle über die Entwicklung verloren haben, längst Flagge zeigen sollen. Die drei Westmächte denken darüber nach, wie sie ihren Verbleib in West-Berlin *auch nach* der Vereinigung Deutschlands verlängern können. Dabei erwägen sie, ob man nicht die ›zeitweilige‹ Stationierung sowjetischer Truppen auf dem Gebiet der DDR dafür zum Anlass nehmen könnte. Vielleicht sollte man angesichts der Lähmung der Staatsorgane der DDR und angesichts dessen, dass die Nachfolger der vorherigen Macht das Mandat vergessen haben, das vor 40 Jahren die Basis für die Gründung der Republik war, die sowjetische Militäradministration in Ost-Berlin (natürlich ›*zeitweilig*‹) etwa zu den Bedingungen wiederherstellen, die für die entsprechenden Organe in den Westsektoren gelten? Das könnte als Warnung gegen die Spiele mit Artikel 23 und als Hinweis darauf geschehen, dass die Rechte der Sowjetunion eine Tatsache sind, an der nicht zu rütteln ist.

Die Sowjetunion kann das Grundgesetz der BRD nicht als rechtliche Basis ständiger oder provisorischer Regelungen für Deutschland akzeptieren. Diesem liegen pangermanische Ansprüche zugrunde (das Reich ›in den Grenzen von 1937‹, das Recht, im Namen ›aller Deutschen‹ zu sprechen, auch derjenigen, die außerhalb Deutschlands leben); es lässt keine Wahl des Gesellschaftssystems zu (was als Vorwand für das KPD-Verbot diente); in ihm werden die Bestimmungen von Potsdam über die Demokratisierung, Entnazifizierung und Entmilitarisierung Deutschlands missachtet. Um als Diskussionsgrundlage zu dienen, müsste das Grundgesetz der BRD also vorher von allen Ablagerungen des ›Kalten Krieges‹ und des Revanchismus gereinigt werden. Das ergäbe aber, im Grunde genommen, eine neue Verfassung.

Hier sei darauf hingewiesen, dass die wichtigsten wirtschaftlichen, finanziellen, sozialen und anderen Maßnahmen, deren rascher Realisierung die Führungen der BRD und der DDR, wie sie erklären, große Bedeutung beimessen, keinen direkten und unlösbaren Zusammenhang zur Vereinigung nach Artikel 23 aufweisen. Ihrer Durchführung stand weder unter der Regierung Modrow noch steht ihr unter der Regierung de Maizière etwas im Wege. Kohl manövriert, er will die angespannte Wirtschaftslage der DDR, die in vieler Hinsicht nicht ohne Mitwirkung Bonns künstlich geschaffen wurde, nutzen, um Lösungen durchzusetzen, die über die eigentliche Vereinigung der beiden deutschen Staaten hinausgehen.

4. Zu den wirtschaftlichen Interessen der UdSSR *bei der Vereinigung Deutschlands*

Diese Frage hat vor allem mit den bilateralen Beziehungen zwischen der Sowjetunion und dem künftigen einheitlichen Deutschland zu tun und wird in den 2+4-Verhandlungen kaum einen wesentlichen Platz einnehmen. Trotzdem ist ihre Bedeutung für uns kaum zu überschätzen Die UdSSR ist mit der DDR durch Tausende Verträge verbunden. Einige sind bis ins 21. Jahrhundert hinein gültig.

Eine Vereinigung nach Artikel 23 bedeutete, dass die DDR formal von diesen Verpflichtungen entbunden wird. In Bonn schließt man nicht aus, dass es die UdSSR ohne eine annehmbare Lösung ablehnen könnte, über die äußeren Aspekte der Vereinigung Deutschlands auch nur zu diskutieren. Zugleich hat es die BRD nicht eilig, Garantien dafür zu geben, dass Kohls Worte bei der Begegnung in Moskau – ›es wird alles in Ordnung gehen‹ – nicht nur Worte bleiben.

Das Vordringen des westdeutschen Privatkapitals in die Wirtschaft der DDR verheißt bereits jetzt radikale Veränderungen. Ein Teil der Betriebe – Hauptlieferanten der Sowjetunion – soll geschlossen oder auf neue Erzeugnisse umgestellt werden. Die Versprechungen des Kanzlers sind für sie in keiner Weise bindend. Auf der Tagesordnung steht die Veränderung der Bedingungen und Verfahren bei den gegenseitigen Verrechnungen.

Der neue Ministerpräsident der DDR, Lothar de Maizière, spricht sich in allgemeiner Form für die Beibehaltung der gegenwärtigen Regeln aus. Er sorgt sich vor allem darum, dass der Strom von Energie und Rohstoffen aus der UdSSR nicht versiegt, solange die DDR ihren Kuhhandel mit der BRD nicht unter Dach und Fach hat. Auch die Westdeutschen sind nicht daran interessiert, dass die Mechanismen unseres Wirtschaftsaustausches mit der DDR sofort zerschlagen werden. Dies umso mehr, als die Umstellung des Warenaustausches auf frei konvertierbare Devisen für die Deutschen nicht zum Nachteil sein wird.

Der Objektivität halber sei angemerkt, dass Bonn die sowjetische Seite mehrfach darum gebeten hat, für den Fall der Vereinigung Deutschlands eine detaillierte Aufstellung unserer wirtschaftlichen Wünsche und Forderungen ›zur Prüfung‹ vorzulegen. Das ist bisher nicht geschehen, und bei Komplikationen in naher Zukunft werden die Deutschen nicht darauf verzichten, uns dieses Versäumnis vorzuhalten.

Schließlich wäre es zweckmäßig, zu den Fragen der Finanzierung des Unterhalts der sowjetischen Truppen in der DDR nach Einführung der westdeutschen Währung mit der BRD bereits jetzt, das heißt, vorausschauend, vertraulichen Kontakt aufzunehmen. Es gibt Informationen darüber, dass Bonn bereit wäre, uns hier entgegenzukommen, allerdings in ›verdeckter Form‹. Eine direkte Kompensation der sowjetischen Ausgaben könnte bei den Amerikanern, die in der BRD keinen solchen Vorteil genießen, Unmut auslösen.

V. F., 18. 4. 1990«

Kein Wort ist verändert worden. Alles blieb, wie es vor sieben Jahren geschrieben wurde. Die Sprache ist nicht verzärtelt, die Kritik dem Tadel angenähert, das Thema der sowjetischen Interessen hervorgehoben. Wenn man sich hineinliest, bleibt offen, wer eine schärfere Rüge erhält – die westlichen oder die sowjetischen Vertreter. Fast jeder Absatz enthält die Mahnung vor dem, was geschehen könnte, wenn wir uns weiter am Nasenring führen lassen, wenn die Gesetzesakte, in denen die Rechte der Sowjetunion beschrieben und fixiert sind, weiter auf den Regalen verstauben und wir mit unseren Interessen so sorglos umgehen wie bisher.

Ich versuchte, Gorbatschow vor Augen zu führen, dass die Einverleibung des DDR-Gebietes in den Geltungsbereich der NATO lediglich eine Zwischenstation bei der Ausdehnung des Nordatlantikblocks nach Osten sein werde. Drei Interessenten hatten sich bereits gemeldet. Weitere würden nicht auf sich warten lassen. Ein anderer Schreibstil hätte keinerlei Wirkung mehr gehabt. Die Zeit der indirekten Formulierungen war vorüber.

Wenn die Sprache Politikern und Diplomaten nicht nur gegeben ist, um ihre Gedanken zu verbergen, dann hinterließ die Denkschrift bei Michail Gorbatschow eine gewisse Spur. Dies behaupte ich nach meinen Gesprächen mit ihm vor und während des Besuches des sowjetischen Präsidenten in den USA.

In der Plenarsitzung beider Delegationen forderte er sicher nicht zufällig mich auf, George Bush, James Baker und den anderen Offiziellen der USA die Position der UdSSR zur NATO-Mitgliedschaft des vereinigten Deutschlands darzulegen. Nachdem ich das – mit den geziemenden Worten, aber im Geiste meiner Denkschrift – getan hatte, sagte Gorbatschow zu mir:

»Wir hatten beide recht, dass wir nicht auf Eduard (Schewardnadse) gehört haben. Es ist schwer zu kalkulieren, was es konkret wird, aber bei den Amerikanern gibt's Reservevarianten oder auch Varianten zur Mitgliedschaft Deutschlands in der NATO.«

Es muss etwas Außergewöhnliches geschehen sein, das Gorbatschow wenige Stunden später dazu brachte, den Vorhaltungen George Bushs nachzugeben. Sicher lag das nicht an der berauschenden Luft von Camp David.

Woran es wirklich lag, darüber kursierten in den Kremlkorridoren mehrere Varianten. Einige meinten, die USA hätten versprochen, der Sowjetunion eine längere Atempause zu gewähren, damit sie nach dem Ausscheiden der DDR den Warschauer Vertrag reorganisieren und ihr Verhältnis zu den anderen Verbündeten konstruktiv umgestalten könnte. Außerdem sollte Gorbatschow umfangreiche Hilfe für die Normalisierung der inneren Lage in der Sowjetunion erhalten. Andere vermuteten, die amerikanische Seite habe massiven Druck ausgeübt: Wenn die UdSSR bei ihrer NATO-ablehnenden Position bleibe, werde es keine Vereinbarung der Vier Mächte geben. Der Prozess der Vereinigung Deutschlands habe inzwischen seine eigene Dynamik gewonnen, nichts und niemand könne den Beitritt der DDR zur BRD noch aufhalten. Gewaltanwendung war ausgeschlossen, denn diese hätte eine Katastrophe bedeutet. Die Sowjetunion sollte sich entscheiden, was ihr vorteilhafter erschien – ein ehrenhafter Abzug aus Deutschland auf der Grundlage von Vereinbarungen, die ihr eine gewisse Befriedigung versprachen, oder eine für ihr Ansehen verletzende Räumung der Positionen ohne jeden Ausgleich.

Es bestanden verschiedene Kanäle, auf denen beide Versionen oder deren Varianten Michail Gorbatschow zugeführt werden konnten. George Bush und James Baker mussten dafür nicht unbedingt das diplomatische Parkett verlassen. Die Faust konnte man auch in einen Glacéhandschuh stecken und sich dann liebenswürdig erkundigen, weshalb der Gast so nachdenklich geworden sei.

Was mag den führenden Mann der Sowjetunion stärker beeindruckt haben – das Zuckerbrot (das Versprechen, für die Zusammenarbeit mit der UdSSR »in allen Bereichen« grünes Licht zu geben) oder die Peitsche (die Drohung, die Lage in Europa auch gegen die Sowjetunion von Grund auf zu verändern, da »niemand imstande sei, den Vereinigungsprozess zu bremsen«)?[18]

Die Antwort kann nur Michail Gorbatschow selbst geben. Klar ist eines: In Camp David wies George Bush alle seine Versuche zurück, die NATO-Mitgliedschaft des vereinigten Deutschlands mit der Umwandlung der Militärblöcke in politische Bündnisse und der Anbahnung konstruktiver Beziehungen zwischen ihnen zu verbinden. (Der Meinungsaustausch zwischen James Baker und Eduard Schewardnadse darüber, ob zwischen NATO und Warschauer Vertrag eine Art politischer Vertrag geschlossen werden könnte, zählt hier nicht, denn die amerikanische Seite hatte aus verschiedenen Gründen nicht vor, einen Konsens zu erzielen.)

Der amerikanische Präsident reagierte nicht auf die Idee, NATO und Warschauer Vertrag in den gesamteuropäischen Prozess und die Wiener Verhandlungen über die Reduzierung der Streitkräfte und Rüstungen auf dem Kontinent zu integrieren. Wie ein Ertrinkender klammerte sich Gorbatschow an den Strohhalm einer rhetorischen Floskel des amerikanischen Präsidenten: »Wenn Deutschland nicht in der NATO bleiben will, steht es ihm frei, einen anderen Weg zu wählen.«

»Sucht, und ihr werdet finden«, heißt es in der Bibel. Für Gorbatschow lag die »Lösung« in der Erklärung: »Die USA plädieren eindeutig für die Mitgliedschaft des vereinten Deutschlands in der NATO, wenn Deutschland jedoch eine andere Wahl trifft, werden die USA nicht dagegen einschreiten, sondern diese respektieren.«

Im Gespräch mit mir am nächsten Morgen klagte Gorbatschow: Demokrat zu sein sei kein billiges Geschäft, aber wer A gesagt habe, müsse auch B sagen. Er fragte nach, ob es richtig sei, dass der Schlussakte von Helsinki ein Brief mit der Klausel beigefügt wurde, nach der Vereinigung würden die Deutschen über die Frage ihrer Bündniszugehörigkeit selbst entscheiden? Was hatte es noch für einen Sinn, ihm zu erläutern, dass diese Klausel der Bundesrepublik juristisch nicht einwandfrei war? Der Präsident der UdSSR hatte sie auf seiner Pressekonferenz am Abend zuvor doch bereits akzeptiert.

Die Lösung der »äußeren Aspekte« einer endgültigen Nachkriegsregelung lief praktisch darauf hinaus, dass die NATO ihren Geltungsbereich über die Elbe ausdehnte. Nachdem Michail Gorbatschow die Zustimmung zum »freiwilligen Abzug aus Deutschland« abgerungen war, wobei das Wort »freiwillig« lediglich den unangenehmeren Begriff »bedingungslos« ersetzte, überlegte George Bush, welche Belohnung der Westen sich für die traurige Arbeit der Vorreiter der Perestroika abringen könnte. Um es mit den Worten Hans-Dietrich Genschers zu sagen, musste man dem sowjetischen Präsidenten und seinem Außenminister »etwas bieten«, denn zu Hause würde man ihnen beileibe nicht nur Lorbeerkränze flechten.

Die Frühjahrstagung des NATO-Rates in Turnberry am 8. Juni 1990 signalisierte dem Warschauer Vertrag Berechenbarkeit, gegenseitiges Vertrauen und erhöhte Sicherheit.[19]

Im offiziellen Kommuniqué hieß es in hochtrabenden Worten: »Wir, die Außenminister der Allianz, bekunden unsere Entschlossenheit, die historische Chance zu ergreifen, die sich aus den grundlegenden Veränderungen in Europa ergibt, um eine neue europäische Friedensordnung zu schaffen, gegründet auf Freiheit, Recht und Demokratie. In diesem Geiste reichen wir der Sowjetunion und allen anderen europäischen Ländern die Hand zu Freundschaft und Zusammenarbeit.«

Merkwürdig, dass auf analoge Signale, ebenso blumig formuliert, die der Warschauer Vertrag jahrelang an die NATO sandte, in der Regel nicht einmal eine formale Empfangsbestätigung folgte. Selbst die neue Doktrin des Warschauer Vertrages von 1987 wurde lediglich zur Prüfung entgegengenommen. Diese Prüfung dauerte, bis der Warschauer Vertrag und die Sowjetunion von der Bildfläche verschwunden waren.

Bei der Umstellung der Verhandlungsformel auf »2 + 4« und dem »freizügigen« Umgang mit seiner Direktive für das Gespräch mit James Baker kostete der Chef der Sowjetdiplomatie den Genuss, den ein eigenes Arioso in der großen Politik bringt, weidlich aus. Beim Treffen mit seinen Kollegen aus den USA, Großbritannien, Frankreich, der Bundesrepublik Deutschland und der DDR am 5. Mai 1990 in Bonn erklärte Eduard Schewardnadse:

»Nach unserer Vorstellung braucht die Regelung der inneren und äußeren Aspekte der deutschen Einheit nicht unbedingt zeitlich zusammenzufallen. Sie muss auch nicht innerhalb ein und derselben Übergangsperiode vollzogen werden. Selbst nach der Schaffung eines einheitlichen Parlaments und einer Regierung werden für einige Jahre sicherlich noch gewisse Maßnahmen wirksam werden, die mit der Lösung der äußeren Aspekte der Regelung in Zusammenhang stehen.«

Die Zweideutigkeit ist nicht zu übersehen. Der zweite Teil dieser Tirade machte Helmut Kohl stutzig. Der erste Teil erfreute dagegen Hans-Dietrich Genscher. Er interpretierte den Sinn der Worte Eduard Schewardnadses sehr direkt: »Übereinstimmung bestehe (darin, dass) der Prozess der Vereinigung ohne Verzögerung ablaufen solle.«[20] Achten Sie bitte auf die feine Nuance: Die westdeutsche Seite gab zu verstehen, dass die »Regelung der inneren Aspekte der Vereinigung« *bereits stattgefunden hatte* und diese nur noch mit höchstem Tempo umgesetzt zu werden brauchte.

Die Sowjetunion unterzog sich nicht der Mühe, Klarheit zu gewinnen, nach welchen Kriterien man verschiedene Aspekte der Vereinigung als innere oder äußere anzusehen hatte und wo es Schnittpunkte zwischen beiden gab. Moskau weigerte sich, Großbritannien und Frankreich zu assistieren, als diese den Wunsch erkennen ließen, hier ihre Positionen abzustecken. Aber, als die sowjetische Seite sich manche Zweifel erlaubte, was die Erweiterung der NATO anbelangte, so erklärte man Beteiligung oder Nichtbeteiligung Deutschlands an den Militärblöcken zu einer »inneren Angelegenheit« der Deutschen, einem unabdingbaren Attribut der staatlichen Souveränität und Gleichberechtigung.

Ist man aber Mitglied eines Militärpaktes, dann nimmt man unter dieser oder jener Flagge auch an dessen militärischen Operationen teil. Und wenn sich jemand dafür interessiert hätte, worin der höhere Sinn der »uneingeschränkten Souveränität« bestehe, wenn den Deutschen die Verpflichtung auferlegt wurde, diese nach Erhalt sofort langfristig an die NATO zu verpachten, dann hätte man ihm offenbar geantwortet: Wie im römischen Recht das übergeordnete Kriterium für Eigentum das Recht des Eigentümers war, dieses zu vernichten, so schließe auch die »uneingeschränkte« Souveränität das Recht des Souveräns ein, diese nach seinem Gutdünken selbst zu beschneiden.

Das Recht ist ein unergründlicher Sumpf. Solange es einen noch nicht auf seinen Grund gezogen hat, sollte man sich besser nach dem nächsten Ufer umsehen. Das wollen wir tun, nachdem wir eine letzte Frage betrachtet haben.

Es ist gut, dass Deutschland seine Souveränität wiedererlangt hat, die es mit dem verlorenen Krieg einbüßte. Was aber ist mit der Souveränität der Sowjetunion, die beinhaltet, über die eigenen Rechte frei verfügen zu können? Sollte sie diesen Teil ihrer Souveränität für ein schlichtes Dankeschön hergeben oder einwilligen, dass man ihn ihr fortnahm? Diese Rechte seien von der Zeit gelöscht und von der Entwicklung überholt worden ... Versuche einer (...), etwas Ähnliches zur Norm für die Beschneidung der Rechtspositionen der USA, Großbritanniens, Frankreichs oder der BRD zu erklären. Dann bekäme er wohl unzählige Artigkeiten zu hören, die in jugendfreier Sprache nur schwer wiederzugeben sind.

Michail Gorbatschow jedoch zeigte sich geduldig, empörte sich nicht und löckte nicht gegen den Stachel. Hätte sich das Vögelchen nicht gleich fassen lassen, wäre es vielleicht nicht umgekommen.

Wenden wir uns wieder den inneren und äußeren Aspekten der Überwindung der Spaltung Deutschlands zu. Sind Anschluss und Vereinigung identische Begriffe? Wenn ein großer Staat sich einen kleineren einverleibt, wenn die Souveränität eines Staates durch die Ausdehnung der Souveränität eines anderen auf sein Gebiet ausgelöscht wird – was ist das, juristisch gesehen? Wäre es zum Beispiel eine innere Angelegenheit, wenn die Bundesrepublik sich Ostpreußen einverleibte? Das Bonner Grundgesetz enthielt nicht nur Artikel 23, sondern auch den Anspruch auf die Grenzen von 1937. Hans-Dietrich Genscher begriff, wie leicht man hier stolpern konnte. Deshalb betonte er neben der Feststellung, für den »Prozess der Vereinigung« Deutschlands gebe es keine Hindernisse und sollte es keine geben: »Alle teilten die Auffassung, dass die jetzige polnische Westgrenze endgültig sei.«[21] Man hätte einwenden können – ein neues Locarno. Warum nur die Westgrenze und nur diejenige Polens? Oder man hätte daran erinnern können, dass mit »allen« damals nicht der Bundeskanzler gemeint war.

Versetzen wir uns in Michail Gorbatschows Lage. Konnte er überhaupt noch viel tun, wenn sein Standpunkt, wie er ihn im Politbüro oder in Gesprächen mit seinen Beratern darlegte, seit Frühjahr 1990 bei den Treffen der sechs Staaten nur noch entstellt wiedergegeben wurde? Was konnte er auf die Behauptung George Bushs, die Vereinigung sei nicht aufzuhalten, entgegnen, wenn kein anderer als Schewardnadse die letzten Bremsen außer Funktion setzte? Der sowjetische Präsident wagte es nicht einmal zu bemerken, dass es nicht um einen Stopp des Vereinigungsprozesses ging, sondern eine ganz andere Aufgabe auf der Tagesordnung stand – wie man erreichen konnte, dass von den Veränderungen sowohl die Deutschen als auch ihre Nachbarn, ganz Europa und nicht nur Europa gewannen. Es ist nun einmal so, dass der Boss auch die Verantwortung für die Sünden seiner Untergebenen übernehmen muss.

Bei der Begegnung Hans-Dietrich Genschers und Eduard Schewardnadses in Brest am 11. Juni 1990, die der Bonner Minister für die entscheidende Etappe, ja sogar den Durchbruch zu endgültigen Vereinbarungen sieht, wurde beschlossen, den Journalisten nichts über den Inhalt des Dialoges mitzuteilen.[22] Es ist ein besonderes Merkmal Russlands, dass dort Vertraulichkeit oder Geheimniskrämerei bis ins Absurde getrieben wurden und auch heute noch werden.

Der Inhalt von Gorbatschows Gesprächen mit westlichen Partnern, die Niederschriften der Gespräche Eduard Schewardnadses, insbesondere der unter vier Augen, wurden »Außenstehenden« nicht bekannt gegeben. Es war ja auch nicht einfach, die Sentenzen Schewardnadses – selbst auf Papier geschönt und abgestützt – der politischen Führung der Sowjetunion vorzulegen, wenn er sich nicht als Abgesandter der Sowjetunion bewegte, sondern, wie Genscher in seinen Memoiren schreibt, im Kreise der NATO- Vertreter bereits als »einer der ihren« angesehen wurde.[23]

»Außenstehende« waren nun fast alle Mitglieder des Politbüros, der Regierung und die Vorsitzenden der Parlamentsausschüsse. Der Generalstab wurde am kurzen Zügel geführt. Er hatte vor allem Fragen zu beantworten wie: Wie viel Zeit wird mindestens für den Abzug der sowjetischen Truppen aus der DDR und Polen benötigt? Welche technische Hilfe der deutschen Behörden kann dabei notwendig werden? Wie viel kostet die Unterhaltung unserer Militärgruppierung in Deutschland ungefähr, wenn sie schrittweise abgebaut wird? Und so weiter.

Der KGB-Vorsitzende Wladimir Krjutschkow und Verteidigungsminister Dmitri Jasow wurden, wie es so schön heißt, »auf dem Laufenden gehalten«. Jasow fragte mich zuweilen, wie das alles enden sollte. Was konnte ich ihm sagen? Die Internationale Abteilung erhielt seit einiger Zeit zum Thema Deutschland außer Zeitungen und Agenturmeldungen kaum noch Informationen. Jedenfalls nicht auf konventionellen Wegen.

Auf der Zielgeraden, die nach Archys in den Nordkaukasus führte, war es dann wie vor der Landung der Alliierten in der Normandie: Man verhängte eine totale Nachrichtensperre. Die wichtigsten Papiere wechselten nur noch zwischen Horst Teltschik und Anatoli Tschernjajew hin und her. Selbst die Mitarbeiter des Außenministeriums der UdSSR waren hier unerwünscht. Weder der Sicherheitsrat noch der Präsidialrat oder andere beratende, ausführende und gesetzgebende Organe waren an der Erarbeitung der Positionen beteiligt; Direktiventwürfe, wenn es solche überhaupt gab, bekamen sie nicht zu sehen und bestätigten sie nicht.

Aufs Neue wären historische Parallelen angebracht. Aber lassen wir das. Unsere Nachfahren werden alles schon ins Reine bringen.

Hier ist eine Bemerkung von grundsätzlicher Bedeutung angebracht. In den Erinnerungen Helmut Kohls, Hans-Dietrich Genschers und Horst Teltschiks, in zahlreichen Publikationen, die in den USA, in Großbritannien, Frankreich und Russland erschienen sind, taucht immer wieder der Gedanke auf, Michail Gorbatschow und Eduard Schewardnadse seien in der sowjetischen Führung eine Art weißer Raben gewesen, die sich angeblich allein für die Vereinigung Deutschlands, für die Befreiung Mittel- und Osteuropas vom »Diktat Moskaus« eingesetzt hätten. Wenn man die Behauptungen der Memoirenschreiber und vieler anderer für bare Münze nimmt, dann seien alle anderen für die Erhaltung des Status quo gewesen – höchstens mit einigen modischen Schnörkeln an der Fassade.

Daraus folgt der Schluss, den seine Urheber gar nicht oft genug wiederholen können: Man musste die Dinge vorantreiben und die Gunst der Stunde nutzen, denn hätte das Glück Gorbatschow 1990 verlassen, wäre alles verloren gewesen, und die beste Gelegenheit, die es für die Deutschen und die Demokratien je gab, hätte sich schneller verflüchtigt, als sie gekommen war. Wie ein Regentropfen bei glühender Hitze.

Man verzeihe mir den Ausdruck – blanker Unsinn ist das. Ob es nun jemandem gefällt oder nicht, in hohen und höchsten Kreisen der politischen Macht der UdSSR gab es Nuancen und Schattierungen, so viel man wollte. Nach den Klischees der psychologischen Kriegführung hatte die sowjetische »Nomenklatura« eine stumme, gesichtslose Masse mit niederen Reflexen zu sein. Selbst Stalin, wie grausam und raffiniert er auch war, hat meine Landsleute nicht bis zum Letzten auf das Niveau abgerichteter Kampfhunde bringen können. Unmenschen gab es mehr als genug. Sie lösten sich auch mit der Perestroika nicht in Luft auf. Aber in welchem Staate gibt es sie nicht? Der Unterschied besteht nur darin, dass sie im Westen den Kontrast zu den Vorzügen des Systems bilden, im so genannten ehemaligen sozialistischen Osten dagegen die Übel des Systems verkörpern.

Zuweilen verdichteten sich die Nuancen in den Positionen zu konkreten Fragen der Außen- und Verteidigungs-, der Innen- und Wirtschaftspolitik so sehr, dass man Gorbatschows Linie ablehnte und ihm das Misstrauen erklärte. Auf Plenartagungen des ZK kam das vor. Den Präzedenzfall schuf Boris Jelzin. Er fand Nachfolger auf dem rechten und linken Flügel des politischen Spektrums. Ich gebe zu, im Kreise der Gekränkten fielen die Wertungen dann weniger differenziert aus, besonders, wenn man zu den harten Getränken schon nichts mehr zu beißen hatte. Aber alles ist relativ – die Umstürzler der Sowjetzeit hätten es in einem Wettbewerb der Extremisten, die in Präsidentschaftswahlkämpfen, beispielsweise in den USA, zum Einsatz kommen, nicht einmal bis zum Tellerwäscher gebracht.

Die Debatten in den obersten Etagen wurden in moderatem

Ton und, was Deutschland betrifft, meistens in sachlicher Atmosphäre geführt. Die Öffnung der Grenze zwischen den beiden deutschen Staaten und den beiden Teilen Berlins am 9. November 1989 ließ das Problem der Vereinigung in völlig neuem Licht erscheinen. Ungelöst blieb nur noch die Frage, wie diese vollzogen werden sollte, nichts anderes.

In Michail Gorbatschows Position gab es jähe Wendungen. Als er den Boden unter den Füßen verlor, mutierte er zum »Realpolitiker«. Doch Gorbatschow startete als überzeugter Verfechter der »legitimen Rechte und Interessen eines Volkes, das für die Zerschlagung des Faschismus 27 Millionen Menschenleben geopfert hat«. Bis zur Begegnung mit George Bush im Mai/Juni 1990 äußerte er Bedenken und zweifelte möglicherweise tatsächlich daran, dass Eduard Schewardnadses Sicht den Kern der Sache traf. Gewisse Schwankungen in seinem Verhalten waren auch noch in der zweiten Junihälfte zu spüren.

Wir vergewaltigen also die objektiven Tatsachen nicht, wenn wir feststellen, dass der »Demokrat« Michail Gorbatschow im Herbst 1989 und im ersten Halbjahr 1990 den »Konservativen« näherstand als dem »Liberalen« Eduard Schewardnadse. Die »Konservativen« forderten keine »Diskriminierung« beziehungsweise »Singularisierung« Deutschlands. Sie bestanden aber darauf, dass auch die UdSSR nicht diskriminiert werde. Sie stellten nicht das Ziel, die Gleichberechtigung der Deutschen zu beschneiden, waren aber auch nicht einverstanden, dass die Rechte der Sowjetunion mit anderer Elle gemessen wurden. Den »Konservativen« stand nicht der Sinn danach, die Deutschen, was ihre Sicherheit betraf, in einen »minderwertigen« Raum zu stellen, sie hielten aber auch ein Modell für unannehmbar, das der Sowjetunion nur minderwertige Sicherheit zugestand.

Die »Konservativen« hielten eine Konzeption für unbegründet, die davon ausging, dass die Entwicklung über alle früheren Regelungen, an denen die UdSSR beteiligt war, hinweggegangen sei, und für Deutschland nur noch die Verträge Gültigkeit haben sollten, die die Bundesrepublik mit dem Westen abgeschlossen hatte. Sie akzeptierten die Vereinigung Deutschlands, und zwar eine Vereinigung, die sich ohne Wenn und Aber in die Koordinaten des gesamteuropäischen Prozesses einfügte und diesem neue Impulse verlieh. Sie erinnerten daran, dass der Gedanke, eine qualitativ bessere Friedensordnung in Europa zu schaffen, seinerzeit auch der Politik der Bundesrepublik nicht fremd war.

Die Verfechter der NATO-Interessen wollten den Vertretern sowjetischer Interessen keine höhere Note als »konservativ« verleihen. Unterstellen wir einmal, Michail Gorbatschow hätte den Druck Bushs und den Überredungskünsten Kohls widerstanden, Eduard Schewardnadse an die kurze Leine genommen und der NATO-Mitgliedschaft ganz Deutschlands nicht zugestimmt oder durchgesetzt, dass es auf seinem Staatsgebiet keine Kernwaffen mehr geben durfte. Hätte dies bedeutet, dass das Selbstbestimmungsrecht der Deutschen missachtet wurde? Hätte das auch bedeutet, dass Gorbatschow nach vorne schreiten wollte, indem er, wie es der US-Präsident ausdrückte, aus der Vergangenheit schöpfte?

Der Anspruch auf eine uneingeschränkte Fortsetzung der Politik der konservativ-liberalen Koalition in der Bundesrepublik wurde als Maßstab für Demokratie und das Eintreten für die Sicherheit ganz Europas glorifiziert.[24] Soll man im Nachhinein die Position der Bundesregierung so verstehen, dass die Aufgabe des Weiterbestehens der NATO als Sicherheitsgarant für einen Teil der europäischen Staaten über die nationale Einheit der Deutschen gestellt wurde, dass das Dilemma kompromisslos lautete: Entweder alle Deutschen marschieren in die militärische Organisation des nordatlantischen Bündnisses, oder es bleibt bei der Spaltung?

Die Vorbedingungen für die Vereinigung Deutschlands, wie sie die USA, Frankreich und am direktesten Großbritannien stellten – Mitgliedschaft in der NATO, Stationierung von Kernwaffen auf deutschem Boden, Verbleib der amerikanischen und britischen Truppen in Deutschland[25] – galten als natürlicher

Ausdruck von »gemeinsamen Interessen« und »Solidarität«, keine Beeinträchtigung der Souveränität etc. »Diskriminierend« erschien den deutschen Politikern aber die Aufforderung, den legitimen Interessen der Sowjetunion gerecht zu werden. Entscheidend war also nicht, was gefordert wurde, sondern nur, wer es tat.

Ich habe bereits mehrfach gesagt und geschrieben, dass Helmut Kohl und Hans-Dietrich Genscher meisterhaft und aus ihrer Sicht logisch vorgingen, als sie Michail Gorbatschow und Eduard Schewardnadse auf ihre Zugeständnisse festnagelten und sie immer mehr in die Abhängigkeit vom Wohlwollen ihrer ausländischen Partner brachten. Sicher haben sie aus der komplizierten und ungewöhnlichen Situation für sich ein Maximum herausgeholt, mehr als sie in ihren kühnsten Träumen zu hoffen wagten. Wenn das so ist, dann ergibt sich ganz von selbst die Frage, was dieser unausgewogene Erfolg die Gegenseite gekostet hat.

Es ist fraglich, ob die fest verschlossene Tür zu Informationen über die Kontakte Gorbatschows und Schewardnadses mit der Bundesregierung, die ich nach meiner Rückkehr aus Washington vorfand, ein Glücksfall war. Hätte ich so viel Papier verschwendet und meine letzte Botschaft an Michail Gorbatschow zur Deutschlandfrage überhaupt geschrieben, wenn mir auch nur ein einziger Blick in die Küche gestattet worden wäre, in der das Menü für Archys zubereitet wurde? Ehrlich gesagt, ich weiß es nicht. Vielleicht doch. Was daraus hätte werden können, muss der Leser aus der Sicht des Sommers 1990 selbst beurteilen, als es noch Alternativen gab, und nicht unbedingt die schlechtesten.

Hier der Text meines letzten schriftlichen Appells »An M. S. für das Gespräch mit H. Kohl«:

»1. Die entscheidende Begegnung: Die Positionen beider Seiten liegen auf dem Tisch. In den beiden Hauptfragen – a) Vereinigung Deutschlands oder Einverleibung der DDR durch die BRD und b) der militärpolitische Status des künftigen Deutschlands – ist kein Kompromiss in Sicht. Die Londoner Deklaration des NATO-Rates hat die härtesten Elemente im Vorgehen des Westens festgeschrieben. Ein absolut offenes Gespräch mit Helmut Kohl ist heute unsere einzige Chance, um in der Position der BRD noch Reserven zu erschließen und bei den Verhandlungen einen Fortschritt zu erzielen.

2. Es wäre sicher unproduktiv und überflüssig, unsere juristischen oder moralischen Argumente zu wiederholen. Vom Erfolg berauscht, ist Helmut Kohl immer weniger geneigt, sie zu berücksichtigen. Beeindrucken könnte ihn ein ganz anderes Argument: Eine Vereinbarung, die die Stimmung des Sowjetvolkes ignoriert, wird vom Obersten Sowjet der UdSSR nicht ratifiziert werden. Wenn man versucht, uns dazu zu zwingen, kommt es zu einer politischen Krise in der Sowjetunion. Die Versuche der BRD und ihrer Freunde, faktisch Entscheidungen durchzusetzen, die eine Herausforderung der sowjetischen Interessen bedeuten, können eine schwere Krise in Europa, ja sogar einen Konflikt heraufbeschwören.

3. Die 2+4-Verhandlungen werden ihrer Bestimmung nicht gerecht. Sie sind zu einem Mechanismus geworden, mit dessen Hilfe sowjetische Zugeständnisse fixiert und originäre Rechte der UdSSR demontiert werden. Der Zeitplan dieser Verhandlungen wird den Vorstellungen Helmut Kohls unterworfen, ohne dass er dafür irgendeine Gegenleistung erbringt. Die Festsetzung gesamtdeutscher Wahlen auf den 2. Dezember 1990 nimmt sich aus wie ein Ultimatum an unsere Adresse.

4. Es erscheint mir zweckmäßig, einige wirkliche Schlüsselpunkte zu umreißen, bei denen man von uns fordert, Prinzipien aufzugeben:

a) Der Westen versucht, uns eine Regelung aufzuzwingen, die mit Interessenausgleich wenig zu tun hat. Dabei tritt er das für jede freiwillige Übereinkunft unverzichtbare Prinzip der Gleichheit mit Füßen.

Wenn die Vereinigung nach dem jetzigen Schema abläuft, dann verliert die UdSSR alle Grundrechte als Siegermacht, während die USA, England und Frankreich dank dem System von Vereinbarungen mit der BRD, die von der Regelung nicht berührt werden, effektive Kontrollhebel in ihrer Hand behalten.

Artikel 23 des Grundgesetzes der BRD wird herangezogen, um nicht in erster Linie das Verfahren zur Einverleibung der DDR maximal zu vereinfachen, sondern vielmehr die Asymmetrie im Umgang mit den Rechten der UdSSR und der drei Mächte sowie mit den Verpflichtungen der DDR und Bonns zu legalisieren.

Beachtenswert ist, dass man es in der BRD nicht für notwendig hielt, wenigstens aus politischem Taktgefühl gegenüber der sowjetischen Seite aus dem Bonner Grundgesetz die anrüchigsten Bestimmungen rechtzeitig zu entfernen. Es werden vage Versprechungen gemacht, das in Zukunft zu tun.

Wir könnten das herausfordernde Verhalten der Westdeutschen mit dem Hinweis parieren, dass die DDR sich im Prinzip selbst auflösen könnte. Ein rechtsfreier Raum entstünde dadurch nicht, denn die UdSSR, die die originären Rechte besitzt, würde die entsprechende Verantwortung übernehmen. Eine Variante, bei der ein Staat, der über sein Schicksal entscheidet, damit zugleich den rechtlichen Status eines Gebietes verändert, wo mächtige Verbände ausländischer Truppen stehen, ist absurd.

(Die Westdeutschen haben dazu kein Gegenargument, auch nicht der bayrische Innenminister Edmund Stoiber, der die Initiative für die Anwendung von Artikel 23 ergriffen hat. Sie hoffen lediglich, dass die UdSSR von ihrem Recht keinen Gebrauch machen wird.)

b) In diesem Zusammenhang könnte man betonen:

– Ohne die Einhaltung des Prinzips der Gleichheit und des Interessenausgleichs ist Stabilität in Europa undenkbar, insbesondere wenn die nationale Sicherheit auf dem Spiel steht.

– Wenn die Rechte der einzelnen Mächte nach verschiedenen Kriterien behandelt werden, kann von Gleichheit keine Rede sein. Die BRD sorgt sich um ihre eigenen Rechte, ihre Interessen und ihre Würde, missachtet dabei aber faktisch die

Interessen der Sowjetunion, was nicht ohne Folgen für die Zukunft bleiben kann.

– Von Gleichheit kann keine Rede sein, wenn vertragliche Verpflichtungen zweier Staaten mit entgegengesetzten Gewichten gemessen werden. Um die Dinge beim Namen zu nennen: Die DDR wird zu einer rechtswidrigen Erscheinung, einer Ausgeburt der Gewalt und so weiter erklärt, was den Weg frei macht, um alle Umgestaltungen auf ihrem Gebiet nach 1945 zu revidieren (Helmut Kohl hat Lothar de Maizière bereits aufgefordert, die Bodenreform rückgängig zu machen).

– Die Vereinigung Deutschlands vollzieht sich, im Grunde genommen, auf einem Wege, da das Recht verletzt und die juristischen Realitäten der Nachkriegsordnung unter Druck beseitigt werden. Hier drängt sich die begründete Frage auf, ob das aus dieser Rechtsverletzung entstehende Subjekt nicht den Wunsch verspüren wird, einige weitere nach seiner Meinung vorhandene »Ungerechtigkeiten« zu korrigieren? Steht uns eine Neuauflage des Albtraums der Vorkriegszeit ins Haus?

c) Wenn man das hartnäckige Streben der BRD, einer klaren völkerrechtlichen Regelung der Grenzfragen, des militärischen Status und anderem aus dem Wege zu gehen, unter diesem Blickwinkel betrachtet, dann kann Europa am Ende von einem dauerhaften Frieden weiter entfernt sein als heute.

Die Oder-Neiße-Grenze ist doch nicht nur eine deutsch-polnische, sondern eine gesamteuropäische Kategorie. Aber man nimmt sie aus der Gesamtregelung heraus und macht sie zum Gegenstand einer bilateralen Vereinbarung. Die Ostpreußenfrage hängt völlig in der Luft.

Die militärischen Verpflichtungen Deutschlands werden einseitig formuliert und lediglich zur Kenntnis genommen oder dem Wiener Vertragspaket zugeordnet. Niemand will die Deutschen erniedrigen, aber alles hat seine Grenzen.

Zusammenfassend kann festgestellt werden, dass die BRD und ihre Verbündeten die endgültige Regelung in eine politische Deklaration umwandeln wollen. Sie soll die Rechte der UdSSR aus dem Krieg und der Nachkriegsentwicklung aufheben, andererseits Deutschland von allen Verpflichtungen befreien, die es als Verursacher des Krieges nach der Logik der Dinge tragen müsste. Bei Kriegsereignissen gibt es nicht einmal für Personen eine Verjährungsfrist; hier wendet man sie auf einen ganzen Staat an.

d) Für die UdSSR ist das Herzstück der Regelung der militärische Status Deutschlands. Von deutschem Boden darf nur Frieden ausgehen – das sind Helmut Kohls Worte. Das bedeutet, der Militarisierungsgrad Deutschlands kann sich von dem anderer Staaten nur dadurch unterscheiden, dass er niedriger ist. Die hier stationierten Waffen dürfen nach ihrer Natur für niemanden eine Bedrohung sein. Unabhängig davon, ob Deutschland Mitglied eines oder zweier Bündnisse sein oder sich an einem gesamteuropäischen Sicherheitssystem beteiligen wird.

Soweit das Prinzip. Aus ihm ergibt sich: Solange in einem Teil Deutschlands ausländische Truppen stehen, muss ihre Anwesenheit durch die Stationierung von Truppen im anderen Teil ausgeglichen werden. Vor allem wird eine atomare Präsenz im Westen ein atomares Äquivalent im Osten haben. Entweder – oder. Halbe Lösungen kann es hier nicht geben.

Die Sowjetunion sieht keinen triftigen Grund dafür, dass das einheitliche Deutschland sich den Verpflichtungen nach der sogenannten japanischen Formel (Atomwaffen weder herstellen noch erwerben noch einführen) entzieht oder diese umgeht. Eine analoge Formel wird im NATO-Block übrigens auf Staaten wie Dänemark und Norwegen angewandt. Folglich dürfte ihre Ausdehnung auf Deutschland die Würde der Deutschen in keiner Weise verletzen oder als eine Deutschland diskriminierende Behandlung bewertet werden.

Vage Versprechungen können die sowjetische Seite in keiner Weise zufriedenstellen. Baker und Galvin (der Oberkommandierende der NATO-Streitkräfte in Europa) haben in der letzten Zeit mehrfach erklärt, dass die Stationierung von luftgestützten Atomraketen in Deutschland, die Ziele in der Sowjetunion erreichen können, auf der Tagesordnung bleibt.

Verdeckte und offene Drohungen an die Sowjetunion, sie werde den Forderungen des Westens zustimmen müssen, oder man setze sie gegen den Willen der UdSSR durch, sind ein schlechter Dienst am europäischen Frieden und auch an den Deutschen. Sie sind zutiefst verantwortungslos, denn die Sowjetunion hat das Recht und ist durchaus in der Lage, ihre nationalen Interessen zu schützen. Diejenigen, die Europa auf den Weg der Konfrontation stoßen, sollten sich die möglichen Folgen gut überlegen.

e) Gegenwärtig besteht die seltene Chance, eine zeitweilige Regelung durch eine ständige zu ersetzen. Jeder europäische Staat hat Gelegenheit, seine Bemühungen auf friedliche und konstruktive Aufgaben zu konzentrieren. Dabei geht es nicht nur darum, die originären Rechte der Vier Mächte aufzuheben, sondern die Relikte sowohl des Zweiten Weltkrieges als auch des ›kalten Krieges‹ aus dem Dasein des ganzen Kontinents und jedes seiner Völker zu verbannen. Die Aufgabe lautet, zur Entstehung einer Situation beizutragen, in der bewaffnete Konflikte in Europa materiell unmöglich werden.

Offenbar ordnet sich diese Vorstellung nicht in das Wertesystem der NATO ein und passt vielleicht auch einigen Politikern in Westdeutschland nicht. Daher die Abneigung gegen einen Kompromiss und das Streben, die Sowjetunion in eine angreifbare Position nach innen und außen zu bringen.

Im Grunde genommen reichen wir mit unserem Entwurf einer endgültigen völkerrechtlichen Regelung den Deutschen die Freundschaftshand. Das ist die Friedensakte, die beiden Völkern helfen soll, die Vergangenheit zu vergessen. Sie erweitert die Festlegung des Moskauer Vertrages über den Verzicht auf die Anwendung und Androhung von Gewalt, passt sie durch entsprechende praktische Lösungen den neuen Realitäten an. Wenn die Deutschen diesen Akt der Großmut ablehnen, dann werden sie und andere sich viele unbequeme Fragen stellen lassen müssen.

Man könnte noch verstehen, wenn unsere Vorschläge den USA, England und Frankreich nicht gefallen, da ihre originären Rechte ebenfalls aufgehoben werden sollen. Aber was Deutschland betrifft, so kann man das Verhalten seiner gegenwärtigen Vertreter nur so interpretieren: Man zieht eine zeitweilige Bilanz des Krieges, um in der nächsten Etappe den Kampf für die Revision der Ereignisse des Zweiten Weltkrieges mit großem Einsatz zu führen oder, wie man es manchmal aus deutschem Munde hören kann, die noch ausstehende Entscheidungsschlacht gegen die Sowjetunion zu gewinnen.

V. F., 9. 7. 1990«

Ich ließ es nicht bei dieser Denkschrift bewenden. Vielleicht warf der Empfänger gar keinen Blick darauf, da er auf seinem Schreibtisch ein ganzes Kaukasusgebirge von Papieren vorfand. Ich bat Michail Gorbatschow, mir einige Minuten seiner Zeit zu widmen.

»Jetzt geht es absolut nicht, aber am Abend rufe ich dich ganz bestimmt an«, antwortete der Generalsekretär.

Das Telefon klingelte um Mitternacht.

»Was wolltest du mir sagen?«

»In Ergänzung zu meinem Memorandum halte ich es für meine Pflicht, Ihre Aufmerksamkeit ganz besonders auf drei Momente zu lenken:

(a) Man will uns den Anschluss aufhalsen. Das wird unerfreuliche Folgen haben. Alle moralischen und politischen Kosten – und bei der mechanischen Verschmelzung der beiden grundverschiedenen Wirtschaften, der antagonistischen Sozial- und anderen Strukturen werden solche zweifellos entstehen – werden dann auf die Sowjetunion und ihre ›Kreatur‹, die DDR, abgewälzt. Die Übertragung der Rechtsnormen eines Staates auf einen fremden macht alles illegal, was sich in der DDR im Laufe von vierzig Jahren vollzogen hat. Dadurch werden einige hunderttausend Menschen potenziell zu Angeklagten.«

»Verstanden, weiter.«

»(b) Nichtbeteiligung des vereinigten Deutschlands an der

NATO. Das Wenigste, worauf bis zum Schluss bestanden werden muss, ist Deutschlands Nichtbeteiligung an einer Militärorganisation (wie Frankreich). Minimum minimorum – die Nichtstationierung von Nuklearwaffen auf gesamtdeutschem Territorium. Den Umfragen zufolge sind 84 Prozent der Deutschen für die Entnuklearisierung Deutschlands.

(c) Alle Fragen, die unser Eigentum betreffen, insbesondere in der DDR, müssen bis zur Unterzeichnung der politischen Entscheidungen geregelt sein. Sonst werden wir uns, nach den Erfahrungen mit der Tschechoslowakei und Ungarn zu urteilen, in ergebnislose, die Beziehungen belastende Debatten verstricken. Unsere Experten sollen lernen, nicht schlechter zu rechnen als die Amerikaner und zum Beispiel eine eigene Liste der ökologischen Schäden aufstellen, die der Überfall Deutschlands auf die Sowjetunion angerichtet hat, wenn die Deutschen ökologische Aspekte zur Debatte stellen.«

Gorbatschow stellte noch einige präzisierende Fragen, speziell nach dem juristischen Status unseres Eigentums, nach Besonderheiten der Angliederung der Länder der DDR an die Bundesrepublik gemäß Artikel 23 des Bonner Grundgesetzes, dann noch nach den Folgen einer Nichtbeteiligung des Staates an der Militärorganisation NATO und schloss:

»Ich werde tun, was ich kann. Nur fürchte ich, dass der Zug schon abgefahren ist.«

Nach einem derartigen Schlussakkord konnte man sich nur noch quer auf die Gleise legen. Was ging hier vor? Um Fragen, die auch nicht im Entferntesten mit dem zu vergleichen waren, was Kohl hier auf den Verhandlungstisch legte, um Kleinigkeiten schwätzte man im Politbüro und in anderen Instanzen zuweilen tage- und wochenlang. Auf Initiative des Generalsekretärs wurde Brainstorming organisiert, wurden Expertenräte einberufen und im Generalstab Sandkastenspiele veranstaltet. Häufig ohne jedes Ergebnis.

Erinnern wir uns, wie unmöglich es war, Gorbatschow zur Anerkennung der elementaren Tatsachen zu bewegen, als es um die Geheimprotokolle zu den Verträgen ging, die Stalin mit Hitler geschlossen hatte. »Die politische Verantwortung ist zu groß«, war seine Ausrede. Und nun im Alleingang der Rückzug bis nach Archys, das übrigens näher an Stalingrad als an Moskau liegt. War hier die Verantwortung geringer?

In seinen »Erinnerungen« gibt Hans-Dietrich Genscher die von Gorbatschow gehörte Geschichte wieder, wie im Jahre 1979 die Entscheidung über den Einmarsch in Afghanistan fiel.[26] Diese Anekdote probierte der Generalsekretär mehrfach auch an uns aus. Wenn man ihm Glauben schenken darf, war Eduard Schewardnadse im Voraus nicht informiert. Michail Gorbatschow überging man ebenfalls, wie auch die Mehrzahl der anderen damaligen Sekretäre und Mitglieder des Politbüros. Da beschlossen die beiden Freunde, das System »von Grund auf zu ändern«, um Vorfälle auszuschließen, bei denen Beschlüsse gegen jedes Reglement zustande kamen.

In fünf Jahren Perestroika hatte sich vieles verändert. Das Schicksal Afghanistans hatten vier oder fünf der »Gleichsten« unter Gleichen entschieden. Die neue militärpolitische Karte Europas schuf in den Jahren 1989/90 der autoritäre Michail Gorbatschow mit dem Beistand eines einzigen Vertrauten. Eine klare, unbestreitbare Steigerung in puncto Demokratie.

Und da behaupte man noch, in der Sowjetunion habe es keine Privatisierung gegeben. Nach den hier gesetzten »unbestreitbaren Prioritäten« musste die Wirtschaft allerdings hintanstehen. Dafür machte die Privatisierung von Politik und Macht unter Gorbatschow gewaltige Fortschritte. In dieser Hinsicht hat der erste und letzte sowjetische Präsident all seine Vorgänger, die sich nur Generalsekretäre nennen durften, sowie die meisten Staatsoberhäupter im Ausland überflügelt.

Wie alle anderen, die in Archys nichts zu suchen hatten, erfuhren auch die Mitglieder der staatlichen und politischen Führung der UdSSR von den dortigen »historischen Vorgängen« unmittelbar aus dem Munde der Nachrichtensprecher von Rundfunk- und Fernsehstationen. Gott sei Dank des eigenen Landes. Wer sich aber für delikate Einzelheiten interessierte, dem stand es frei, die Deutsche Welle einzuschalten. Wer sagt denn, dass ein Staatsmann um so klüger wird, je mehr Chiffretelegramme er liest und je weniger er vor dem Fernseher sitzt?

Nikolai Ryschkow, Wladimir Krjutschkow und andere Mitglieder der Regierungsmannschaft, auch diejenigen, die dem Verteidigungsrat und dem Präsidialrat angehörten, sollten die Pakete mit den »Geheimprotokollen« von Archys erst nach zwei oder drei Tagen »zur Kenntnisnahme« und »Zustimmung« erhalten. Das Parlament musste sich einige Wochen gedulden, bis die »Grundsatzdokumente« ihm anvertraut wurden. Die Partei war zu dieser Zeit bereits von der Macht abgeschnitten. Je freier die Presse, belehrte man sie, desto mehr erfährt die KPdSU. Lernt die Journalisten schätzen und abonniert Zeitungen!

Ein relativ breites Bild, wenn auch ohne die Hintergründe, bot sich im Jahre 1992, als Michail Gorbatschow einen Teil der Mitschriften seiner Gespräche mit Helmut Kohl veröffentlichte.

Hans-Dietrich Genscher informierte James Baker und den französischen Außenminister Roland Dumas nur wenige Stunden nach Abschluss des Unternehmens über die Details des Ausfluges in den Kaukasus. Nach Paris, und nicht etwa zu den sowjetischen Parlamentariern, eilte aus Archys auch Eduard Schewardnadse. Er agitierte seine neuen Freunde, die Schlussetappe der 2+4 Verhandlungen rasch voranzutreiben, damit zum 12. September, beim Treffen in Moskau, alles unterschriftsreif sei. Der sowjetische Minister warnte, jede Verzögerung werde den »Gegnern« in Moskau in die Hände spielen, die sich bald wieder von ihrem Schock erholen sollten.

Die Abmachungen von Archys sind in vieler Hinsicht einzigartig. Über das Schicksal der DDR, immerhin ein Mitglied der Vereinten Nationen, wurde ohne Beteiligung der Republik, in Abwesenheit ihrer Vertreter, entschieden. Die UdSSR setzte alle mit der DDR geschlossenen Verträge und Abkommen außer Kraft, wobei sie in den meisten Fällen die darin vorgesehenen Verfahren schlicht ignorierte.

Die Liquidierung der DDR und die Ausdehnung des Geltungsbereiches der NATO auf ihr Gebiet gab einen Vorgeschmack auf das Ende des osteuropäischen Verteidigungssystems. Aber vor Archys gab es darüber keine Konsultationen mit den Verbündeten des Warschauer Vertrags. Sie erhielten von der sowjetischen Führung keinerlei Informationen zur Sache.

Die Vereinbarungen von Archys hoben mit einem Federstrich und ohne Vorgespräche mit den jeweiligen Partnern die Verantwortung der vier Großmächte für Deutschland und die ihr zugrundeliegenden Völkerrechtsakte auf. Wenn man die Vorgänge im Nordkaukasus juristisch und politisch peinlich genau bewertet, wurden die USA, Großbritannien und Frankreich aufgefordert, weitere Diskussionen einzustellen und den geschaffenen Tatsachen ihren Segen zu geben.

Wir brauchen diese Aufzählung nicht fortzusetzen. Welche Normen man auch nimmt – die innerstaatlichen oder die völkerrechtlichen –, die Beschlüsse von Archys sind rechtlich angreifbar. Vom moralischen Standpunkt waren sie eine deprimierende Ungerechtigkeit und eine Beleidigung des Andenkens an die 27 Millionen sowjetischer Menschen, die im Kampf für eine gerechte Sache, für ihr Land gefallen waren.

Die Spaltung Deutschlands war ein Unglück für die Deutschen und für ganz Europa. Im eigenen Interesse hätte die UdSSR entschlossener und konsequenter handeln müssen, um den Spaltern in den Arm zu fallen. Mit dem Entstehen zweier deutscher Staaten hörten die Deutschen nicht auf, eine Nation zu sein. Als die sowjetische Politik grundsätzliche Positionen aufgab, beging sie einen schweren Irrtum. Nicht die Geschichte, sondern wir selbst hätten ihn korrigieren müssen, solange wir noch relativ frei in unseren Entscheidungen waren und nicht mit dem Rücken zur Wand standen.

In den oberen Etagen der Sowjetunion gab es Leute, die nicht bereit waren, die Scheuklappen abzulegen. Für sie war es beinahe Ketzerei, einzusehen, dass das Mittelalter mit seiner Devise »Was vom Wagen fällt, ist verloren« und ähnlichen Absurditäten unwiederbringlich der Vergangenheit angehörte. Aber was hätte gerade Michail Gorbatschow daran gehindert, zur Besinnung zu kommen, bevor die letzte Stunde schlug?

»Was habe ich denn eigentlich getan?«, fragt der Expräsident bis heute kokett und mit unschuldiger Miene. »Ich habe Deutschland den Deutschen zurückgegeben.« Allerdings weiß er keine Antwort, wenn er hört: Wären die Deutschen außerhalb der NATO keine Deutschen mehr? Sind die Deutschen schlechter als die Franzosen, Spanier oder andere? Wären sie außerhalb der Militärorganisation der NATO verloren gewesen? Hätten die Deutschen nichts gewonnen, wenn es zu einem gesamteuropäischen Sicherheitssystem gekommen wäre, das alles Nützliche der getrennten Systeme von Ost und West übernahm? Hätten die Deutschen aus Zukunftsangst nachts nicht schlafen können, wenn sie keine Atomwaffen mehr im Lande hätten?

Archys kann man nur dann als logisches Finale verstehen, wenn man es aus folgender Sicht betrachtet: Als Richard Nixon das Präsidentenamt verlor, begann er bekanntlich zu schreiben. Eines seiner Bücher trägt den Titel »1999: Sieg ohne Krieg«. Wie auch in einigen anderen seiner Publikationen beklagt er sich dort: »Die amerikanische Oberschicht hat in den vergangenen vierzig Jahren (was Bildung, Geld und Macht betrifft) ihre Orientierung in der Welt verloren.

Sie hat sich mit allen intellektuellen Spielereien abgegeben, die in ihr Blickfeld gerieten. Heute sind Abrüstung und Pazifismus im Vormarsch; das könnte sich verhängnisvoll auf das Schicksal des Westens auswirken. Wenn die Strategen in unserer Gesellschaft und diejenigen, die sie beeinflussen, ihren [globalen] Führungswillen verlieren, dann ist es sehr wahrscheinlich, dass die Mehrheit in Amerika das Abgleiten in eine Katastrophe nicht mehr aufhalten kann.«

Was ist zu tun? Da helfen nur Druck und Angriff. Nach Richard Nixon konnte es im »kalten Krieg« kein Patt geben, der einzige Sieger musste USA heißen. Dieses Ziel, so programmierte er, sei bis zum Ende des Jahrhunderts erreichbar. Nixon überschätzte die »Spielereien«, aber nicht in den Staaten, sondern in der Sowjetunion. Außerdem waren sie nicht sehr intellektuell. Das Buch »Sieg ohne Krieg« wurde 1988 geschrieben, als die UdSSR noch ganze drei Jahre vor sich hatte.

Als Schlussstrich unter den Zweiten Weltkrieg hält Archys keiner Kritik stand. Als Schlussstrich unter den »Kalten Krieg« ist es überzeugend. Im ersten Fall war die UdSSR der Triumphator, das Land, das den entscheidenden Beitrag zum Sieg der Anti-Hitler-Koalition leistete und die bedingungslose Kapitulation des Aggressors entgegennahm. Als Verlierer im »Kalten Krieg« lieferte sich die Sowjetunion der Gnade der anderen Sieger aus, dem Anschein nach nicht völlig bedingungslos – ihr damaliger Anführer sollte nicht an den Pranger, er durfte sogar seine »Offiziersehre« behalten.

Nein, ich war kein Feind meines Landes und meines so geduldigen Volkes. Ich unterdrückte den Zorn, der in mir aufstieg, als die Meldungen über Archys über den Rundfunk zu mir gelangten. Eduard Schewardnadse übertrieb nicht, als er seine westlichen Kollegen warnte, dass die Unzufriedenheit das Land bis in die Grundfesten des Gorbatschowschen Throns erschütterte.

Es war nicht schwer, das Parlament zum Protest zu bewegen. Wohin die Empörung der Massen führen konnte, die kurz vor dem Ausbruch stand, wusste niemand zu sagen. Aber was halfen Proteste und Flüche, da alles verloren war? Sollten wir, die nicht Eingeweihten, uns die Haare raufen, damit wir nicht in den untersten Kreis von Dantes Hölle gerieten?

Das Angebot, bei der Ratifizierung des Vertragspaketes als Sprecher des Auswärtigen Ausschusses des Obersten Sowjet aufzutreten, lehnte ich ab. An Gorbatschow wollte ich zur Deutschlandfrage keine Zeile mehr vergeuden. In den Ausschussdebatten des Parlaments würde alles gesagt werden, was die Verhandlungen Schewardnadses und Gorbatschows verdienten. Die Ratifizierung zu Fall bringen? Das würde nichts Positives bringen, nur die Lage der Nation weiter erschweren.

Wenn keine anderen Wege und Mittel zur Wiederherstellung eines einheitlichen demokratischen Deutschland vorhanden gewesen wären, dann hätte ich, ohne zu schwanken, für das nun gewählte Modell gestimmt. Da aber Alternativen, und keinesfalls schlechtere, objektiv existierten, gestatte ich mir auch jetzt den Luxus, bei meiner eigenen Meinung über die Vorgänge der Jahre 1989 und 1990 zu bleiben.

Das Wunder, das in Archys geschah, was ihm vorausging und was ihm folgte, war für die Sowjetunion nicht nur eine außerordentliche Wende in einem einzelnen Bereich. Das war der oben erwähnte verhängnisvolle Schritt, der Großes von Lächerlichem, vom Niedergang, vom Abgleiten ins völlig Unbekannte trennt.

Fjodor Tjutschew, dessen Hilfe ich vielleicht überstrapaziere, prägte vor hundertfünfzig Jahren folgende Sentenz:

»Welch bange, übergroße Zweifel
weckt, heiliges Russland, dein Fortschritt mir!
Warst feste Heimstatt einst des Bauern,
stehst als Lakaienhaus nun hier.«

Zum Glück noch nicht ganz. Noch leistet es Widerstand, so weit Geduld und Kraft reichen.

Anstelle eines Epilogs

Seinerzeit ging in der Sowjetunion der sarkastische Witz um: Zwei Politikfans treffen sich. »Wie läuft es im sozialistischen Lager?«, fragt der eine. Darauf der andere: »Hervorragend. Es sind schon zwei.«

So würdigten spitze Zungen Nikita Chruschtschows Heldentaten in der Chinapolitik. Auf diese Art könnte man sicher auch eine Bilanz der Herrschaftszeit Michail Gorbatschows ziehen.

Wie listenreich Stalin auch war, so gelang es ihm doch nicht, Roosevelts Widerstand zu brechen und für alle Republiken der Sowjetunion je einen Sitz in der UNO zu erkämpfen. Der Urenkel des Diktators löste diese unglückselige Aufgabe in zwei Zügen. Er öffnete allen fünfzehn Unionsrepubliken die Tür zu den Vereinten Nationen. Dafür brauchte er lediglich die UdSSR in die Geschichte zu verbannen. Schon stehen in Russland selbst neue Anwärter bereit. Sollte Michail Gorbatschow ihnen nicht ebenfalls seinen Beistand anbieten?

Auch was das NATO-Bild betrifft, so ist – wiederum nicht ohne Gorbatschows helfende Hand – endlich Klarheit geschaffen. Im russischen Haus könnte es nun glatt in der Ikonenecke seinen Platz finden. Denn das Atlantische Bündnis ist nicht mehr der Feind, sondern ein Partner und dicker Freund. Damit die Freundschaft wächst und man sich tiefer in die Augen schauen kann, rückt die NATO ganz nahe an die Grenzen Russlands heran. Etwas verschwommen bleibt nur noch, wer hier den Berg und wer den Propheten spielt.

Kurz und bündig – eine Idylle, wenn auch eine kostspielige. Aber Spaß und raffinierter Geschmack sind durchaus kostspielige Schrullen.

Der wirtschaftliche Schaden, den die Neuerungen des letzten Jahrzehnts auf dem Gebiet der ehemaligen Sowjetunion angerichtet haben, ist um das Zwei- bis Zweieinhalbfache größer als die Verluste des Landes im Zweiten Weltkrieg. Das Lebensniveau der Bevölkerung wurde halbiert. Was das Tempo des Sozialabbaus betrifft, so liegt Russland hier weit vor den entwickelten und selbst vor manchen Entwicklungsländern. Endlich ein Grund zur Freude: Wir haben Amerika überholt!

Manche »Neurussen« raffen mit solcher Geschwindigkeit märchenhafte Reichtümer zusammen, dass selbst arabische Scheichs vor Neid erblassen könnten. Und das bei einem schwindelerregenden Absinken der Produktion in der heimischen Industrie und Landwirtschaft. Ein Drittel bis die Hälfte der arbeitsfähigen »Altrussen« sind ohne regelmäßige Arbeit oder müssen Monat für Monat um den Lohn für ihre Mühe betteln. Etwa 40 Prozent dieser Überflüssigen sind junge Leute, die gerade die ersten Schritte ins selbständige Leben tun. Wissenschaftler und Kulturschaffende finden im reformierten Russland keinen Platz. Sie werden einfach ausgetilgt.

Der eine verliert etwas, der andere gewinnt etwas hinzu? Oder wird hier auf der Teufelsbrücke, die aus der Vergangenheit der Knebelung des Menschen in die Zukunft der grenzenlosen Freiheit führt, nur ausgesiebt?

Vor dem Hintergrund des unablässigen Rückgangs von Lebensniveau und Lebensqualität erwartet man in Russland eine Verschärfung der sozialen Kontraste. Nun schwören unsere »Umgestalter« im Chor, sie wollten den Reformkurs korrigieren, die Kluft zwischen Arm und Reich verringern und die »Korruption auf allen Ebenen der Macht« bekämpfen.

Anders geht es bei uns nicht. Hätte man von Anfang an alles gründlich und solide getan, dann würden ständige Änderungen und Auseinandersetzungen mit sich selbst, vor allem aber die grausamen Experimente mit wehrlosen Menschen überflüssig. Dabei wird gar nicht so viel verlangt: Man braucht nur nicht Hals über Kopf loszustürzen, sondern überlegt vorzugehen, aus den vorhandenen Möglichkeiten die in jeder Hinsicht beste, von den unvermeidlichen Übeln das kleinste auszuwählen. Und dazu Vision mit Realität, Form mit Inhalt nicht zu verwechseln, damit der Traum nicht zum Albtraum wird.

Wieder Dialektik und sowjetische Klassik, wird mancher Leser stirnrunzelnd meinen. Nein, das ist aus der Bibel: »Gib acht und sei vorsichtig, geh nicht mit gewalttätigen Menschen« (Das Buch Jesus Sirach, 13,13). »Der Anfang eines jeden Werkes ist das Wort, der Anfang jeder Tat ist die Überlegung« (ebenda, 37,16). »Es ist dem Menschen ein Fallstrick, unbedacht Gelübde zu tun und erst nach dem Geloben zu überlegen« (Die Sprüche Salomos 20,25).

War das neue politische Denken fern jeder Realität von Anfang an ein Trugbild? Waren die programmatischen Aufgaben der Perestroika spekulativ und von vornherein unerreichbar? Wenn man diese Fragen ohne Scheuklappen, ohne Voreingenommenheit und Subjektivismus, ohne »zweierlei Gewicht und zweierlei Maß« (Sprüche 20,10) gerecht beantworten will, dann wird als Antwort nicht unbedingt eine trotzige Verurteilung oder der höhnische Satz herauskommen: Jedes Volk hat die Herrscher, die es verdient. Man könnte diese Floskel ja auch umdrehen: Hat es der Herrscher verdient, ein Volk zu führen, über das er gestellt ist? Es fiele nicht schwer, an konkreten Beispielen zu zeigen, wie die Vollstrecker der Macht bei gleichen Startbedingungen gleiche Aufgaben mit ganz unterschiedlichen Ergebnissen lösen.

Auf einen groben Klotz gehört ein grober Keil. Aber es ist durchaus kein Axiom, dass eine Diktatur nur von einer anderen Diktatur überwunden, dass ein autoritäres Regime nur mit einem noch schlimmeren autoritären Regime ausgetrieben werden kann. Alle Theorien von der »starken Hand« gehen mit derselben Hefe auf. Auserwählte ragen aus der Gesellschaft empor, der Rest soll sich mit der Rolle des Plebs abfinden.

»Starke Hände« hat es in der russischen Geschichte mehr als genug gegeben. Starke Köpfe mit nüchternem Blick schon weniger. Zu Wirren kam es, weil es in den Köpfen durcheinanderging, nicht weil die Muskeln schlapp waren. Perestroika und Postperestroika sind dafür ein Zeugnis.

Demokratie kann man weder kaufen noch auf Kredit erwerben oder ausleihen. Demokratie aus zweiter Hand verdient nicht, Demokratie genannt zu werden. Das heißt nicht, dass man aus fremder Erfahrung nicht lernen soll. Da nun aber einmal Demokratie Volksherrschaft im eigenen Lande bedeutet, geht es nicht, ohne die Voraussetzungen dafür zu schaffen, dass das Volk sich bewusst selbst verwirklichen will. Dabei darf man sich nicht davon einschüchtern oder aufhalten lassen, dass an jeder Kreuzung und hinter jeder Ecke Ampeln blinken, ein Wald von Warn- und Verbotsschildern steht.

Erlaubt ist alles, außer … Daran, was weggelassen wird, ist schließlich zu erkennen, in welchem Entwicklungsstadium die Gesellschaft sich befindet, wie inhaltsreich oder inhaltsleer die in ihr geläufigen politischen Begriffe sind, kurz gesagt, mit wem und womit wir es zu tun haben.

Das ist durchaus keine Nebensache, wenn wir bedenken, dass die sprachliche Nachahmung nirgendwo so verbreitet ist wie in Politik und Recht. Wörter, Termini und Kategorien wandern von Verfassung zu Verfassung, von Programm zu Programm, von Deklaration zu Deklaration. Bald wird man bei internationalen Konventionen und Verträgen keine Alternate für die verschiedenen Sprachen mehr brauchen. Die einzelnen Fassungen werden einander gleichen wie ein Ei dem anderen.

Kein Staat schließt mehr Angriffsbündnisse. Sie alle sind nur noch zur puren Verteidigung da. Kanonenbootdiplomatie, Kolonialismus oder Säbelrasseln gelten offiziell als ausgestorben. Keine Aggressionen mehr, höchstens »Politik der Stärke«. Weg mit den Interventionen – die »freundschaftliche Beteiligung« ist da.

Seit dem Zweiten Weltkrieg waren die Kontrahenten ausschließlich mit »Nachrüstung«, Herstellung der »Parität«, Schließung von »Fenstern der Angreifbarkeit« beschäftigt und ließen sich nur ausnahmsweise zu Eskalationen hinreißen. Die mörderischsten Systeme taufte man »Corpus Christi«, »Peacekeeper« oder »Pioneer«. Nur die etwas phantasielosen Deutschen züchteten weiter den »Leopard«.

Niemand will sich heute als Feind der Freiheit, der Gleichberechtigung der Völker und der Demokratie hinstellen. Mit dem Verschwinden der letzten Brutstätten der Apartheid scheint auch die Seuche Rassismus ihre Gefährlichkeit verloren zu haben. Im Vormarsch ist allerdings der Fundamentalismus unterschiedlichster Couleur mit solch abstoßenden Begleiterscheinungen wie Fanatismus, weltweit organisiertem Verbrechen und Terrorismus. Sie können den Menschen zwar ordentlich die Stimmung verderben, das Klima in der Welt aber bestimmen sie nicht.

Wenn alle für gute Nachbarschaft, für Interessenausgleich, für Freiheit und Menschlichkeit sind, wo steckt dann heute der Versucher, der die Menschen immer noch lehrt, die Hand am Abzugshahn zu halten, Weltanschauung vor gesunden Menschenverstand zu stellen und Gleiches in ungleiche Teile zu teilen? So viele Köche, so viele Geschmäcker. Das ist wunderbar, sonst würde doch ein Sternchen für alle Restaurants genügen. Politische Köche sind nicht weniger ausgeklügelt im Wechsel ihrer Gerichte, wenn sie, mit Ausnahme mancher ausgewiesener Spitzenköche, dies auch nicht immer zur Schau stellen.

In den dreißiger und vierziger Jahren sang die sowjetische Propaganda Lobeshymnen auf die »Stalinsche« Demokratie. Sie sollte alles andere in unserem Sonnensystem in den Schatten stellen. Gott sei Dank fand Nikita Chruschtschow in sich den Mut, den Diktator als gemeinen Verbrecher bloßzustellen. Aber versteckt sich die »Jeschow-Demokratie«[27] nicht doch noch irgendwo in dunklen Ecken?

Ronald Reagans »Kreuzzug« sollte die Zahl von Anbetern der amerikanischen Demokratie vermehren und diese zum unbestrittenen Maß für jeden Erdenbürger hochstilisieren. Die meisten blieben allerdings bei der Meinung, dass nicht jede weiße Kuppel ein Heiligtum ist und nicht jeder Flug um die Freiheitsstatue mit dem Übertritt zum anderen Glauben enden muss.

Ideologie und Politik sind Dinge an sich – sie beugen sich nicht den Regeln von Logik und Vernunft. Aber der Markt mit all seinen Attributen? Er sollte doch eigentlich nicht kontrovers auslegbar sein. Wenn man alles so einfach in Schubladen einsortieren könnte, wären die wirtschaftlichen Unterschiede zwischen Ost und West sicherlich nicht von so tiefen Kontrasten geprägt.

Solange man den Markt zum bestimmenden Element eines Systems, zum unverzichtbaren, ja sogar prägenden Charakterzug der Demokratie (»ohne wirtschaftliche Freiheit keine Freiheit der Persönlichkeit«), zum Prüfstein im Disput über die Frage erklärte, ob eine Überwindung der Teilung der Welt möglich oder unmöglich sei, war es für die Kritiker des administrativen Befehlssystems in der Sowjetunion nicht einfach, sich aus dem Fenster zu lehnen. Ohne schrille Worte wiesen Experten darauf hin, dass der Stand der permanenten Kriegsbereitschaft, den man unserem Lande aufzwang, der NATO-Linie des »Ausblutens der UdSSR« in die Hände spielte. Er ließ es nicht zu, dass wir uns ernsthaft mit der Beseitigung von Disproportionen in der sowjetischen Wirtschaft oder von Engpässen im sozialen Bereich befassten. Wenn aber dann die Erwiderung folgte, der Gegner ziele gerade auf das zentralistische Planungssystem, weil er damit der Sowjetunion in der ihr aufgezwungenen Konfrontation den wichtigsten Trumpf aus der Hand schlagen wollte, ließ die Streitlust rasch nach. Niemand wollte zum Helfershelfer der atlantischen Strategen abgestempelt werden.

Etwas weiter kam man mit künstlerischen Vergleichen oder äußerst sachlichen Argumenten, die sich aus der offiziell anerkannten Konzeption von der Ganzheit der Welt herleiten ließen. Ich selbst beharrte weiter darauf, wie ich es bereits als Botschafter in Bonn begonnen hatte, dass die modernen Technologien von einem modernen Management nicht zu trennen sind. Dieses erfordert seinerseits ein Marketing, das nicht vorsintflutlich ist – und das nicht nur auf dem Außen-, sondern auch auf dem Binnenmarkt.

Besondes harte Betonköpfe wie Michail Suslow, Lehensfürsten, die im Außenhandel thronten, und auch die Überwachsamen, die uns vom Morgen bis zum Abendrot hüteten, sorgten dafür, dass der Effekt meines hartnäckigen Bohrens über Bruchteile von Prozenten nicht hinauskam. Auch unter Gorbatschow gelang es mir nicht, einige Projekte durchzusetzen, die der UdSSR nach nüchterner Berechnung einen erklecklichen wirtschaftlichen Nutzen und neue, effektivere Wirtschaftsmodelle gebracht hätten.

Zurück zur Feststellung, dass man Demokratie nicht kaufen oder ausleihen kann. Aber wie ist das mit dem Markt? Wenn dort alles gekauft und verkauft wird, dann dürfte es auch nicht schwer sein, den Markt selbst einzusacken. Ungefähr so müssen unsere Reformer gedacht haben, wobei sie den Markt mit dem Basar verwechselten.

Ein weiterer grober Fehler Gorbatschows und seiner Nachfolger ist der Glaube, man brauche nur auf die Handelsfreiheit zu schwören, und Marktverhältnisse stellten sich von selbst ein. Fast im Handumdrehen, als gehe es hier um einen primitiven Schlagabtausch nach der Devise »Auge um Auge, Zahn um Zahn«.

Der sowjetische Präsident ließ sich mit dem »Programm der 500 Tage« den Kopf vernebeln. Danach überschwemmte dieser Unsinn das ganze Land. Der erste Präsident Russlands, Boris Jelzin, segnete mit der ihm eigenen Entschlossenheit Jegor Gaidars Achtpunkteprogramm ab, das versprach, aus den Russen mit einem Schlag Herren und Herrinnen des freien Marktes zu machen. Im arabischen Märchen brauchte man 1001 Nacht, um ein Familienproblem beizulegen. Das Finale unseres russischen Märchens wird erst nach dem Ende des zweiten Jahrtausends geschrieben werden, aber wohl nicht von denen, die es begonnen haben.

Und auch das nur im günstigsten Falle. Wenn man endlich aufhört, sich am Abend zu anderen Ideen als jenen zu bekennen, die man am Morgen gepredigt hat, dann könnte das Leben einer Generation vielleicht ausreichen, um die sowjetische Ökonomie genesen zu lassen und den Anschluss an eine soziale Marktwirtschaft zu vollziehen. Es ist doch klar wie der Tag, dass man zuerst die umfassende juristische und organisatorische Infrastruktur einer neuen Wirtschaftsweise schaffen muss, bevor man die vorherige lahmlegt und schließlich außer Betrieb setzt. Sonst sind schwerste wirtschaftliche, soziale und moralische Verluste nicht zu vermeiden. Der Markt, der anscheinend so spontan funktioniert, beruht auf strenger Ordnung. Wenn diese fehlt, bricht Anarchie mit ihrem entfesselten Zerstörungspotenzial aus.

Bei zielstrebiger und angespannter Arbeit der Parlamente hätte man in 500 Tagen die wichtigsten juristischen und vielleicht auch organisatorischen Höhen der sozialen Marktwirtschaft erobern können. Vor allem, wenn man sich nicht vorgenommen hätte, mit aller Gewalt den »Piz des Kommunismus«, der sich im Pamirgebirge befindet, oder den »Piz der freien Marktwirtschaft« zu stürmen, der auf dem Planeten Erde nicht verzeichnet ist und auch auf dem Mars noch nicht gesichtet wurde.

Neue Wege zu bahnen ist eine schmeichelhafte Sache. Wenn die Politiker in ausgefahrenen Gleisen bleiben, hinterlassen sie möglicherweise keine eigene Spur in der Geschichte. Und jeder möchte doch für einmalig, für ein Unikat gelten! So kommt es dann, dass man nicht den geschriebenen Gesetzen folgt, sondern eher aus dem Bauch regiert.

Ein kluger Finanzier prägte für Banken das eiserne Gesetz: Ihre Geschäfte können nie besser gehen als die Geschäfte ihrer Kunden. Angewandt auf den politischen und den sozialen Bereich, könnte dies etwa so lauten: Die Geschäfte der Regierenden sollten nie besser gehen als die der von ihnen abhängigen Bürger. Daran ändert nichts, dass die Dinge in der Politik häufig nur indirekt miteinander zusammenhängen und in größeren Zeiträumen ablaufen.

Die Perestroika gab jedem die Chance, sich selbst, seinen Platz in der Vergangenheit, seine Rolle in der Gegenwart und seine Bestimmung für die Zukunft zu erkennen. Die Glasnost sollte dieser großen Sache die notwendige Untermauerung geben und hätte dies auch tun können, wenn man sich streng an gesicherte Tatsachen gehalten, nicht alte Rechnungen beglichen und sich nicht von Gefühlen hätte hinreißen lassen.

Eine Chance wird allerdings nicht zur Realität, wenn man nur abwartet und Versprechungen macht. Sie erfordert Handeln. Und nicht nur blindes Tun. Wenn man nicht weiß, womit man beginnt und was danach folgt, wird nichts herauskommen. Wenn man die vergangenen zehn, zwölf Jahre überschaut, Worte und Taten miteinander vergleicht, dann kann man sich nicht genug wundern, wie unlogisch das Vorgehen und die einzelnen Schritte der Politiker waren. Alles oder fast alles wirkt wie absichtlich auf den Kopf gestellt.

Die Perestroika begann mit der Feststellung, dass das System, die Gesellschaft, das ganze Land an einer gefährlich verschleppten Krankheit leiden. Es drängte sich die Frage auf, wer für diesen unglückseligen Zustand verantwortlich war. Was man dabei Fremden anhängte, ist hier wenig von Interesse. Viel wesentlicher ist schon, welche Erkenntnisse die Ermittlungen bei uns selbst zutage förderten.

Bald war der Missetäter im eigenen Hause gefunden: Leonid Breschnew. Er ist an allem schuld – an der Stagnation, am Niedergang von Versorgung und Handel, an der Korruption im Staatsapparat, am Einmarsch in Afghanistan. Besonders viel Unfug richtete er, wie sich herausstellt, nach 1975 an, als nur noch die Kunst der Ärzte ihn am Leben hielt und er noch Herrscher war, aber nicht mehr regierte.

Darüber hatte ich einen schriftlichen Disput mit Michail Gorbatschow. Ich hielt es für angebracht, darauf hinzuweisen, dass man zwar den verstorbenen Generalsekretär schmähte, aber jeder kritische Hinweis auf die Rolle seiner Kampfgefährten fehlte, die sich nach wie vor ihres Lebens freuten. Immerhin hatten sie das Land acht Jahre lang in seinem Namen geführt. Einige dieser Regenten nannte ich in meiner Denkschrift beim Namen, die übrigen, darunter auch Gorbatschow, figurierten dort unter dem Sammelbegriff »und andere«. Sie haben recht, lieber Leser, der Vater der Perestroika brach darüber nicht gerade in Jubel aus.

Sollte doch Breschnew an allem schuld sein. Immerhin hatte er es acht Jahre geduldet, dass hinter seinem Rücken alle möglichen Ränke geschmiedet wurden. Das hielt er auch noch etwas länger aus. Hätte aber Michail Gorbatschow nicht etwas weitergehen müssen, als nur gemeinsam mit Eduard Schewardnadse zu schwören, »in Zukunft« Entscheidungen auszuschließen, die nicht die Billigung des gesamten Politbüros hatten? Hätte er nicht dafür sorgen müssen, dass derartige Entscheidungen auch nicht hinter dem Rücken der gesamten Partei, der Regierung, des Parlaments gefasst wurden? Und danach noch eine Zusatzfrage: Wie effektiv und stabil konnte ein System sein, das formal auf einer einzigen Partei, in Wirklichkeit aber auf einem über allem stehenden Amt aufbaute, das (mit einer Ausnahme) einer Person lebenslang übertragen wurde und damit absolut von deren Neigungen und Launen abhing?

Die Partei ist kein Bienenvolk. Anders gesagt, die einzig richtige Ouvertüre zur Perestroika musste eine tiefgreifende Reform der Partei von unten bis oben sein. Sie musste zu einer Organisation werden, die nicht dem Generalsekretär nachplapperte und ihn bediente, sondern die in engstem Kontakt zum realen Leben ständig frische Ideen produzierte. Michail Gorbatschow zog allerdings ein anderes Szenario vor. Zunächst eine Säuberung des Parteiapparates und seine Besetzung mit, wie der Generalsekretär annahm, ihm treuen Funktionären. Dann eine zweite Selektion. In den Jahren 1985 bis 1990 wechselten die Leute in den Regionen dreimal. Schlug das eher zum Nutzen Michail Gorbatschows oder vielleicht Jegor Ligatschows aus?

1988 war das Jahr, in dem die Wegmarken gewechselt wurden, nach der Überzeugung vieler das Jahr der schicksalhaften Veränderungen. Die KPdSU gab ihre Machtpositionen an die Sowjets der verschiedenen Ebenen ab. Eine notwendige und höchst bedeutsame Reform. Sie erforderte eine äußerst gründliche Vorbereitung, denn die Sowjets, die man jahrzehntelang am Gängelband führte, hatten es verlernt, selbständig zu gehen. Außerdem hatten sie weder Fachleute noch eine materielle Basis zur Verfügung. Sie mussten mit ihrer Führungstätigkeit wieder bei Null anfangen. Die Partei legte, anders gesagt, ihre staatlichen Pflichten nieder, ohne dafür gesorgt zu haben, dass ein handlungsfähiger Nachfolger auf eigenen Füßen stand. Es begann eine regierungslose Zeit.

Wenn die Urheber des Unternehmens unter der kernigen Losung »Alle Macht den Sowjets!« heute erklärten, sie hätten diesen chaotischen Übergang von einem Zustand in den anderen mit voller Absicht herbeigeführt, um sowohl die Partei als auch die Sowjets zu entwaffnen, würde mich das persönlich nicht wundern. Noch weniger könnte mich das Bekenntnis in Erstaunen versetzen, die ganze »Reform des politischen Systems« des Jahres 1988 sei nur erdacht worden, um den zu erwartenden Widerstand in der Partei gegen die Verstärkung des Regimes der persönlichen Macht Michail Gorbatschows gegenüber dem gesamten staatlichen und gesellschaftlichen Überbau mit all seinen Strukturen zu paralysieren.

Eine Verbesserung der sowjetischen Wirklichkeit, losgelöst von einem Umschwung im Bewusstsein? Das konnte nach meiner Meinung nicht funktionieren. Entweder man benannte klar das Ufer, von dem das Schiff abstieß, und die Koordinaten des neuen Bestimmungshafens, oder es trieb ohne Zweck und Ziel in der Hoffnung dahin, die Strömung werde es schon an irgendeine Küste tragen.

Der Stalinismus verfolgte uns nicht nur als Schatten. Er saß in den Poren unserer Lebensweise, im erdrückenden Gewicht des Staates gegenüber dem einzelnen Menschen und der

Gesellschaft, im antidemokratischen Zentralismus, der dem obersten Herrscher die Macht einer Gottheit verlieh.

Das Scheitern der Perestroika hängt mit tausend Fäden an der Tatsache, dass Michail Gorbatschow nicht fähig oder nicht willens war, die Wahrheit über unsere Vergangenheit zu sagen, die Dinge beim Namen zu nennen, zuzugeben, dass der Stalinismus die absolute Negation des Sozialismus war, den Grundsatz der Gewaltenteilung in die Praxis umzusetzen, statt weiter zu herrschen wie bisher, indem er die Gesellschaft teilte.

Da die Politik gegenüber der Wirtschaft weiterhin absolute Priorität genoss, lief die Perestroika letzten Endes darauf hinaus, in der Wohnung die Möbel zu rücken, Personalien und Akzente zu wechseln. Die Zeit behandelte man so, als habe man ein ganzes zweites Leben auf Vorrat. Manche verlorene Stunde ist aber auch in Jahren nicht aufzuholen. Was gestern eine Erkrankung war, ist heute bereits ein Leiden, das morgen zu Invalidität oder Tod führen kann. Es bildet sich eine kritische Masse, die dann wie ein Erdrutsch auch bei enormer Anstrengung kaum noch aufzuhalten ist.

Die Ideologie des Stalinismus hatte sich überlebt. Um eine neue hatte man sich nicht gekümmert. Der gesamte ideologische Raum zerfiel. Die berüchtigten hundert Blumen erblühten. Aus den Blüten wurden grüne Früchte. In den nationalen Quartieren gingen eigene Lichter an. Trotz des außerordentlich hohen Integrationsgrades von 84 Prozent krachte das wirtschaftliche Korsett in allen Nähten. Der Zerfall der Wirtschaft führte unaufhaltsam zum Zerfall einer Großmacht mit jahrhundertelanger Geschichte.

Russland ist heute ins 17. Jahrhundert zurückgeworfen. Die Wissenschaft ist im Niedergang. Die Schule verfällt. Die Kultur versinkt im Dunkel. Für den Einzelnen heißt es nur noch: Rette sich, wer kann. Am besten gelingt das Menschen ohne Gewissen und Moral.

Das 20. Jahrhundert wird sich von früheren Epochen auch dadurch unterscheiden, dass die apokalyptischen Legenden und

Prophezeiungen des Altertums in greifbare Nähe gerückt sind. Die Menschheit hat es heute in der Hand, den atomaren Winter ausbrechen zu lassen oder das Höllenfeuer zu entfachen, auf Bestellung das Klima des Mars oder des Merkur auf die Erde zu holen. Unserem Planeten den Sauerstoff abzudrehen, ihm den Ozonschild oder das Trinkwasser zu nehmen ist kein Problem mehr. Daran arbeiten die Menschen seit langem und nicht ohne Erfolg.

Die Urheber der Perestroika könnten in diesem Trauergesang für sich eine eigene Zeile beanspruchen. Daran besteht überhaupt kein Zweifel. Niemandem ist es bisher gelungen, auf einem Fünftel des Festlandes der Erde ein derartiges Durcheinander anzurichten. Sie können stolz darauf sein und sich freuen, dass sie sich einmal so richtig austoben durften.

Wir wollen aber allem Missgeschick zum Trotz nicht in Fatalismus verfallen. Noch existieren Himmel und Erde. Könnte man doch das Licht vom Dunkel trennen, dem Menschen eine lebendige Seele einhauchen und in seinem Herzen das Feuer der Hoffnung entfachen! Die Perestroika war gut, als es darum ging, Steine zu werfen und zu verstreuen. Nun ist die Zeit gekommen, Steine zu sammeln.

»Die Zukunft ist nicht das, wohin wir gehen, sondern das, was wir schaffen. Wege soll man nicht suchen, sondern bauen. Beim Bauen verändern sich Schöpfer und Schicksal.« Gut gesagt, nicht wahr? Diese Gedanken, die ich so gut nachvollziehen kann, habe ich einmal notiert, ohne zu vermerken, von wem sie stammen. Ich glaube es war Dwight D. Eisenhower, von seinen Erfahrungen als General und Präsident weise geworden.

Von mir füge ich hinzu: Man darf auch vor den Unsicherheiten und Risiken der Zukunft nicht in die Vergangenheit flüchten. Restauration ist keine Rückkehr. Man weicht damit nicht nur von der Hauptlinie der Entwicklung ab, sondern wird an den Rand gedrängt.

»Wenn du dir zu viel vornimmst, bleibst du nicht ungeschoren. Du mühst dich ab und erreichst doch nicht das Ziel, dann willst du aufgeben und kommst nicht mehr davon los« (Das Buch Jesus Sirach 11,11). Was der Mensch vor Tausenden von Jahren erkannte, bleibt wahr und gültig für heute. Und für immerdar.

Anhang

Anlage 1

Thesen zu einem möglichen Referat, betreffend den Stalinismus

Der Personenkult ist nicht auf Gesetzlosigkeit allein zu reduzieren. Er war ein Verbrechen. Ein Verbrechen nicht nur gegen konkrete Personen, sondern gegen die Volksherrschaft, gegen die Partei, gegen den Sozialismus. Auf dieses heikle Thema werden wir noch öfter zurückkommen müssen. Es wird sich weder auf der XIX. Parteikonferenz noch auf dem XXVIII. Parteitag umgehen lassen. Die Wiederherstellung des Leninismus in vollem Umfang und in seiner ursprünglichen Form hat sich leider über alle Maßen hingezogen. Aller Wahrscheinlichkeit nach werden wir uns auch diese Last aufbürden müssen. Wir haben keine andere Wahl, sollte die Perestroika nicht auf halbem Wege stecken bleiben, wenn wir sie so verantwortungsbewusst, ernsthaft und tiefgründig durchführen wollen, wie es einer Revolution zusteht.

Der XX. Parteitag der KPdSU hat die bis dahin verborgenen Wesenszüge des Diktators Stalin nach außen gekehrt, hat dem Personenkult den Nimbus genommen und die Mechanismen bloßgelegt, die dieses abstoßende Phänomen stützten und bedienten. Der Partei steht es noch bevor, den Stalinismus als ein System von Vorstellungen, das den gesunden Menschenverstand durch Glauben ersetzte, als ein System zur Unterdrückung des Volkswillens zu zerschlagen. Hier sich auszukennen, ist viel schwieriger, als Denkmäler vom Sockel zu stürzen, Medaillen neu zu prägen oder Namen auszutauschen. Es ist sogar schwieriger, als – wie Bruno Jasienski schrieb – die eigene Haut zu wechseln. Den Stalinismus zu überwinden, bedeutet in erster Linie, die moralischen Werte der sozialistischen Lehre aus dem Schatten ans Tageslicht zu fördern, das Abc des Sozialismus in seiner ursprünglichen Form als Ideal wie auch täglich geübte Praxis verständlich zu machen.

Man braucht nicht die grundsätzliche Bedeutung der Übereinstimmung von Wort und Tat hervorzuheben. Es genügt ganz allgemein festzustellen, dass Ideologie sich nicht auf philosophische Formeln zurückführen lässt und sich nicht darin erschöpft. Die Philosophie als Abstraktion dient zumeist als Weihrauchfass, mit dem man – ob nötig oder unangebracht – berauschende Düfte verstreut, so weit es ohne sie nicht geht oder sie dem Geschmack entgegenkommen. Genau das brauchen wir nicht.

Den Volksmassen wirkliches Wissen zu vermitteln, das Bewusstsein und die gesellschaftlichen Verhältnisse von ihren Ketten zu befreien, was dank der politischen Führung der Partei der Werktätigen echte Volksherrschaft erst möglich macht – das war Lenins Ziel, und dafür setzte er alle seine Kräfte ein. Ohne das exakte Zusammenführen und die volle Verschmelzung von Ideologie des Denkens und Ideologie der Tat, von Plan und Ausführung wird der Sozialismus nicht in der Lage sein, seine entscheidenden Vorzüge gegenüber der anderen Gesellschaftsordnung zur Geltung zu bringen. Das ist eigentlich so klar wie der Tag. Aber wenn man gründlicher nachdenkt, dann rühren alle unsere Niederlagen von diesem Bruch zwischen verkündetem Ziel und praktischem Handeln her, der entweder Absicht oder schlechte Gewohnheit ist.

Hat der Stalinismus – wenigstens im Ansatz – etwas mit dem wissenschaftlichen Sozialismus gemein? Das ist die Frage aller Fragen. In einer bestimmten Etappe hat Stalin den Marxismus-Leninismus gegen Angriffe von links und rechts verteidigt. Nach dem Überfall Nazideutschlands hat Stalins unbändiger Wille dazu beigetragen, alle Ressourcen zur Überwindung der tödlichen Gefahr, die unserem Vaterland und seiner sozialistischen Zukunft drohte, zu mobilisieren und zu konzentrieren. Man braucht auch nicht zu verschweigen, dass Stalin die Positionen der UdSSR und die sozialistische Alternative in der Welt mit politischem Geschick und Festigkeit verteidigte. Dieser Teil der Wahrheit ist allgemein bekannt, und man braucht keinen Schatten darauf zu werfen.

Aber längst ist die Zeit gekommen, auch den anderen Teil der Wahrheit auszusprechen: Indem er die Form bewahrte, füllte Stalin sie Schritt für Schritt mit einer Substanz, die nur als Hohn auf den Sozialismus, als seine Umkehrung in Antisozialismus qualifiziert werden kann. Die vom Volke ins Leben gerufenen Sowjets, bis heute eine vorbildliche Methode der demokratischen Willensäußerung und Selbstverwaltung, entwürdigte er zu trüben Kanzleien von Schreiberlingen oder zu Paradeversammlungen, auf denen man nur die Hand heben durfte. Die Partei versuchte man auf das Niveau eines Ritterordens zu bringen, dessen Mitglieder ihrem Großmeister stumm gehorchen und diesen blind verehren. Über der Gesellschaft schwebte ein Schwert, das jeden Kopf abschlug, der sich unaufgefordert hob, jede Zunge abschnitt, die länger war als erlaubt, jede Initiative zerschmetterte, die nicht vorher von sieben Vormunden geprüft war.

Die Usurpation von Politik und Ideologie war absolut. Mit Manipulationen, die der normale Verstand nicht fassen kann, wurde eine Monokultur in wenigen Jahren zur unanfechtbaren Norm erhoben. Diese spiegelte nicht die objektive Wahrheit wider, sondern die verzerrten oder gar primitiven Vorstellungen einer Person von dieser Wahrheit. Einer Person, die der Egozentrik verfallen war, sich vom Volk abkapselte, die Menschen nicht liebte und von ihren Nöten nichts wissen wollte. Lenins Plan der Industrialisierung und Kooperation wurde als angeblich zu behutsam verworfen. Stalin schrieb dem Sozialismus das Recht zu, der Wirtschaft gnadenlos Gewalt anzutun, Entwicklungstempo, Proportionen und Produktionsmengen willkürlich festzulegen. Ein typischer Raubbau nach der Devise: Der Zweck heiligt die Mittel.

Eine solche Erscheinung oder, wenn man so will, eine derartige Manie duldet keinen Zweifel und kennt keinen Überdruss. Im Endeffekt reizte den Diktator jeglicher intellektuelle Wettstreit oder gar das Auftauchen eines Experten, der über seinen geistigen Horizont hinausragte, bis aufs Blut. Dann donnerte es: Die Kybernetik sollte verboten werden, die Genetiker in saubere und unsaubere eingeteilt, Kultur und Kunst geknebelt und schließlich – andere Sorgen hatte Stalin Anfang der fünfziger Jahre offenbar nicht mehr – die Sprachwissenschaft verdammt werden.

Alles durch und durch absurd. Der Diktator schien sich selbst zum Feind geworden. Zu dem verbreiteten Bild von Stalin als tückischem Pragmatiker scheint das nicht zu passen. Des Rätsels Lösung liegt offenbar in den Prioritäten – der größte Widerspruch seiner Zeit war er selbst. Wenn es um die Vergöttlichung seiner Person ging, machte Stalin vor nichts halt. Und er schonte nichts, was nicht in seine Vorstellungen passte oder ihn reizte, weil es ihm unverständlich, weil es ungewöhnlich und nicht schablonenhaft war. So riss er die Blüte und den Ruhm unserer Kultur, unserer Wissenschaft und Technik, unserer Pädagogik und unseres Militärs mit der Wurzel aus. Ohne zu zittern, wahrscheinlich sogar mit sadistischer Lust.

Nehmen wir allein die geistige Sphäre. Unsere Gesellschaft verlor unzählige hervorragende Wissenschaftler und Meister der Kultur, auf die sie eigentlich hätte stolz sein müssen. Das muss uns tieftraurig stimmen, aber es ist bei weitem nicht alles. Die Basis blutete aus, die der Zivilisation geniale Denker geschenkt hatte beziehungsweise nach der Oktoberrevolution durch höchst eigenständige Talente aus der Tiefe der Volksmassen angereichert worden war.

Die traditionelle Logik, die die Taten der Menschen nach Gut und Böse bewertet, versagt bei Stalin und seinesgleichen. Diese Sorte Politiker duldet keinerlei Konkurrenz oder Beschränkung. Sie verwachsen mit der Macht, die für sie zu einem Ding an sich wird. Verehrung und glühende Lobpreisung des Führers durch seine Umgebung als »einmalig« und »übernatürlich« werden zum Lebensbedürfnis wie die Luft zum Atmen. Gesellschaftliche, soziale und staatliche Interessen beschäftigen sie schließlich nur noch in dem Maße, wie sie dazu dienen können, sich selbst zu verwirklichen und andere zu erniedrigen sowie eigene Leidenschaften und Neigungen auszuleben.

Nun versuche einer, mit all diesen Tatsachen im Hinterkopf, Stalins Platz in der Geschichte objektiv zu bestimmen. Die Methode »einerseits – andererseits« hilft nicht weiter. Auch einen dritten, den so genannten goldenen Mittelweg, gibt es hier nicht. Uns bleibt nichts übrig, als zu analysieren, zu vergleichen und Schlüsse zu ziehen. Dabei müssen wir den Tatsachen direkt ins Gesicht schauen – nur den Tatsachen und allen Tatsachen.

Zunächst sei festgestellt: Die nach dem Oktober so aussichtsreich in Angriff genommene Verbindung der ideologischen, moralischen und materiellen Voraussetzungen mit der Bereitschaft breitester Volksmassen, sich tatkräftig in die Umgestaltung der Gesellschaft auf prinzipiell neuer Grundlage einzuschalten, wurde gegen Ende des ersten Jahrzehnts nach der Revolution zunächst deformiert und dann brutal zerrissen. Die historische Chance, die der Republik der Sowjets verhieß, in breiter Front zu den Höhen des kulturellen, sozialen und wirtschaftlichen Fortschritts vorzustoßen, wurde nur in äußerst geringem Maße und nicht auf bessere Weise genutzt.

Nach und nach trat an die Stelle von Lenins Denkart – die Stärke des Sozialismus liegt in der Bewusstheit der Massen – die Stalinsche Apologetik des Zwangs und der blinden Unterwerfung. Anstatt die Massen – laut Lenin – alles wissen und alles bewusst tun zu lassen, wurde zur Regel, dem Volk das Wissen vorzuenthalten, damit es bei der Ausführung der Befehle und Instruktionen nicht abgelenkt werde. Den Wert der Theorie an den eigenen Erfahrungen zu messen, galt als subversive Tätigkeit. Der Marxismus-Leninismus entartete zu einem Katechismus, zum berüchtigten vierten Kapitel des »Kurzen Lehrgangs«, zum Vaterunser.

Lenin nannte die Dialektik die Seele des Marxismus. Stalin kreuzigte und zerstörte diese Seele. Damit ihm niemand zu widersprechen wagte, ihm, der als Einziger die Lehre auslegte und über ihre »Reinheit« wachte. Die Dialektik wurde durch eine Scholastik ersetzt, die man nach dem Bedarf des Schöpfers der Fälschung des Leninismus zurechtschneiderte und die von vornherein alles heiligsprach, was Stalin auch immer verkünden oder vollbringen mochte.

Jeder lebendigen Sache, jeglicher Entwicklung wohnen ein Kampf des Neuen gegen das Alte inne sowie der Widerstand gegen das Alte. Das geschieht zuweilen auf ganz unerwartete Weise. Stalin nahm dies als einen Wink des Schicksals, entdeckte hier für sich eine »legale« Möglichkeit, unbequeme Menschen loszuwerden, im Lande eine Atmosphäre moralischen Terrors, ständigen Misstrauens und äußerster Unsicherheit zu erzeugen, in der man nur noch auf ein Wunder hoffen konnte, auf das Erscheinen eines Erlösers. In Stalin gewann der Schüler des Priesterseminars die Oberhand über den kompilatorisch strukturierten Marxisten.

Welche seiner Äußerungen man auch nimmt – wo man ein wenig an der Oberfläche kratzt, treten unter den dünnen Worthülsen Mystifizierung und Täuschung hervor. Die Stalinsche Version des Sozialismus ist insgesamt zu einer Tragödie für unser Land und für unsere große Sache geworden. Ihre Konsequenzen werden noch Generationen sowjetischer Menschen zu spüren bekommen. Dabei sind die moralischen Schäden des Stalinismus am schwersten zu überwinden.

Vor kurzem hatte ich eine Begegnung mit leitenden Funktionären der Massenmedien und der Künstlerverbände, auf welcher ich eine Reihe Gedanken äußerte, die mit dieser Problematik direkt oder indirekt zu tun haben. Vor den Mitgliedern des ZK füge ich hinzu: Wir haben uns nicht konsequent vom Stalinschen Erbe abgegrenzt, ja, es in mancher Hinsicht lediglich bei formalen Gesten belassen.

Natürlich kommen wir alle vom Oktober her. Zugleich sind wir alle Kinder oder Enkel der Stalin-Zeit – in der einen Hinsicht mehr, in der anderen weniger. Viele Fesseln, die Stalin unserer Wahrnehmung des Seins, unserem Denkprozess anlegte, hat die Gesellschaft noch nicht gesprengt, noch nicht abgeworfen. Beweise? Bitte schön: Wir messen die Vorgänge von heute, insbesondere in der geistigen Sphäre, nicht daran, was zu Lenins Zeiten galt, sondern daran, was unter Stalin gestattet oder nicht erlaubt war. Viele Vorschriften, die bis heute gelten, tragen die Handschrift der dreißiger und vierziger Jahre. Noch mehr aber binden uns an jene Zeit unsere eigenen Voreingenommenheiten, unsere Vorurteile, darunter ein so heimtückisches wie die Schuldvermutung.

Wahrscheinlich liegt es daran, dass mancher bei jeder Zuspitzung der Auseinandersetzungen in der Perestroika sofort Abweichung, Konterrevolution, Verschwörung, zumindest aber Ketzerei wittert, und sofort unter der Bank nach der Axt sucht. So tief haben wir das teuflische »Gesetz von der Verschärfung des Klassenkampfes« verinnerlicht.

Ganz gewiss mangelt es uns an Kultur, vor allem an der unter Stalin verpönten Kultur der Demokratie, des menschlichen Umgangs freier und gleicher Bürger miteinander. Es fehlt an Argumenten, an Takt, an der Fähigkeit, eine andere Meinung anzuhören. Wer Macht hat, den drängt es, sie zu demonstrieren, die Stimme erhält einen metallischen Klang, der Blick versteinert, die Haltung nimmt etwas Monumentales an. Auch ein von der Natur großzügig bedachter Mensch hält zuweilen selbst leichten Prüfungen der Macht nicht stand. Aus Hochmut, nicht unbedingt aus Eigensucht, genießt er die Abhängigkeit anderer.

Wenn ich will, stelle ich ein Papier aus, wenn ich nicht will, dann eben nicht, drücke ich den Stempel aufs Papier oder hauche ich ihn nur an, helfe ich einem Kranken oder nicht, lasse ich jemanden passieren oder nicht, bewillige oder verweigere ich einen Studienplatz, hebe oder drücke ich die Stimmung eines Menschen, fordere ich dem Bürger alles ab und lasse ihn alle Leiden durchleben, bis er bekommt, was ihm nach der Verfassung zusteht. Ertappt man einen solchen Machtbesessenen auf frischer Tat, dann bekommt man etwas über »Staatsräson« zu hören, oder es wird ein Papier aus der Tasche gezogen, das er von rechts nach links liest, um etwas zu finden, das dort gar nicht steht, oder er droht unverschämt damit, sich eine andere Arbeit zu suchen, sollte sein Stil uns nicht passen.

Tränen, die die Welt nicht sieht? Misslichkeiten des Alltags? Möglicherweise ist mancher daran interessiert, das Problem kleinzureden. Wenn man aber bis zur Wurzel vordringt, kommt man zu der Feststellung, dass viele unserer Gebrechen bei kleinen Alltagsdingen beginnen. In den Warteschlangen, in überfüllten Verkehrsmitteln, auf dem Sozialamt oder in den Gesundheitseinrichtungen entstehen Tief- und Hochdruckgebiete, die nicht nur das Wetter der Saison, sondern das gesellschaftliche Klima insgesamt beeinflussen. Wenn man das Problem politisch betrachtet, muss man zugeben, dass es nach und nach zur Praxis geworden ist, die sozialen Garantien und die Bürgerrechte des sowjetischen Menschen faktisch zu beschneiden oder ihre Nutzung zu erschweren.

Wer kann mit olympischer Ruhe zuschauen, wer kann sich damit abfinden, dass entgegen allen Beschlüssen des ZK und der Regierung Veteranen des Großen Vaterländischen Krieges sowie Afghanistan-Invaliden frech beleidigt und verhöhnt, dass Waisen und alte Menschen schikaniert werden? Wann wird wenigstens hier Ordnung einziehen? Als Kleinigkeit können dies nur Menschen betrachten, die unbeirrt an die Zauberkraft der Disziplin des Stocks und der Vorgesetztenwillkür glauben. Demokratie ist für sie eine Tarnung, eine Modeerscheinung, eine leichte Unpässlichkeit wie ein Schnupfen oder ein Vergnügen, das wir uns als kurze Abwechslung gönnen dürfen.

Natürlich gibt es auch solche, die sich nicht mit Selbstanalysen abplagen, die Antworten auf quälende Fragen nur in Äußerlichkeiten suchen und für die Anpassung das oberste Gebot ist. Ein Anpasser klammert sich stets an seinen Besitz von gestern. Allein aus diesem Grunde kann man von ihm keinen vollen Einsatz erwarten. Gut, wenn er nicht zum Ballast wird, sondern sich nur passiv verhält. Passivität sucht sich übrigens gern Entschuldigungen und findet sie auch: Wozu etwas riskieren oder etwas unternehmen, wenn Initiative nach wie vor bestraft wird oder auf einen Berg nervenaufreibender Unannehmlichkeiten und Strapazen hinausläuft?

Um das Bild vollständig zu machen, seien auch die Schmarotzer an der Wachsamkeit erwähnt, die wie am Fließband Zweifel produzieren. Nach ihrer Meinung ist die Partei bei den revolutionären Veränderungen, bei demokratischer Erneuerung und Glasnost bereits zu weit gegangen. Zum Beweis heißt es: Seht, welche Wellen Presseveröffentlichungen auslösen, welche extremen Auffassungen »der Plebs« unaufgefordert äußert, gegen wen er die Hand erhebt.

Einige predigen eine Sparvariante des Sozialismus, weil sie geistig zurückgeblieben sind oder von Dogmen nicht loskommen. Beim besten Willen können sie die Dimension heutiger Veränderungen nicht begreifen. Andere wiederum sind verunsichert, weil die Partei nicht an der Oberfläche bleibt, sondern mit Hilfe der Massenmedien den Dingen auf den Grund geht. Ihnen, die durchaus nicht so naiv sind, wie sie tun, käme es schon zupass, wenn die Perestroika versiegte, wenn sie sich darauf beschränkte, in der Wohnung ein paar Möbel zu rücken oder höchstens die Adresse zu wechseln, am besten aber in derselben Stadt.

Sie alle muss ich enttäuschen: Die heutige Etappe der Perestroika ist nur der Anfang. Die Hauptsache haben wir noch vor uns. Der Sozialismus ist nicht länger ein leeres Wort. Er wird wieder zum lebendigen Gedanken, zur lebendigen Praxis der Massen. Genau das hat die Partei gewollt. Aktivität, so viel schöpferische Aktivität wie möglich – nur so macht sich das ganze Volk die Ideen der Avantgarde zu Eigen. Nur so und nicht anders wird die ganze sowjetische Gesellschaft begreifen, dass die Stunde der Erneuerungsidee geschlagen hat und dass wir alle Brücken hinter uns verbrannt haben.

Natürlich dürfen wir nicht zulassen, dass die Anerkennung der Gesetzmäßigkeit von Widersprüchen in jeder Bewegung, in der Rückwärtsbewegung auch, zur Unterschätzung oder zum Leichtsinn in Bezug auf strittige und konfliktbeladene Situationen führt. Es gibt Widersprüche und Widersprüche. Kampf ist nicht gleich Kampf, Position nicht gleich Position. Die Partei will mehr Demokratie und Glasnost, um mehr Sozialismus zu erreichen, mehr Freiheiten, mehr Rechte und gesellschaftliche Vorzüge zu schaffen, die ihm eigen sind. Eine »Erneuerung« auf Kosten des Sozialismus oder gar gegen den Sozialismus kann und wird es nicht geben. Das erkläre ich nicht zum ersten Mal, und ich sage es mit äußerster Klarheit.

Es zeugt aber nur von Hilflosigkeit oder Schwäche und ist durchaus kein Zeichen von Unbeugsamkeit oder Entschlossenheit, wenn man aus Kanonen auf Spatzen schießt. Ich nehme an, wir haben nicht die Absicht, einen Vulgarismus durch einen anderen zu ersetzen, aus einem Extrem ins andere zu fallen, einen Plan wegen unvollkommener Ausführung zu verwerfen oder, ohne selbst schon die Lösung zu wissen, die Suche nach der besten Umsetzungsmethode als Verletzung der Idee zu brandmarken.

Der aktuelle Zustand und die Veränderungen sind ständig zu durchdenken. Nicht, um den Sozialismus mit pseudowissenschaftlichen Argumenten schönzureden oder für dessen Begründer immer erlesenere Komplimente zu erfinden. Niemand hat das Recht, von uns zu erwarten oder gar zu fordern, dass jedes Plenum oder jeder Parteitag unbedingt einen »Beitrag« zu unserer Lehre, am besten aber gleich zu unserer Weltanschauung leisten muss. Das alles ist eitel Verführung und hohle Geschäftigkeit. Wir haben es nicht nötig, unsere Berichte und noch weniger unsere Theorie zu frisieren. Allerdings dürfen auch Verknöcherung, stures Beharren, eigensinnige Ablehnung jeglicher Veränderung oder das Leugnen lebendiger Tatsachen und des tatsächlichen Lebens selbst weder gefördert noch geduldet werden.

Wenn wir an unsere Fähigkeit zur Selbstvervollkommnung glauben, dann müssen wir begreifen, dass unsere heutigen Vorstellungen morgen ebenso unweigerlich korrigiert werden, wie es mit unseren gestrigen bereits heute geschieht. Hier hat das Einparteiensystem seine Besonderheiten. Irrtum oder Misserfolg einer Seite werden nicht durch Unfähigkeit und Fehler der anderen Seite aufgewogen. Die herrschende Partei muss alle Folgen tragen, ob verdient oder nicht.

Was ergibt sich daraus? Verantwortungsbewusstsein und Selbstkritik sind notwendig, in allem, was wir tun, dazu bolschewistische Prinzipienfestigkeit. Wenn die moralische Einheit wirkliches Gewicht erhalten soll, müssen Partei und Gesellschaft das kommunistische Vermächtnis von der Unmoral reinigen und ihm die Unanfechtbarkeit zurückgewinnen. Lenin hat nicht umsonst gefordert, dass ein Kommunist für die Vernachlässigung seiner Pflichten, für jeglichen Missbrauch, besonders für ein vorsätzliches Verbrechen zweifach und dreifach so streng zur Verantwortung gezogen werden muss. Eine große Sache kann man nur mit sauberen Händen und heißem Herzen vollbringen.

Seit einiger Zeit ist häufig zu hören und zu lesen, dass sich in der sowjetischen Gesellschaft an der Wende von den siebziger zu den achtziger Jahren Müdigkeit, Apathie und Enttäuschung aufstauten. Stellen wir uns direkt die Frage: Warum? Konnte es ohne eine Renaissance des Leninismus anders sein? Eine Renaissance nicht in Fragmenten, sondern als geschlossene Lehre. Ohne ausgedachtes pseudotheoretisches Beiwerk und auf der Höhe der damaligen Anforderungen.

Wie tief sind wir doch gesunken! Man hat es verlernt, Lenin zu lesen, oder, selbst wenn man ihn liest, Lenin zu verstehen. Den genialen Denker und revolutionären Praktiker haben die Buchstabengelehrten auf das Niveau eines Orakels und einer Ikone herabgewürdigt. Zu welchem Zweck? Um selbst keinen

Fehler zu begehen und nicht aus der Reihe zu tanzen. Sitz am weichen Platz, füge Zitat an Zitat und setze dazu eine kluge Miene auf!

Wo steht bei Lenin geschrieben, was wir ab 1. Januar 1988, in einem Jahr, in einhundert oder zweihundert Jahren tun sollen? Lenin schrieb in klarer kyrillischer Schrift, was unter allen Umständen ausgeschlossen werden muss – scheinheilig zu sein, mit gespaltener Zunge zu reden, zu stehlen oder den Feigling zu ehren. Er nannte und systematisierte die Merkmale der sozialistischen Gesellschaftsordnung. Dazu gab er uns nachdrücklich den strengen Rat, im Leben den eigenen Kopf zu gebrauchen. Dafür aber gilt es zu lernen – beim wichtigsten und anspruchsvollsten Lehrer, dem Leben. Es gilt, den Kommunismus zu erlernen, denn als Kommunist wird man nicht geboren, zum Kommunisten entwickelt man sich. Um zu lernen, gilt es, die eigenen Erfahrungen zu bedenken, aber auch die anderer nicht zu missachten.

Stalin handelte in fast allen diesen Dingen genau umgekehrt. Er stellte das System auf den Kopf. Unter dem Vorwand, die »Kulaken als Klasse« zu liquidieren, führte er einen Schlag gegen die Bauernschaft als Klasse und als Bündnispartner des Proletariats. Er konfrontierte den Staat mit der Gesellschaft, konstruierte Widersprüche zwischen allen Eigentumsformen und allen Kategorien der Politökonomie. Er versuchte, alle Klassen und Schichten der Bevölkerung durcheinanderzuwirbeln, damit sie in einem Armenhaus leben sollten, ohne sich ihrer Herkunft zu erinnern. Zum Glück hatte er Pech.

Wir werden Jahre benötigen, bis die Erde als die große Ernährerin, die schwere Landarbeit und die Arbeit überhaupt wieder zu Ehren kommen und nicht nur die ausgesucht elitäre Beschäftigung hoch im Kurs steht. Es wird mehrerer Fünfjahreszyklen bedürfen, bis der nach ökonomischen Prinzipien funktionierende Wirtschaftsmechanismus auf volle Touren kommt, den wir an die Stelle der administrativen Kommandowirtschaft gesetzt haben.

Machen wir uns aber nichts vor: Der Stil des Administrierens und Kommandierens war nicht nur in der Wirtschaft verbreitet. Er hat unsere ganze Existenz, uns alle erfasst, ob groß oder klein. Wir werden Jahrzehnte brauchen, bis alle Risse und Klüfte geschlossen sind, die entstanden oder verschlimmert wurden, weil man die körperliche und seelische Gesundheit der Gesellschaft grob missachtete, die Bedürfnisse ihrer verletzlichsten Mitglieder, der Kinder, vernachlässigte, weil man mit der Natur geradezu barbarisch umging. Bis wir in uns selbst die Einstellung des Hausherren auf Zeit, der alles irgendwie erledigt, wenn es denn überhaupt getan werden muss, überwunden haben. Bis wir aufhören, für den äußeren Schein Kopeken zu sparen, um dann, ohne zu zögern, Millionen für die Korrektur von Fehlern und Dummheiten zu verschleudern.

Wir dürfen uns nicht der Illusion hingeben, dass der Stalinismus von heute auf morgen ausgelöscht werden kann. Unter anderem auch wegen unseres Nationalcharakters. In Russland hat man zu allen Zeiten sensibel auf Nuancen und Akzente reagiert. Nach den Leidenswegen, die unser Volk beschreiten musste, trifft das besonders zu. Und wenn in einer zentralen Zeitung plötzlich ein Artikel erscheint, der Zweifel darüber sät, ob ein Parteimitglied im Handel tätig sein oder sich der Bewegung der Kooperative anschließen darf, dann fangen listige Hofschranzen, die auf Stühlen und Bänken hocken oder sich in bequemen Sesseln räkeln, sofort an zu kalkulieren: Aha – da gibt es einen Beschluss des ZK, mit dem die Spreu vom Weizen getrennt und geprüft werden soll, wer zu gebrauchen ist und in wem bereits der Wurm sitzt.

Nehmen wir ein anderes Beispiel: das Gesetz über die selbständige Produktionstätigkeit. Wenn es unter Begleitmusik gegen die »Privaten« eingeführt wird, wenn zugleich Vorladungen zu Gesprächen in die Behörde verschickt werden, die »Unterschlagung sozialistischen Eigentums« bekämpft wird, dann hat der Appell, nicht auf der faulen Haut zu liegen, sondern sich mit etwas Nützlichem für sich selbst und die

Gesellschaft zu befassen, kaum Chancen, breiten positiven Widerhall zu finden.

Napoleon hat eingeführt, was Stalin mit Freude übernahm: lieber zehn Unschuldige bestrafen als einen Schuldigen davonkommen lassen. »Böses kommt geritten, geht aber weg mit Schritten« – sagt das Sprichwort. Das trifft besonders zu, wenn eine untadelige Idee durch Übereifer zur Karikatur herabgewürdigt und der Lächerlichkeit preisgegeben wird. Manchmal möchte man schreien: »Das habe ich nicht gewollt!« Aber vergebens. Wenn du dich schon bereit erklärst, was zu tun, dann trage das Kreuz.

Sorgen gibt es also im Überfluss. Zum Teil liegt das an Aufschüben und Verzögerungen, zum Teil aber auch an der heimlichen Hoffnung, alles könnte noch einmal vorbeigehen oder man könnte einfach Glück haben. Vielleicht kommt es zu einer Superernte, vielleicht fällt Manna vom Himmel oder man entdeckt den Stein der Weisen, der im Handumdrehen alles in Ordnung bringt – in der politischen Arbeit der Partei, in der Schule oder in der Wohnungsverwaltung.

In Erwartung solcher Wunder sind wir bei der Nutzung der Errungenschaften der wissenschaftlich-technischen Revolution auf einen der letzten Plätze in der Welt zurückgefallen. Und wer sagt denn, dass es dabei vor allem um Maschinen, Geräte und Technologien geht? Menschen sind in erster Linie Menschen. In ihnen ruht alles, und von ihnen hängt alles ab. Das ist mein Kommentar zum Begriff des »Faktors Mensch«, den wir munter und bedenkenlos gebrauchen.

Revolution und Evolution vollziehen sich in der Gesellschaft ohne Unterlass. Vielleicht geben wir wenigstens hier ein Beispiel? Weshalb zögern wir? Dazu muss man keine Maschinen austauschen, Fonds beschaffen oder zusätzliche Mittel herausschlagen. Man muss sich nur selbst ändern. Hindert uns auch hier die Psychologie der Hausherren auf Zeit, veranlasst sie uns, Differenzen zwischen Vorgesetzten und Behörden auf der Leiter der Hierarchie aufzuspüren? Eine Denkungsart, die uns entwöhnt hat, an Stabilität zu glauben, sicher zu sein, dass sich morgen nicht wieder alles um einhundertachtzig Grad dreht, dass die Perestroika kein Manöver ist, sondern der Generalkurs. Ernsthaft und für lange Zeit.

Kurzum, nicht nur für Kinder und Jugendliche, sondern auch für durchaus reife Menschen gibt es vieles, was sie überdenken, lernen und aufs Neue lernen müssen. Wir müssen zahllose Bücher neu schreiben – von der Fibel bis zum Handbuch für Parteifunktionäre, damit sie aufhören, leeres Stroh zu dreschen und sich dem praktischen Leben zuwenden. Damit sie in sich die Bereitschaft stärken, ihre Umwelt nüchtern als etwas zu empfinden, das nicht ein für alle Mal gegeben ist (klammern wir die Ökologie aus), sondern das sich zum Ersten ständig in Bewegung befindet wie Quecksilber, das zum Weiteren erkennbar und zuletzt, drittens, für Gutes empfänglich ist.

Wir werden kaum etwas erreichen, wenn wir nicht in jedem Menschen das Gefühl der eigenen Würde und der Achtung vor dem Nächsten wecken, wenn wir ihn nicht zu Pflichtbewusstsein, Verantwortung und Solidarität erziehen. Ohne hohe staatsbürgerliche Qualitäten – von den menschlichen gar nicht zu reden – wird ein Fachmann wenig nützen oder, schlimmer noch, zum gebildeten Monster entarten.

Wo Heimat anfängt, haben wir im Wesentlichen begriffen. Wo aber beginnt der Mensch? Wann und wie bilden sich sein Charakter, seine Lebenshaltung? Welche Rolle spielen dabei die allgemeinbildende Schule und die Universität? Was können und müssen die Massenmedien, die Kultur und die Kunst, gesellschaftliche Organisationen, Armee, Familie, Hof und Straße dazu tun?

Die Schule muss als ihr wichtigstes Fach ansehen, die Schüler das Denken zu lehren. Das heißt, sie muss in gewissem Sinne das Gegenteil von dem tun, was sie unter Stalin tat und zum Teil noch heute tut. Das Denken lehren. Das ist eigentlich eine Selbstverständlichkeit. Wenn man sich mit dem Schein begnügt, entstehen keine Fragen. Fragen aber gibt es im Überfluss. Das

Denken lehren kann man nicht in engen Grenzen, nach dem Stundenplan oder aus Anlass von Jubiläen, Plenartagungen und Parteitagen. Wenn man das Kind und den Erwachsenen zum Denken einlädt, dann fordert man sie zugleich auf, an allem zu zweifeln, die unterschiedlichsten Fragen zu stellen, auf die man antworten muss, darunter auch auf unbequeme.

Die unangenehmste der unbequemen Fragen wird stets sein: Wie konnte es geschehen, dass sich die alles verderbende Lüge in unsere Wirklichkeit einschlich? Warum wurde ihr nicht rechtzeitig die Tür gewiesen? Warum geistert sie nach Stalin – wenn auch ohne die Grausamkeiten und Opfer der dreißiger und vierziger Jahre – immer noch in unserer Gesellschaft herum? Wenn man fälscht, Begriffe austauscht und die Wahrheit nur dosiert preisgibt – muss das alles nicht zur Gewissensspaltung führen? Über welchem Feuer sollen wir unsere Seelen reinigen, an welchem Beispiel Kinder und Jugendliche erziehen? Die Geschichte wird doch nicht um ihrer selbst willen geschrieben. Nicht zufällig hat ein kluger Mann die Geschichte eine aktuelle Politik genannt, die der Vergangenheit zugewandt ist. Was ist für uns die Moral dieser siebzig Jahre, was wird der gemeinsame Nenner sein?

Bis vor kurzem hieß es offiziell, jeder unserer Fünfjahrpläne sei vollständig erfüllt und übererfüllt worden. So steht es auch in allen Enzyklopädien und Lehrbüchern. Damit sind Generationen aufgewachsen. Der Plan ist Gesetz, behaupteten wir, ohne zu überlegen. Wie kann es sein, dass bei Erfüllung und Übererfüllung der Pläne die Disproportionen, Deformationen und Defizite wuchsen, dass das Wohnungs- und das Lebensmittelproblem solche Ausmaße angenommen haben, dass Gesundheits- und Bildungswesen elementaren Anforderungen nicht entsprechen, dass die sozialen Spannungen wachsen? Vielleicht haben wir schlecht geplant? Dass dem sozialen Bereich nicht die richtigen und nicht genügend Ressourcen zugewiesen wurden, ist inzwischen zweifelsfrei festgestellt. Aber selbst die knapp bewilligten Mittel und die armseligen Projekte wurden nur zur

Hälfte realisiert. Indessen redete man der Bevölkerung ein, alles sei in Ordnung und könne gar nicht besser sein.

Wir machten uns nicht die Mühe zu zweifeln, ob wir nicht eine Dummheit begehen, wenn wir den gesunden Menschenverstand so offen missachten, wenn wir Schwarz für Weiß erklären. Wenn der Plan erfüllt ist, der Mangel aber, der die Menschen quält, nicht geringer, sondern noch größer wird, folgt daraus doch, dass er eingeplant ist. Wie konnte etwas Derartiges unter der Sowjetmacht geschehen? Wenn die Dinge nicht wunschgemäß laufen, die Macht aber die Schieflage nicht geraderücken kann, was ist das dann für eine Macht, die ihrer Hauptaufgabe – die Bedürfnisse der Menschen zu erfüllen – nicht gerecht wird?

Haben wir uns selbst unsere Grube gegraben? Die Inkompetenz von Machthabern und ihrer Helfershelfer hat Zweifel am System der sozialistischen Wirtschaftsführung, an unserer Gesellschaftsordnung als solcher insgesamt, gesät. Wer sich an der Wahrheit versündigt und auch noch will, dass man ihm dafür Lorbeerkränze flicht, hat seine politische und seine Parteipflicht vergessen. Wenn man zuließ, dass nationale Kennziffern der Erfüllung der Fünfjahrpläne gefälscht wurden, dann konnte man darauf warten, dass dies in den Republiken, Gebieten und Kreisen Nachahmer fand. Man erntete, lagerte und verarbeitete Baumwolle, die nie existierte, man transportierte fiktive Güter mit erfundenen Transportmitteln und so weiter.

Zu Lenins Lebzeiten wurden die Dinge noch beim Namen genannt. Damals legte man nicht nur Geheimverträge offen, sondern enthüllte auch die Mechanismen, mit deren Hilfe Bourgeoisie und Großgrundbesitzer das Volk ausplünderten und ausbeuteten, die Massen von der wirtschaftlichen und politischen Macht fernhielten. Lenin bestand darauf, dass das Volk die Wahrheit in allen drei Dimensionen kannte. Im materiellen Sinne existierte der Sozialismus noch nicht, aber damals und nicht sechzig Jahre später erhielten die Menschen eine moralische Vorstellung davon, was realer Sozialismus ist.

In schwerster Zeit, als das Schicksal der Revolution buchstäblich am seidenen Faden hing, studierte Lenin sorgsam die ersten Keime sozialistischer Erfahrung, sammelte er Stückchen für Stückchen Tatsachen, aus denen er seine Empfehlung ableitete, dass nach dem Ende des uns aufgezwungenen Bürgerkrieges und der ausländischen Intervention die Volksherrschaft den Kriegskommunismus ablösen musste.

Wir kennen dieses Kapitel, im Grunde genommen, das wichtigste der Leninschen Sozialismusauffassung, nur sehr schlecht. Jahrzehntelang wurde es vor der Partei und der Wissenschaft geheimgehalten. Mit Bruchstücken, die willkürlich aus dem Zusammenhang der Leninschen Arbeiten herausgerissen wurden, versuchte man häufig, das Gegenteil von dem zu beweisen, was Lenin versuchte zu beweisen. Es war üblich, Begriffe zu zerlegen, zweifelhafte Zitatensammlungen zusammenzustellen, um das Erreichte in strahlendem Licht erscheinen zu lassen und Entschuldigungen für das verspielte Kapital zu finden.

So war das. Wenn man den Plan nach dem Ergebnis zurechtschneiderte, musste man schließlich auch dazu kommen, die Theorie nach dem Erreichten zurechtzuzimmern. Ein Personenkult wurde gebraucht, bitte schön. Um der Sache Farbe zu geben, taugte selbst Iwan der Schreckliche. Peter I. störte dabei auch nicht. Man erinnerte sich der Folklore (»Das Heer ist erst durch den Truppenführer stark.«). Wenn diesem wie einem Autokraten alles erlaubt sein sollte, dann brauchte man dafür pausenlosen Jubel über »Erfolge«, »Rekorde« und »Siege«, die sich wie aus einem Füllhorn über die Menschen ergossen. Misserfolge und Niederlagen wurden von vornherein ausgeschlossen. Wer es riskierte, darauf hinzuweisen, dass diese im Prinzip möglich waren, geriet unverzüglich unter die Feinde des Führers, was bedeutete, unter die Feinde des Volkes. Nach dem Willen eines Einzelnen gaben sich Materialisten der Götzenanbetung hin.

Dieses Übel ist uns in Fleisch und Blut übergegangen. Es wirkte nach Stalins Tod und selbst nach 1956 [nach der Rede N. Chruschtschows am XX. Parteitag] weiter. Man übertrug es auf das Zentralkomitee, das außerhalb jeder Kritik stand. Bei allen Wechselfällen hatte man die Tätigkeit des ZK »voll und ganz« gutzuheißen.

Beeilen Sie sich nicht, dem zuzustimmen oder nicht zuzustimmen. Denken Sie sich hinein und gewinnen Sie Klarheit über sich selbst. Tun Sie das in kritischem Geist. Dann wird der Ruf nach Erneuerung, nach neuem Denken sich Ihnen umfassender und konkreter erschließen.

Wir erklären nicht selten in tiefem Ernst, dass allein unser Land und unser Volk imstande waren, durch die Hölle des Zweiten Weltkrieges zu gehen, ohne zu zerbrechen. Wenn wir unsere Lotterwirtschaft sehen, merken wir gern ironisch an, dass allein unser System den Staat vor dem Bankrott rettet. Darin steckt aber ein tiefer politischer, sozialer und moralischer Sinn: Wie groß muss die Anziehungskraft des Leninismus, die Stärke der Lehre von der sozialen Gerechtigkeit sein, dass sie nicht verlorengingen, dass eine Partei, die die erste Zielscheibe des Diktators war, nicht entartete, dass das Volk die entscheidenden Errungenschaften des Oktober erhalten, mehren und über die schweren Jahre retten konnte, dass viele Entwürfe des Gründers des ersten sozialistischen Staates auf der Welt Realität geworden sind.

Sicher ist dies die wichtigste Schlussfolgerung, die zu ziehen wir das Recht und die Pflicht haben. Dies ist offenbar das moralische Kriterium, mit dessen Hilfe wir unser Schiff im größten Sturm und bei schwerster See auf Kurs halten werden. Dies ist eigentlich auch die Antwort auf die Frage, die das Plenum erörtern wird: Wie sollen die sowjetische Schule und Hochschule beschaffen sein? Menschlich und ehrlich, klug und verantwortungsbewusst, nach vorn gerichtet und voller Achtung vor unserer nationalen Vergangenheit, vor dem Erbe der menschlichen Zivilisation.

Wir Erwachsenen dürfen unsere Sorgen nicht der Schule aufbürden. Diese hat auf allen Stufen genügend eigene Probleme. Auf jeden Fall muss man die Schule von der undankbaren

Aufgabe befreien, immer wieder die Schüler und Studenten umzuorientieren – und das in den Fächern, von denen abhängt, welcher Art Menschen unsere Nachfolger einmal sein werden. Wirklichen Glauben erwirbt man in der Regel nur einmal im Leben, und auch dann nicht bedingungslos. Wenn junge Menschen sich einmal betrogen fühlen, benehmen sie sich wie Wetterfahnen – und das so lange, bis die harten Lebensumstände, nicht Ideen, sie an die Kette legen.

Die Schule muss sich in vollem Umfang wieder der Aufgabe widmen, Begabungen frühzeitig zu erkennen und sorgsam zu pflegen. Wenn möglich, sollte die Gesellschaft ihre Mitglieder schon in der Kindheit studieren und jedes für die ihm von der Natur vorgegebene Sphäre entwickeln. Soziale Gerechtigkeit beginnt bereits in der Schule oder sogar noch früher. Die Menschen werden nicht nur gleich geboren, sondern sie sollten auch mit gleichen Rechten und Pflichten durchs Leben gehen. Jeder Sowjetbürger, wie alt er auch sein mag, muss wissen, dass soziale Sicherheit nichts Selbstverständliches ist, sondern ein Reichtum, den man schätzen und hüten muss – die Oktoberrevolution in Aktion, seine ganz persönliche Revolution.

November 1986

Anlage 2

An A. N. [Jakowlew[28]]
Der Vektor einer zivilisierten Entwicklung unseres Landes

[Überlegungen zum Konzept der XIX. Parteikonferenz]

In der UdSSR leben 43 Millionen Arme. Wir haben ungefähr 40 Millionen unnötige Arbeitsplätze. Nicht wenige davon sind der Traum vieler Jungen und Mädchen, was schmerzlich berührt. Christus' Gebot – im Schweiße deines Angesichts sollst du dein Brot verdienen – gilt offenbar nicht für uns. Bei uns geht es darum, sein Brot zu erhalten.

Selbst wenn ein Mensch in unserem Lande nicht die Chance hat, ehrlich zu verdienen, besteht für ihn trotzdem die potenzielle Möglichkeit, alles Notwendige zu erhalten – eine Wohnung, Bildung, ein Gehalt, ein Grundstück auf dem Lande, Behandlung in der Poliklinik und anderes mehr. Daran kranken wir.

Dass es bei uns möglich ist, in solchem Maße an der Gesellschaft zu parasitieren, hat viele Ursachen, darunter wirtschaftliche und historische. Hier kommt es uns darauf an, die Axiome herauszuarbeiten, die in unseren historischen und wirtschaftlichen Genen stecken. Vielleicht ist das Wort »Gene« hier nicht ganz angebracht. Halten wir es lieber mit Kant und sprechen von den wirtschaftlichen und historischen Apriorismen.

Es ist natürlich Sache der Literatur, der Philosophie und der Politökonomie, in Gedanken und Bildern darzustellen, wie Umstände, die sich seit Iwan dem Schrecklichen bis in unsere Tage hartnäckig halten, die innere Welt des Menschen, seine Gewohnheiten geprägt haben.

Russlands Tragödie besteht darin, dass es seit der Einführung des Christentums vor tausend Jahren von Menschen und nicht vom Gesetz regiert wird. Aber Menschen missachten und entstellen die Gesetze. Es ist eine Sache, wenn kein Recht existiert, wie zum Beispiel unter Großfürst Wladimir, auch Rote Sonne genannt, oder Iwan Kalita. Ihnen kann man das nachsehen. Aber es war etwas anderes, als die Menschen die Gesetze bereits geschaffen hatten, sie aber ignorierten. Sie gestalteten das Leben nach ihren Eingebungen und Launen. Wir sind erst dabei, uns von dem jahrhundertealten Dogma zu lösen, dass alles auf Gewalt zurückgeht — der Staat, die Ordnung, die Wirtschaft und die Kultur.

Das römische Recht hat um Russland leider einen Bogen gemacht. Der russische Mensch war auch niemals Eigentümer im vollen Sinne dieses Wortes. Er war stets ein Diener des Staates und des Herrschers, er nannte sich sogar so. Wer vorankommen wollte, konnte dies nur im Dienste des Zaren tun; alles, was er besaß, erhielt er von ihm.

Diese Entfremdung vom Eigentum ist, im Grunde genommen, bis heute erhalten geblieben. Was auch immer gesagt und geschrieben werden mag, welche Phantastereien oder Dissertationen auch immer erscheinen mögen – ein Mensch ohne Eigentum bleibt zu allen Zeiten ein Sklave. Entweder ein Sklave im direkten Sinne, oder ein leibeigener Sklave, ein leibeigener Kolchosbauer oder ein leibeigener sowjetischer Arbeiter. In den Lagern von Magadan und Workuta fiel man in die Sklaverei im ursprünglichen Sinne zurück. Alle jene »Sonderstädte« und »Wege in die Zukunft« wie die kleine BAM oder die Eisenbahnstrecke Kotlas – Workuta wurden ebenso auf Leichen errichtet wie seinerzeit die ägyptischen Pyramiden.

Dass der russische Mensch faktisch niemals Eigentum besaß, war eine unversiegbare Quelle sozialer Inaktivität. Stalin sagte ganz zutreffend, der sowjetische Mensch sei ein Schräubchen in der Maschinerie des Staates. Nur manchmal, von Fall zu Fall, schmiert der Staat dieses Schräubchen mit einem besonderen

Öl, damit es nicht rostet und sich nicht festfrisst. Das Schräubchen aber wartet darauf, dass es beglückt wird, dass der Staat ihm seine soziale Wohltat erweist.

Reichtum – materieller wie geistiger – wird durch Arbeit und Talent, nur durch Arbeit und Talent geschaffen. Welche Kraft veranlasst den Menschen zu arbeiten? Das ist die Grundfrage menschlicher Existenz.

Die Bourgeoisie hat große Erfolge verbucht, weil sie auf diese Frage eine einfache Antwort gibt – das persönliche, das private Interesse.

Was aber ist das für eine Gesellschaft? – grübelten die Revolutionäre. Wo der Maurer davon träumt, dass die Erde bebt, die Häuser einstürzen und er neue bauen kann? Wo der Schiffbauer darauf hofft, dass die Schiffe untergehen, damit neue Aufträge kommen? Wo dem Totengräber nichts lieber ist als eine Epidemie?

Was für eine Gesellschaft ist das? Sie ist wirklich nicht die beste. Das persönliche, das private Interesse veranlasst den Menschen nicht nur zu arbeiten, sondern erzeugt auch den Egoismus mit all seinen abstoßenden Folgen. Wo aber ist die Alternative? Sie entstand aus der Annahme, dass nur außerökonomischer Zwang den zerstörerischen Egoismus überwindet und den ersehnten wirtschaftlichen Effekt bringt. Der Zwang zur Arbeit – wie traurig dies auch ist – wurde zum A und 0 aller sozialen Utopien, angefangen von Thomas Morus und Campanella bis zu den Weltutopien neueren Datums.

Utopien sind das eine, etwas anderes aber ist es, wenn sie die Realität beeinflussen. Dabei kommt dem 19. Jahrhundert eine besonders destruktive Rolle zu, als man versuchte, die Utopien mit den bereits erkannten ökonomischen Gesetzen gewaltsam in Einklang zu bringen.

Welche Folgen hatte das? Es führte dazu, dass – wie bereits die Alten wussten – mit guten Vorsätzen der Weg zur Hölle gepflastert ist. Im »Anti-Dühring« beispielsweise wurde der alte Wein der Utopien einfach in die neuen Schläuche des Kapitalismus gegossen. Man setzte kurzerhand ein Gleichheitszeichen zwischen dem Architekten und dem Mann, der die Schubkarre schob: Einer werde den anderen ergänzen, sie seien gegenseitig austauschbar. Wie es bei uns dann auch geschah. Professoren schickte man in die Gemüselagerhalle. Die Künstler des Bolschoitheaters auf den Kartoffelacker. Das ist durchaus verständlich: Mit Schräubchen kann man tun, was man will.

Die Diktatur der Jakobiner ging daran zugrunde, dass sie sich allein auf Gewalt und außerökonomischen Zwang stützte. Interessant ist hier die Evolution Marats. Von 1790 bis 1793 stieg in seinen Reden die Zahl der Opfer, die auf die Guillotine geschickt wurden, ständig an – von einigen abgeschlagenen Köpfen bis zu einer Million. Das war nicht nur eine Rhetorikübung – die Guillotine arbeitete tatsächlich reibungslos. Wie dem auch sei, die Jakobiner gerieten in Widerspruch zum realen Leben und sprachen sich damit selbst das Todesurteil. Schließlich rollten auch ihre Köpfe.

Daraus folgt: Ein System, das auf außerökonomischem Zwang beruht, kann nicht über das Niveau des Feudalismus hinauskommen. Weder nach seiner Arbeitsproduktivität, seiner Effektivität, noch seinen sozialen Errungenschaften oder dem Niveau des Wohlstandes.

Trotzki hatte bereits 1920 vorgeschlagen, unser Land in ein gigantisches Konzentrationslager, genauer gesagt, in ein System von Lagern, umzuwandeln. Man braucht nur die Dokumente des IX. Parteitages und die Reden Trotzkis zu lesen. Darin legte er ein in der Geschichte einmaliges Programm dar, das darauf hinauslief, die Arbeiter und Bauern in den Stand mobilisierter Soldaten zu versetzen. Aus ihnen sollten nach dem Vorbild militärischer Einheiten Arbeitsarmeen aufgebaut werden. Jeder Mensch hatte sich als Arbeitssoldat zu verstehen, der nicht selbst über sich verfügen konnte. Wenn der Befehl erging, ihn an eine andere Stelle zu versetzen, hatte er diesen auszuführen. Wenn nicht, galt er als Deserteur, der zu vernichten war. Trotzki behauptete, Zwangsarbeit sei unter allen Umständen produktiv.

Und man muss sagen, dass der IX. Parteitag diese Postulate Trotzkis im Grundsatz bestätigte. Da derartige Untaten straflos blieben, war 1920 ein Menschenleben keinen Pfifferling wert.

Die Vernichtung des Warenproduzenten, der gesamten Warenproduktion wurde so zur Wurzel allen Übels. Diese Quelle verströmte unaufhörlich soziale Apathie. Der Mensch verlor jede Möglichkeit, sich seinen Lebensunterhalt zu verdienen. Er hatte die Chance, etwas zu erhalten – nach der für ihn festgelegten Zuteilungsnorm. Erst dann kam der Lohn, der faktisch ein staatliches Gehalt in einem festgesetzten Rahmen darstellte.

Die Ergebnisse des Kriegskommunismus sprechen für sich. Im Jahre 1920 sanken gegenüber 1917 alle Kennziffern um das Zehn-, Zwölf- oder Sechzehnfache. Auf fünfzig Menschen wurde ein Paar Schuhe produziert. Arbeiter, die schwerste körperliche Arbeit verrichteten, erhielten in Moskau 225 Gramm Brot, sieben Gramm Fleisch oder Fisch und zehn Gramm Zucker pro Tag. So war es nur logisch, dass sich am 1. März 1921 die Matrosen von Kronstadt erhoben und es zur Tambower Revolte[29] kam.

Die Oktoberrevolution schritt sehenden Auges ihrem Untergang entgegen. Erst am Rande des Abgrunds besann sie sich, wechselte den Kurs und ging zum normalen ökonomischen Zwang über.

Die NÖP rettete die Revolution. Wird die Perestroika sie retten? Ja, wenn wir uns an die Arbeit machen. Dafür bleibt uns aber kaum noch Zeit. Unser Wirtschaftsmechanismus läuft leer; er ist seit Stalins Tod total verludert. Das geht auf das Konto Chruschtschows, vor allem aber der Breschnewschen Führung.

Gegenwärtig sind die Chancen der Verfechter der Perestroika schweren Prüfungen ausgesetzt. Davon zeugen der nationalistische Extremismus und die feudalistischen Untaten, wie wir sie in Fergana[30] erleben.

Wir müssen die Erfahrungen vom Anfang der zwanziger Jahre gründlicher studieren. Sie sind deshalb so wertvoll, weil sie beweisen, dass revolutionäre Veränderungen von oben innerhalb weniger Monate möglich sind. Ohne zwei grundlegende Gesetze – ein Gesetz über das Eigentum und ein Gesetz über den freien Handel, das heißt ohne den Aufbau des Marktes – wird die Perestroika dem Terror von Dummköpfen und intelligenten Schurken zum Opfer fallen. Die Rache wird erbarmungslos sein, davon kann man ausgehen. Alle diese Mini-Ehemaligen und -Gegenwärtigen vergessen nichts und verzeihen niemandem. Umso mehr ein Teil der »Basis«, der immer mit allem unzufrieden ist, der stets mit der Macht im Streit liegt und seine Vertreter in den perestroikafeindlichen Führungsorganen nur zu gern unterstützt. Und die Radikalen, die sich wie die Krebse aus dem Käfig nach allen Seiten ausgebreitet haben und noch vom Brüllen der Menge berauscht sind, greifen nach der Macht, obwohl klar ist, dass sie damit jedes Maß überschreiten.

Die Dauerlitanei des Stalinismus ist die Schuldvermutung, die den sowjetischen Menschen a priori für alles verantwortlich macht. Er ist schuld daran, dass er schlecht arbeitet, dass er stiehlt, dass er politisch unreif ist und der Obrigkeit schlecht gehorcht. Er ist immer und überall schuld. Um den Menschen ständig unter solchem Druck zu halten, braucht man ein besonderes System. Und es wurde geschaffen – auf der Grundlage der Utopien, vor allem derer von einer Produktion ohne Waren, von außerökonomischem Zwang zur Arbeit.

Zum wichtigsten Hebel der Alleinherrschaft des monopolen Staatseigentums wurde das Prinzip »verteile und herrsche«. Und solange die materiellen Güter von Menschen, vom Verwaltungsapparat verteilt werden und nicht durch die Arbeit, nicht durch den Markt, werden wir das haben, was wir heute haben. Eines Tages wird das gar nichts mehr sein. Die Gesellschaft fordert die materiellen Güter vom Staat – Fett, Fleisch, Milch, Kleidung und Wohnungen. Aber der Staat selbst ist nicht in der Lage, auch nur einen kleinen Teil dieser Forderungen zu befriedigen. Deshalb sind Wirren unvermeidlich.

Die Agonie des totalen Staatseigentums setzte bedingt am 1. Juni 1985 ein, als der Frontalangriff gegen die Trunksucht gestartet wurde. Als der Staat den »Saufzins« in seinem Budget verlor, versank er zunehmend in Agonie. Einen Beitrag leisteten dazu auch die sinkenden Preise für Erdöl und andere Rohstoffe, schlechte Erntejahre, Tschernobyl und anderes mehr. Die staatliche Form des Eigentums begann zu zerfallen: Wenn es schon an Seife fehlt, dann ist vom staatlichen Körper nicht mehr viel übrig. Wo das Monopol des Staates wirkt, gibt es keinen Verantwortlichen. Wo kein Verantwortlicher ist, da ist überhaupt nichts mehr. Und wie viel Geld, wie viel Energie man auch hineinpumpt, wie viel Aufwand man auch treibt, wie sehr man sich um verschiedene Vorhaben müht – normale, menschliche Ergebnisse werden damit nicht erreicht, und Wirren sind unausbleiblich. Sie entspringen der Verwandlung der Gesellschaft in Lumpenproletarier und Parasiten und deren sozialer Apathie. Parasitentum plus Nationalismus – das ist der Nährboden für soziale Spannungen. Deshalb brauchen wir unverzüglich die Freiheit des Handels, dazu die reale Gleichstellung aller Eigentumsformen. Nur Tüchtigkeit und Unternehmungsgeist können uns vor neuen Schwierigkeiten sozialer Art bewahren. Über den Prinzipien stehen die Tatsachen. Wir müssen die Tatsachen analysieren, und nur sie.

Der Mensch ist ein aus Interessen bestehendes Wesen. Es ist absurd, utopisch und auch unmenschlich, den Menschen direkt steuern zu wollen. Den Menschen kann man nicht lenken. Man kann ihn töten und zum Krüppel schlagen, aber seine Interessen sind nicht zu beseitigen. Nur wenn diese Interessen auf humane Weise gelenkt werden, wird die Gesellschaft einen Weg zivilisierter Entwicklung einschlagen können.

Natürlich taucht hier wieder die Frage der NÖP auf, wie die verschiedenen Formen der Wirtschaft und des Eigentums sich mit der staatlichen Industrie vertragen. Es darf keine staatliche Industrie geben, wenn sie nicht die Form eines besonderen Staatskapitalismus annimmt, schrieb bereits Lenin.

Stalin ließ Preobraschenski und Bucharin erschießen, er erledigte auch Trotzki, aber er nutzte ihre Empfehlungen. Niemand anderer als Preobraschenski sagte: »Es wäre dumm zu glauben, das sozialistische System und das System der privaten Warenproduktion könnten nebeneinander existieren. Entweder die sozialistische Produktion unterwirft sich die kleinbürgerliche Wirtschaft, oder sie wird selbst von der Anarchie der Warenproduktion aufgesogen.« Und während die Theoretiker noch stritten und besonders Rykow, Bucharin und Dzierzynski über die Trotzkisten herfielen, winkte Stalin nur ab und arbeitete mit aller Energie daran, in seinen Händen uneingeschränkte Macht zu konzentrieren. Ihn kümmerten die Streitgespräche und Debatten auf Parteitagen, Versammlungen und Kundgebungen wenig. Er hatte die Hauptsache begriffen – die wirkliche Führung lag in den Händen derer, die den Ausführungsapparat des Staates beherrschten. Stalin nahm sich die Organisation der Armee mit ihrer Disziplin, ihrem uniformen Denken, ihrer Einzelführung und -entscheidung zum Vorbild. Er schrieb, die kommunistische Partei sei eine Art Schwertträgerorden im Staate, die diesen führt und seine Tätigkeit inspiriert.

Es gelang ihm, eine solche Mannschaft zusammenzuschmieden. Stalin zerschlug gnadenlos alle Gruppen und Fraktionen, unterdrückte jeden Andersdenkenden. Er erklärte, die Partei müsse zu einem Monolithen werden, wie aus einem Guss. Alle übrigen Institutionen – die Sowjets, die Gewerkschaften, der Jugendverband, die Künstlerverbände, die Frauen- und Pionierorganisation – waren nach Stalin lediglich Transmissionsriemen, Tentakel der Partei, über die sie der Arbeiterklasse, die aus einer zersplitterten Masse zur Armee der Partei wurde, ihren Willen vermittelte.

Die Sowjets waren also keine Machtorgane, sondern lediglich Transmissionsriemen. Später sagte Stalin ganz offen, die Diktatur des Proletariats sei nichts anderes als die Führungsanweisungen der Partei plus Durchsetzung dieser Anweisungen durch die Massenorganisationen des Proletariats plus deren Realisierung durch die Bevölkerung.

Nachdem Stalin ihre Verfasser umgebracht hatte, setzte er die schlimmsten Ideen Trotzkis, Preobraschenskis, Pjatakows und anderer in der Realität um. Die Industrialisierung begann mit der gnadenlosen Zerstörung des Mechanismus der NÖP. Bereits 1929, im Jahr des »großen sozialistischen Umbruchs«, waren alle Arten des Unternehmertums außer dem staatlichen Wirtschaftsmechanismus außer Kraft gesetzt. Allen übrigen schnitt man den Weg zu Bankkrediten ab, erdrosselte sie mit Steuern, diktierte ihnen die höchsten Transportkosten, schloss selbst Mühlen auf dem Dorfe, zerriss Verträge über die Verpachtung staatlicher Unternehmen.

Und heute? Immer drauf auf den Genossenschafter, immer drauf! Er ist schuld, dass die Preise steigen, dass es dieses und jenes nicht gibt. Er produziert aber nur ein, höchstens eineinhalb Prozent der Reichtümer unseres Landes.

Am übelsten wurde der Bauernschaft mitgespielt. Durch die gewaltsame Kollektivierung wurde die Vernichtung der Warenproduktion vollendet. Bereits auf der XII. Parteikonferenz im Jahre 1932 hieß es, das Prinzip der wirtschaftlichen Rechnungsführung entspreche nicht der Politik der Partei und der Arbeiterklasse, die Ressourcen des Volkes dürften keinesfalls verschwendet und die Wirtschaftspläne nicht sabotiert werden. Mit solchen Begriffen wie Entstellung oder Verschwendung meinte man damals den Großhandel oder die ökonomische Verantwortung für die Arbeitsergebnisse.

Mit der Vernichtung der Warenproduktion mussten die ökonomischen Anreize durch Zwang ersetzt werden. Wesentlich verstärkt wurde nun die Seite der Diktatur, die, wie die Zeitschrift Bolschewik damals schrieb, darin zum Ausdruck kam, dass man ohne Beschränkung durch das Gesetz Gewalt anwandte, die bei Notwendigkeit bis zum Terror gegen Klassenfeinde gehen konnte.

Nach dem Gesetz vom 7. August 1932 stand auf Raub von Kolchoseigentum der Tod durch Erschießen, bei mildernden Umständen gab es zehn Jahre Gefängnis, Ende 1938 führte man Lohnabzüge wegen Zuspätkommens zur Arbeit ein. Bei dreimaliger Wiederholung innerhalb eines Monats musste man ins Gefängnis. Ab Juni 1940 wurden bei jedem eigenmächtigen Wechsel der Arbeitsstelle oder bei Verweigerung von Überstunden Haftstrafen angedroht.

Der Staatsfeudalismus siegte damals vollständig, aber nicht endgültig. Endgültig siegte er erst unter Chruschtschow, der zwar den Mythos Stalin zerstörte, zugleich aber an dessen Postulaten festhielt, Kolchosen zu Sowchosen umwandelte, ganze Dörfer zwangsweise umsiedelte und eine zweite Kollektivierung durchführte, indem er den Bauern die Gemüsegärten sowie das individuell gehaltene Vieh wegnahm und plante, innerhalb von zwanzig Jahren den Kommunismus aufzubauen. Heute leben wir bereits das zehnte Jahr im Chruschtschowschen Kommunismus – ohne Seife, mit Bergarbeiterstreiks und nationalistischen Unruhen, die die Perestroika behindern und zu einem starken Argument der Konservativen geworden sind.

Im Übrigen ist der »Kriegskommunismus« nach wie vor lebendig. Was das Eigentum betrifft, so ist der Mensch weiterhin ein Kostgänger der Gesellschaft, ein Konsument. Und die Obrigkeit, die all dies einst garantierte, hat entweder keine Lust mehr, sich mit dieser hoffnungslosen Sache abzugeben, oder ihr versagt die Stimme, und sie träumt bei Nacht von der guten alten Zeit.

Die Massen sind nach wie vor von der Klischeevorstellung beherrscht, dass die Macht des Staates über die Produktivkräfte zweifellos ein Glück, ja geradezu ein Imperativ menschlicher Existenz sei. Leider besteht dieses Vorurteil nicht erst seit 77 Jahren, sondern wesentlich länger. Es hat uralte Wurzeln, die nur sehr schwer auszurotten sind.

Der russische Historiker Kljutschewski beschreibt in seinen glänzenden Arbeiten, wie es Iwan dem Schrecklichen gelang, die vorbürgerlichen Produktionsverhältnisse in Russland zu zerstören. Bereits damals begann die Bauernschaft zur Warenproduktion überzugehen. Besonders rasch schritt dieser Prozess auf den Ländereien der Bojaren voran. Aber dann kamen die Güter der Adligen auf. Ihre Ländereien waren zwar nicht groß und wurden nicht vererbt wie im Osmanischen Reich, aber damals setzte der außerökonomische Zwang ein, einfacher gesagt, die Leibeigenschaft entstand. Für den Großgrundbesitzer war es nicht vorteilhaft, seinen Boden zu verpachten, deshalb musste er die Bauern zur Fronarbeit zwingen. Es waren die Adligen auf ihren Gütern, die im Unterschied zu den Bojaren daran Interesse hatten, die Bauern mit Gewalt an ihre Scholle zu binden, die Leibeigenschaft einzuführen.

Stalin wiederholte all das Punkt für Punkt. Die Leibeigenenrente bestand aus drei Teilen – dem Frondienst, der Naturalsteuer und der Geldsteuer. Den Kolchosbauern wurde das Gleiche abverlangt. Das Minimum an Arbeitseinheiten entsprach dem Frondienst, und an die Natural- und Geldsteuer erinnern sich noch Dutzende Millionen von Menschen.

Die Verwandlung des Menschen zum Schräubchen setzte mit Peter I. ein, dem die feudale Geschichtsschreibung den Titel der Große verliehen hat. Hier ist nicht der Ort, Peter zu verurteilen, aber er war es, der 1721 auch den Kaufleuten befahl, Leibeigene zu halten. Es war also dieser Zar, der die leibeigene Arbeiterklasse schuf, die ihre Arbeitskraft nicht verkauft, sondern unter Zwang arbeitet. Mit den Erlassen von 1938 bis 1940 wurde diese Lage der Arbeiterklasse (zeitversetzt) bekräftigt, was mit der Zerschlagung der Gewerkschaften einherging, die zu einem Anhängsel der Staatsmaschinerie wurden.

Alles ist gut zu seiner Zeit. Nikita Demidow errichtete im Ural zwanzig Hüttenwerke und führte Russland in der Erzeugung von Roheisen auf den ersten Platz in der Welt. Aber bereits fünfzig, siebzig Jahre später schmolzen die Briten fast sechzehnmal mehr Roheisen ohne einen einzigen leibeigenen Arbeiter. Die Geschichte der Demidow-Werke ist sehr lehrreich. In diesen unentgeltlich übergebenen, faktisch staatlichen Werken mit unentgeltlichen Arbeitskräften hatte der Zwangsapparat, das heißt die Chefs der russischen Hüttenwerke, im Unterschied zu den britischen keinerlei Interesse an technischen Neuerungen. Die Arbeiter plagten sich aus Furcht vor harten Strafen ohne jede Hoffnung auf eine Verbesserung ihrer materiellen Lage.

Freie Arbeit ist durch keinerlei staatliche Privilegien zu ersetzen. Der wirtschaftliche Verfall ging so weit, dass der Metallurgie im Ural auch die 1861 gewonnene Freiheit nicht mehr helfen konnte. Als die Region in die Freiheit entlassen wurde, kam der Niedergang. Die Arbeiter ließen Betrieb und Haus im Stich und flohen in andere Gouvernements. Das ist tragisch, aber es erinnert an die Zeit, als die Kolchosbauern nach Stalins Tod (als es bereits Getreide für Arbeitseinheiten gab und man auf dem Dorfe durchaus leben konnte) nach ihren neuerworbenen Pässen griffen und davonliefen, so rasch sie nur konnten. Man sah mit bloßem Auge, wie die Dörfer veröderten. Die Häuser wurden vernagelt, und niemand wollte sie mehr haben. Für 50 Rubel nach heutigem Geld konnte man damals ein intaktes Bauernhaus erwerben.

Der Staat kann die Wirtschaft nicht erfolgreich führen. Fast dreißig Jahre lang mühten sich Katharina II., Paul I. und Alexander I., die Tuchproduktion in Russland in Gang zu bringen. Aber der Mangel an Tuch blieb, und auch das, was man herstellte, war von schlechter Qualität. Erst gegen Ende seiner Herrschaft beschloss Alexander I., die Aufsicht über die Tuchproduktion aufzugeben. Und was geschah? In wenigen Jahren gab es im Überfluss davon. Zu Beginn der Herrschaftszeit Alexanders I., noch vor dem Krieg gegen Napoleon, gab es in Iwanowo Baumwollfabriken, in denen jeweils über tausend Arbeiter beschäftigt waren. Aus einem Rubel machten die Fabrikanten fünf; und in Russland gab es nicht einmal Baumwolle; sie wurde eingekauft. In den Baumwollwebereien waren Zinsbauern beschäftigt. Auch der Chef, der ebenfalls ein Leibeigener war, musste an den Grundbesitzer zahlen. Aber die Menschen arbeiteten und ... verdienten.

Erst die Reformen der sechziger Jahre, die Alexander II. – zweifellos der klügste russische Zar – durchführte, schufen die Voraussetzungen für die industrielle Entwicklung unseres

Landes: Ein Arbeitsmarkt entstand. Russland beschleunigte seine Entwicklung. Man braucht nur daran zu denken, dass vor hundert Jahren jährlich mehr Eisenbahnstrecken gebaut wurden als gegenwärtig in einem ganzen Fünfjahrplan.

Die Dorfgemeinde hat dagegen in der russischen Geschichte eine konservative Rolle gespielt, was immer man über sie sagen mag. Natürlich darf man auch ihr nicht jedes konstruktive Element absprechen. Vielleicht hätte man sie auf die Stadt übertragen sollen, dann aber nicht als wirtschaftliche, sondern als moralische, sittliche Kategorie. Das Prinzip des Kollektivs ist gut, wenn es sich in vernünftigen Grenzen hält. Wenn jedes Mitglied des Kollektivs einen Solopart spielen kann, dann ist auch die Gemeinschaft gut. Im Sommer 1917 waren fast zwei Drittel des Bodens der Bauern in persönlichem Besitz und nicht in dem der Dorfgemeinde. Russland war damals der zweitgrößte Getreideexporteur der Welt.

Unsere wirtschaftlichen Ministerien sind bekanntlich eine Schöpfung Stalins. Er führte damals die Sache Peters I. mit all seinen Manufakturen und Kommerzialkollegien weiter. Auch Peter mischte sich in alles persönlich ein: Bald befahl er, den Anbau von Buchweizen zu verdoppeln, damit es in den Kasernen weniger »böses Blut« gab, dann wieder befahl er dies für Hanf oder andere Kulturen. Gut, dass Peter noch nichts vom Mais gehört hatte. Er teilte die Menschen in vierzehn Rangstufen ein, errichtete 905 Kanzleien und Kontore. Seitdem schoss der russische Bürokratismus üppig ins Kraut. Da Lenin dies sah, äußerte er sich gnadenlos über dieses Phänomen. Er nannte den Bürokratismus die einzige Kraft, die in der Lage sei, den Sozialismus zugrunde zu richten. Wir müssen uns fragen, ob wir heute nicht wieder an diesem Punkt der Geschichte angekommen sind?

Der Apparat von Aufsehern ist eine Schöpfung des »Kriegskommunismus«. Es gab sogar eine Sonderkommission für Fußlappen und Filzstiefel. Seit den dreißiger Jahren ist der Verwaltungsapparat rascher gewachsen als jede andere soziale Gruppe unserer Gesellschaft. Vor zehn Jahren waren in der Sowjetunion allein 5,5 Millionen Menschen mit Planung und Rechnungsführung beschäftigt. Damals tönte ein Akademiemitglied mit idiotischem Stolz, kein einziges Land der Welt verfüge über solche Kader. Ja, das trifft zu. Es wurde ein »Untersystem der Angst« geschaffen, das zu unserem Alter Ego geworden ist. Initiative wird bestraft. Riskiere nichts, denke wie alle anderen. Wenn nicht, dann behalte es für dich.

Theoretisch ist allen klar, dass der Staat einfach kein Wohltäter sein kann. Die Arbeit nährt den Staat, bei uns aber ist alles umgekehrt. Die Gesellschaft steht auf dem Kopf, deshalb scheint es auch, als ernähre der Staat jeden Einzelnen. Das glauben Millionen.

Natürlich sind derartige Überzeugungen den Bürokraten nützlich, weil so viele sie haben. Hier entsteht die Legierung, mit der wir nicht fertig werden. Die Bürokratie verbündet sich mit der Mentalität des Kostgängers. Eben hier – beim Nassauern an den Gütern des Staates – finden sich die konservativen Teile der oberen und unteren Schichten. Hier liegt die Wurzel des Widerspruchs, auf den die Perestroika stößt.

Seit der massenhaften Errichtung von Kolchosen und Sowchosen sind sechzig Jahre vergangen. In dieser Zeit vermochten sie unser Land nicht zu ernähren. Und doch sagen manche, dass diese Form für immer und ewig die Grundlage der sozialistischen Landwirtschaft sein wird. Wie soll das gehen? Das weiß niemand.

Genauso war es doch mit der Produktion von Tuchen oder Roheisen. Das Gleiche wird bei Maschinen und Ausrüstungen für die Lebensmittelindustrie oder andere Sektoren der Agrarwirtschaft geschehen, wenn der Staat seine Hand darauf legt. Diese Produktionskapazitäten müssen Firmen, Aktionären oder den Arbeitskollektiven übergeben werden.

Aber die Gewohnheit hält uns gefangen. Wie kann der sowjetische Mensch kein Kostgänger der Gesellschaft sein, wenn er jahrzehntelang angewiesen wurde, was er zu singen oder zu sagen, wo er zu tanzen oder zu demonstrieren habe. Wenn er vor jeder

Demonstration instruiert wurde, wenn man Verantwortliche für das Rufen von Losungen festlegte, alles peinlich vorschrieb und bis zur Idiotie trieb.

Der Staatssozialismus ist tot. Wir wiederholen: Ein System, das auf außerökonomischem Zwang beruht, wird weder nach seiner Effektivität noch nach seiner sozialen Bedeutung über den Feudalismus hinauskommen.

Aber erlauben Sie mal, hören wir da, bei uns gibt es keine Arbeitslosigkeit, die Wohnungen sind fast kostenlos und die medizinische Versorgung auch. Ja, das alles trifft zu. Aber ist es auch vernünftig – wirtschaftlich und sozial? Haben wir es hier nicht mit einer deformierten sozialen Sicherheit zu tun?

Man kann den ganzen Gogol durchblättern und wird nicht ein einziges Mal das Wort »Arbeitsloser« finden. Aber gottgefällige Einrichtungen? Jede Menge. Dort wurde man unentgeltlich behandelt. Das Armenhaus, in dem Dostojewski das Licht der Welt erblickte, war unentgeltlich, ebenso wie das Ostroumow-Krankenhaus und die Landkrankenhäuser für das Volk auf dem Dorfe. Aber all das waren Einrichtungen einer sozialen Sicherheit für Leibeigene oder Halbleibeigene.

Was ist zu tun? Nach unserer Meinung muss der Staat alle seine Bürger nur gleich behandeln. Und dabei soll es der Staat bewenden lassen. Das wollen wir auch nicht sofort abschaffen und nicht sofort davon abgehen. Für alles andere aber muss bezahlt werden. Solange dafür nicht bezahlt werden muss, wird auch nichts dabei herauskommen. Entrichtet werden müssen die vollen Kosten. Aber der Mensch muss verdienen können. Wenn wir den Staatssozialismus nicht auf zivilisierte Weise demontieren und keinen qualitativ neuen Zustand der sozialistischen Gesellschaft erreichen, dann wird das heutige Gebäude zusammenbrechen und viele unter sich begraben. Uns – ganz gewiss.

G. Pissarewski
V. Falin
Mai 1988

Anlage 3

An M. S. [Gorbatschow]

[Gedanken zur Umgestaltung der sowjetischen Wirtschaft]

Die Wirtschaftsreform tritt auf der Stelle, die Lage auf dem Konsumgütermarkt, bei den Dienstleistungen und im finanziellen Bereich spitzt sich sogar weiter zu. Die Gegner im In- und Ausland nutzen jede Gelegenheit, um Salz in unsere Wunden zu streuen, unsere Schwierigkeiten zu verschärfen und neue anzuhäufen. Sie wollen damit vor allem den Glauben an die Perestroika untergraben, den Glauben daran, dass die Entscheidung für den Sozialismus eine richtige war.

Die Zeit drängt. Geduld kann nicht endlos eingefordert werden. Wahrscheinlich bleiben uns nicht mehr als zwei bis drei Jahre, um uns selbst und anderen zu beweisen, dass der Sozialismus auf Leninsche Art keine Utopie ist, dass die Ideen einer wahren Volksherrschaft realistisch sind, dass die persönlichen und die gesellschaftlichen Interessen in unserer Gesellschaftsordnung nicht nur in Übereinstimmung gebracht werden können, sondern einander zum gegenseitigen Nutzen ergänzen. Solche Beweise bringen natürlich nicht Überfluss an materiellen Gütern sowie den Aufbau einer umfassenden Demokratie, wofür die Arbeit und das Engagement wahrscheinlich einiger Generationen benötigt werden, sondern konkrete und sichtbare Veränderungen im täglichen Geschehen, das immer intensiver das Bewusstsein prägt.

Warum ist es so unsagbar schwer, den Initiativen, die für sich selbst sprechen und vom Leben diktiert werden, einen Weg zu bahnen? Was hindert uns daran, die neuen Rechte und Prinzipien, die radikal veränderten Prioritäten in konkrete Taten umzusetzen? Alles hängt offenbar an den Menschen, genauer gesagt, an den Kadern, denen man im Unterschied zu Maschinen nicht einfach ein neues Programm eingeben kann, um ein neues Ergebnis zu erzielen. Die Beschleunigung ist in den Augen vieler Theoretiker und Praktiker vor allem eine quantitative und erst in zehnter Hinsicht eine qualitative Größe.

Ein halbes Jahrhundert lang haben wir die »Kunst um der Kunst willen« verdammt, zur gleichen Zeit aber eine »Wirtschaft um der Wirtschaft willen« aufgebaut, die die Natur vergewaltigt und das Volk ruiniert. Wir bewegen jährlich 15 Milliarden Tonnen Abraum, haben die USA beim Abbau von Brennstoffen (außer Kohle), bei der Produktion von Stahl, Zement, Traktoren und so weiter längst überholt, liegen bei der Erzeugung von Elektroenergie pro Kopf der Bevölkerung vor Japan. Aber was gewinnen die sowjetischen Menschen davon? Sie beziehen ein Durchschnittseinkommen von etwa 200 Rubel im Monat, aber das vorhandene Warenangebot reicht nur für die Hälfte dieses Einkommens.

Wozu produzieren wir mehr Stahl als die USA und Japan zusammengenommen? Wir wenden Arbeit und Rohstoffe auf, aber am Ende lässt der Staat Waren- und Materialbestände im Werte von fast 1,5 Billionen Rubel verrotten und verfaulen. Das ist das Zweieinhalbfache oder mehr der persönlichen Habe der Bevölkerung unseres Landes. Wer braucht so etwas? Sollen die astronomischen Zahlen des Staatlichen Komitees für Statistik in den Zeitungen etwa überzeugender wirken als die leeren Regale in den Geschäften?

Die Branchenpreisbildung treibt die Konsumgüterpreise in die Höhe. Die unterschiedlichen Preise sind ein soziales Übel aller Zweige der Schwerindustrie. Gemäß mancher Berechnungen ist unser Konsumtionsfonds deshalb ebenso groß wie der Akkumulationsfonds.

Wenn wir das Tempo der wirtschaftlichen Entwicklung nur nach Kriterien des Aufwandes und keinesfalls der Marktbedingungen steigern, dann tauschen wir einen Stein des Sisyphus gegen einen anderen ein, der nur noch schwerer ist. Diese Sisyphusarbeit weiter zu vervollkommnen, wie es in den Reformen von Chruschtschow und Kossygin geschah, ist kein Weg für die Perestroika. Er führt in die Sackgasse.

Es ist unmöglich, zwei Dinge auf einmal zu tun – die Wirtschaft nach neuen Prinzipien umgestalten und parallel dazu den in alter Weise verfassten Fünfjahrplan durchsetzen. *Der traditionell nach Aufwandskriterien erstellte Fünfjahrplan ist heute ein Harnisch für Bremser.* Hinter diesem Panzerschild hoffen die schlauesten Gegner der Perestroika, das Gewitter abwarten zu können. Eine Bestandsaufnahme der Praxis von Staatsaufträgen 1988 zeigt das deutlich.

Wo ist der Schlüssel, der uns erlaubt, wenigstens die kurz- und mittelfristige Perspektive seriös abzustecken? Gibt es einen solchen Schlüssel überhaupt? Die Gesellschaft ist es müde, in wirtschaftlicher und manch anderer Hinsicht weiter auf dem Kopf zu stehen. Das ist eine Gefahr und zugleich eine Chance. Das Beispiel Chinas zeigt, wie dankbar das Volk reagiert, wenn man ihm genehmigt, statt dem Maoismus zu huldigen, endlich ungestört zu arbeiten. Wir müssen uns allerdings darauf einstellen, dass es objektiv komplizierter sein wird, die sowjetische Wirtschaft voranzubringen, denn die Entfremdung des Bauern von der Scholle und die Unterdrückung jeglicher Privatinitiative ist bei uns viel weiter gegangen als bei allen unseren Nachbarn.

Ungeachtet aller Einschränkungen ist festzustellen, dass der normale Wirtschaftskreislauf in der Sowjetunion nicht wiederhergestellt werden kann, wenn man weiterhin um den Markt einen Bogen macht. Es ist nun einmal nicht möglich, die ganze Vielfalt der Bedürfnisse und Geschmacksrichtungen, alle Tendenzen der wissenschaftlichen, technischen und ästhetischen Entwicklung in einen Plan zu pressen. Noch weniger kann man die Verbrauchernachfrage vorausberechnen oder die Verteilung von Waren und Dienstleistungen in ein System von Bezugsscheinen zwängen, selbst wenn – wie bei uns – formal das Geld die Funktion der Bezugsscheine übernimmt.

Lenins Appell »Lernt Handel treiben« erhält so einen zweiten Atem. Lenin richtete diese Forderung vor allem an die Parteimitglieder. Heute geht sie jeden Einzelnen an, der das Wirtschaften im engeren und weiteren Sinne erlernen und seinen persönlichen Beitrag zum Reichtum des Landes leisten muss, wenn er damit rechnen will, seinen Anteil am gesellschaftlichen Kuchen zu erhalten. Auf dem sozialistischen Markt schlagen die unzähligen befriedigten Bedürfnisse in ein Vertrauensmandat für Partei und System um, wodurch das Fundament unserer Gesellschaft erst die nötige Stabilität gegen jegliche Erschütterungen erhält.

Daraus folgt: Das gegenwärtige Durcheinander auf dem Markt ist ein Alarmsignal. Hier geht es nicht um Unannehmlichkeiten allein, die den Menschen täglich die Laune verderben und ehrliche Betriebsleiter um ihre Gesundheit bringen. Nein, das ist alles viel ernster, denn der Markt wird zum entscheidenden Forum der Partei, ob uns das gefällt oder nicht.

Unser staatlicher Handel in der gegenwärtigen Form ist ein Sammelsurium aller Übel der feudalstaatlichen Intendantur. Unterschlagung durch Zu- und Abschreiben, durch so genannte Verluste und Scheinschwund, durch Bestechung und Betrug – das ist der persönliche und gemeinschaftliche Imperativ, der in den Einrichtungen des Ministeriums für Binnenhandel der UdSSR und der Konsumgenossenschaften herrscht. Die Ausnahme bestätigt die Regel: Auch im Handel gibt es ehrliche Menschen, aber sie geben nicht den Ton an.

Bei uns wird das Produkt nicht über das persönliche Interesse des »Werktätigen« am Ladentisch zur Ware, sondern durch den Plan, der längst zum Rückgrat des Befehlssystems geworden ist. Der Plan wird um jeden Preis erfüllt. Das geschieht vor allem auf Kosten des Verbrauchers. Dem absoluten Monopol des Staates ist er absolut schutzlos ausgeliefert.

Wozu braucht man einen Plan, der bis zum Geschäft, bis zum

Kiosk, ja selbst bis zum fliegenden Verkaufsstand des schmuddeligen, halbbetrunkenen Marktweibes aufgeschlüsselt wird? Für den Befehl. *Die Planung in ihrer heutigen entarteten Form ist die Direkt- und Rückkopplung des administrativen Befehlssystems.* Für die Erfüllung des Planes, das heißt für die Ausführung des Befehls gibt es eine Vergütung, die das Staatliche Komitee für Arbeit »normiert« – eine Prämie, eine Auszeichnung, aber keinen erarbeiteten Lohn. Man »belohnt« sich selbst durch Unterschlagung: Die Erdbeeren werden abgeschrieben, nach wirklichem und angeblichem Abfall sortiert und dann verkauft, wobei man auch noch den Käufer übers Ohr haut.

Der Plan als Befehl wird respektiert. Man ist bemüht, den Spielregeln zu folgen, hält Mangelware zurück und schiebt sie am Monatsende den Verkaufsstellen zu, die ihr Plansoll nicht erfüllt haben. Hier wirken klare eigensüchtige Interessen. Das Prinzip des Verwalterhandels – »ohne Betrug kein Verkauf«, »ohne Unterschlagung kein Überleben« – funktioniert zuverlässig. Auch die »Personalauswahl« im staatlichen Handel klappt reibungslos: Von 58 im August (1988) überprüften Verkäufern der Moskauer Handelsvereinigung für Obst und Gemüse wurden bei 57 Betrügereien beim Abwiegen oder Kassieren festgestellt.

Die »Bosse« der Großhandelskontore, der Transport-, Lager- und Absatzunternehmen sabotieren die Perestroika. Bis zum August 1988 versorgten sie Moskau wesentlich schlechter mit Obst und Gemüse als im selben Zeitraum des Vorjahres. Hunderttausende Tonnen leicht verderblicher Produkte verfaulten. Darunter importierte Bananen, obwohl unsere »Profis« diese Frucht in einem Zustand kaufen, dass man sie auch mit voller Absicht kaum verderben kann.

»Die Situation in den Gemüselagern gerät außer Kontrolle«, erklärte der Chef der Moskauer Verwaltung des Büros für den Kampf gegen den Raub sozialistischen Eigentums (BChSS), Genosse Seldimirow. Nach seinen Angaben wurden in den ersten sechs Monaten des Jahres 1988 im Moskauer Obst- und

Gemüsehandel 373 Eigentumsdelikte ermittelt, was einen sprunghaften Zuwachs bedeutet. »In vielen Fällen«, erklärte Seldimirow, »haben wir feste Verbrecherbanden aufgedeckt.« Das ist die gegen die Perestroika arbeitende Mafia, die gut organisiert ist und von jemandem gedeckt wird.

Seit den Reformen Peters I., die die Basis für den totalitären Staat geschaffen haben, ist es für viele Menschen – vom Leibeigenen bis zum Gouverneur – zu einer Sache der Ehre geworden, den Staat zu bestehlen. Stalin, der unseren heutigen Staat nicht nach Marx, sondern nach Peter aufgebaut hat, zwang das Volk dazu, ständig zu manövrieren. Mit dem Erlass vom August 1932, der flächendeckenden Ausstellung von Pässen sowie der Kennzeichnung von Gebieten, in denen man keine Pässe aushändigte, wurde, im Grunde genommen, die Leibeigenschaft wiedereingeführt. Der Unterschied bestand darin, dass an die Stelle des realen Feudalherren ein anonymer trat – der Staat.

Man zwang das Volk zum Stehlen. Ungeachtet der mittelalterlichen Grausamkeit des August-Erlasses vervollkommnete und verfeinerte sich der Raub immer weiter – er wurde zu einem Handwerk und einer Kunst. Niemand kam darum herum. Larionow, der sich unter Chruschtschow auf betrügerische Weise den Stern eines Helden der Sowjetunion an die Brust geheftet hatte, erschoss sich selbst. Als Breschnew das Zeitliche segnete, waren aus der Unterschlagung eine Wissenschaft und ein Beruf geworden – mit eigenen Managern, den Safeknackern, die die Staatskasse um Milliarden Rubel erleichterten und ganze Clans bildeten, die das Land unter sich in Einflusssphären aufteilten.

Diese bisher unerkannten Mafiosi und die Anhänger der bereits entdeckten stehen nicht unbedingt in der ersten Reihe der Perestroikagegner, bilden aber ihr festes Hinterland und ihre Stütze. Um zu überleben oder wenigstens ihre Existenz zu verlängern, streut die Mafia Sand ins Getriebe der Perestroika, bis die Räder auf irgendeiner Strecke heißlaufen. Die Mafia nutzt ihre Vormachtstellung in Warenversorgung und Dienstleistungswesen, die durch die bisherigen Reformen nicht erschüttert worden ist. Und wir werden einen Brand nicht vermeiden, wenn wir uns – um es mit Lenins Worten zu sagen – »vom ›Gefühlssozialismus‹ oder von der altrussischen, halb herrschaftlichen, halb bäuerlichen, patriarchalischen Stimmung übermannen lassen, denen eine instinktive Geringschätzung des Handels eigen ist«[31]. (Lenin meinte dabei die Freiheit des Handels, den Markt, die Ware-Geld-Beziehungen und die Beschaffung von Devisen.)

»Der Handel ist jenes ›Glied‹ in der historischen Kette der Ereignisse, in den Übergangsformen unseres sozialistischen Aufbaus …, das von uns, der proletarischen Staatsmacht, von uns, der führenden kommunistischen Partei, ›*mit aller Kraft angepackt werden muss*‹. Wenn wir dieses Kettenglied *jetzt* kräftig genug ›anpacken‹, so werden wir uns in nächster Zukunft bestimmt der ganzen Kette bemächtigen. Sonst aber werden wir uns der ganzen Kette nicht bemächtigen und das Fundament der sozialistischen gesellschaftlich-ökonomischen Verhältnisse nicht schaffen können.«[32]

Ohne Handel also kein Sozialismus. Das sind wahre und prophetische Worte, die einem heute bitter aufstoßen …

Der Handel ist das wichtigste, bis heute aber auch das schwächste Kettenglied der Perestroika. Normaler Handel – das bedeutet normaler Austausch von Arbeitsäquivalenten. Und dies ausschließlich nach dem Wertgesetz und nicht nach den Rundschreiben des Staatlichen Komitees für Preise. Hier müssen wir auf die schrecklichste Metastase des Stalinismus (neben der »Schuldvermutung«) zu sprechen kommen – auf die Feindseligkeit gegenüber dem Markt. Es ist traurig, dass davon auch führende Vertreter unserer Partei befallen sind.

Was nützt die Nahrung, wenn der Stoffwechsel des Organismus nicht stimmt? In der Politik darf man wie im Schach die Züge nicht verwechseln. Der Moskauer »Obst- und Gemüsehandel« verwandelt jede Zusatzlieferung für unseren Tisch von Pacht- oder Hofland in stinkenden Abfall. Bevor die Früchte auf unseren Tisch gelangen, muss man lernen, sie zu verarbeiten und zu lagern, das Gewachsene ohne Verluste zu den Menschen zu bringen. Das ist vernünftig und logisch für jeden außer der Mafia, die davon profitiert, Verluste jeglicher Art und Gattung zu planen.

Lenin nannte Kronstadt »den politischen Ausdruck eines wirtschaftlichen Übels«. Das sind wahrscheinlich Lenins stärkste Worte über die marxistische Utopie von einem Sozialismus ohne Markt. Lenin wurde sich äußerst schmerzhaft bewusst, dass Marx und Engels sich geirrt hatten, als sie das Modell einer Produktionsweise ohne Ware und Markt schufen. Ihre Hypothese hielt der Prüfung des Lebens nicht stand, der »Kriegskommunismus« war ein Irrtum, eine falsche Politik, die Folge der marxschen Utopie, die ohne Waren, nur durch Zwang funktionieren sollte.

Lenin löste sich Schritt für Schritt, unter schweren Seelenqualen von den Auffassungen, denen er sein ganzes Leben lang die Treue gehalten hatte. Dabei war ihm von diesem Leben kaum mehr als ein Jahr geblieben.

Gelähmt und sein Sprechvermögen nur mühsam zurückerlangt, diktierte er sein Bekenntnis, das zugleich sein Vermächtnis war Für wen? Kuibyschew schlug vor, die *Prawda* mit Lenins Artikeln in einem Exemplar – für den »Alten« – zu drucken.

Für Bucharin? Vielleicht. Zu Bucharin hatte Lenin gesagt, eine andere Politökonomie außer der marxschen sei ihm nicht bekannt, eine Politökonomie des Sozialismus gebe es nicht. Was hieß das? Eine Rückkehr zu dem Postulat aus dem blauen Heft, in das er in der Laubhütte bei Rasliw geschrieben hatte, der Sozialismus sei eine bürgerliche Gesellschaft, aber ohne Bourgeoisie? Alles andere sollte bleiben: der Markt, das Wertgesetz, die Bezahlung nach der Arbeitsleistung, aber keinen Kapitalertrag sollte es geben, keine Rentiers. »Wer nicht arbeitet, soll auch nicht essen« – also ökonomischer Zwang?

Ja, Lenin musste kurz vor seinem Ende eine schwere Tragödie durchleben. Von den alten Freunden war ihm außer Krschischanowski keiner geblieben, neue erwarb er nicht mehr.

De facto machten die Revolten von Tambow und Kronstadt dem Produktionssoll ein Ende, dazu Briefe von Bauern, deren Hauptinhalt war: Verkünden Sie die Vergütung »nach der Arbeitsleistung«, denn faktisch haben wir jetzt Gleichheit in der Armut; nur die Rationen für die einzelnen Kategorien sind verschieden.

Also Revolten als »politischer Ausdruck eines wirtschaftlichen Übels«. Eine warenlose Wirtschaft, das »wirtschaftliche Übel« war die Ursache; Hunger, Revolten, Feindseligkeit der Arbeiter und Bauern die Folge. Man hatte Konterrevolution und Interventen besiegt, aber nun stand man vor einem Abgrund. Wenn dies ein halbes oder ein ganzes Jahr so weiterging, konnte der Schuss von der »Aurora« historisch umsonst gewesen sein.

Der politische Kredit war völlig verspielt. Keine Tscheka konnte ihn verlängern. Man musste also vom Bürgerkrieg schnellstens zum Bürgerfrieden übergehen. Aber wie? Dadurch, dass man einen normalen Äquivalentenaustausch auf dem Markt einführte, das Leben entschlossen entmilitarisierte, das Regime einer belagerten Festung radikal abbaute, eine enge Verbindung zwischen Stadt und Land herstellte, die Zensur einschränkte, Handel und andere Formen des Austauschs mit der Außenwelt in Gang brachte, von den Kapitalisten lernte und selbst ein höheres Kulturniveau erwarb.

Lenin spürte beinahe körperlich, wie ihm von dem süßen Rausch pseudokommunistischen Geschwätzes übel wurde, das zunahm, je mehr das Beamtentum ins Kraut schoss. Wie sollte man des Bürokratismus Herr werden? Im »Granat-Lexikon« hieß es: Im Jahre 1913 kamen in Russland, das man im gemütlichen Europa als Gipfel der bürokratischen Idiotie ansah, auf einen Beamten 14,6 Arbeiter. Im Jahre 1921 waren es noch 6,1.

Wie kam es, dass das Gewicht des Staates in der Gesellschaft nach dem Oktober so rasch zunahm? Der sozialistische Staat musste zweifellos stark sein, damit er spontanen Widerstand einzudämmen und jeden Angriff von außen abzuwehren vermochte. Aber wo war die Grenze? Warum wucherte der Staat, wurde zum Beamtenapparat und tanzte nach dessen Pfeife? Qualität, so lehrte Hegel, ist nicht erkannte Quantität – eine kommunistische Universität ersetzt keinen Marx und eintausend Rapp-Mitglieder[33] keinen Puschkin.

Was tun? Diese Frage war leichter zu beantworten gewesen, als das Ziel klar war, als es galt, den Zarismus zu stürzen. Das Jahr 1917 von April bis Oktober hatte Lenin virtuos bewältigt. Die Historiker würden in ihren Monographien später sicher jeden Augenblick beschreiben und dabei natürlich auch Fehler finden, doch der Kurs war richtig gewählt. Aber es fiel ihm damals auch leichter – er war gesund und hatte sein Leben noch vor sich. Dann kam die Georgienaffäre, Sergo wurde handgreiflich und Dzierzynski deckte ihn. Warum regte er sich darüber so auf, dass er einen Schlaganfall erlitt und gelähmt wurde? Das traf Lenin schlimmer als die Schüsse der Fanny Kaplan.

Sehr viele Probleme mussten gleichzeitig gelöst werden, aber das Wichtigste war die Freiheit des Handels. Was konnte sie bringen? Lenin warf aufs Papier: »Freiheit des Handels a) für die Entwicklung der Produktivkräfte der bäuerlichen Wirtschaft, b) für die Entwicklung der Kleinindustrie, c) *für den Kampf gegen den Bürokratismus.*«[34] Im Untergrund, in Revolution und Bürgerkrieg hatte man den Sozialismus als das nackte Gegenteil zur Bourgeoisie, als Ablehnung alles Bürgerlichen begriffen.

Das ist grundsätzlich falsch, denn dann gibt es keinen Platz für die Verteilung nach der Arbeitsleistung. Wie oft hatte Lenin die *Kritik des Gothaer Programms* (von Karl Marx) gelesen, hatte sie in seinem *Staat und Revolution* ausführlich zitiert. Und nun sollte man über die Rationierung direkt zur kommunistischen Verteilung kommen? Das Ergebnis waren Hunger, Kälte und Typhusläuse.

Das Gericht der Wahrheit steht über allem. Eines war klar: Man musste den Rückzug antreten, weil man den falschen Weg eingeschlagen hatte. Man musste zur Warenproduktion zurückkehren.

Lenins »probürgerliche« Tendenz deutete sich zum ersten Mal in seiner Arbeit *Über die Naturalsteuer* an. »›Wir‹ lassen uns immer noch zu Betrachtungen verleiten wie: ›Der Kapitalismus ist ein Übel, der Sozialismus ein Segen‹«, schrieb Lenin. »Aber diese Betrachtung ist unrichtig, denn sie vergisst die Gesamtheit der vorhandenen gesellschaftlichen Wirtschaftsformen, von denen sie nur zwei herausgreift. Der Kapitalismus ist ein Übel gegenüber dem Sozialismus. Der Kapitalismus ist ein Segen ... gegenüber der Kleinproduktion, gegenüber dem mit der Zersplitterung der Kleinproduzenten zusammenhängenden *Bürokratismus* ... Insofern ist der Kapitalismus in gewissem Maße unvermeidlich als das elementar entstehende Produkt der Kleinproduktion und des Austausches, und insofern müssen wir uns den Kapitalismus zunutze machen (besonders indem wir ihn in das Fahrwasser des Staatskapitalismus leiten) als vermittelndes Kettenglied zwischen der Kleinproduktion und dem Sozialismus, als *Mittel, Weg, Behelf, Methode zur Steigerung der Produktivkräfte* ...«[35]

Einige Seiten vor diesem Zitat stellt Lenin die Frage: »Was ist da zu tun? Entweder versucht man, jegliche Entwicklung des privaten, nichtstaatlichen Austausches, das heißt des Handels, das heißt des Kapitalismus, die beim Vorhandensein von Millionen Kleinproduzenten unvermeidlich ist, völlig zu verbieten, zu unterbinden. Eine solche Politik wäre *eine Dummheit und würde den Selbstmord der Partei* bedeuten, die sie ausprobieren wollte. Dummheit, denn diese Politik wäre ökonomisch unmöglich; Selbstmord, denn Parteien, die eine derartige Politik probieren, erleiden unweigerlich Schiffbruch.

... Oder (die letzte *mögliche* und einzig vernünftige Politik) man versucht nicht, die Entwicklung des Kapitalismus zu verbieten oder zu unterbinden, sondern bemüht sich, sie in das Fahrwasser des *Staatskapitalismus* zu leiten. Das ist ökonomisch möglich, denn den Staatskapitalismus gibt es in dieser oder jener Form, in diesem oder jenem Grade überall dort, wo Elemente des freien Handels und des Kapitalismus überhaupt vorhanden sind.«[36]

Die Evolution der Leninschen Auffassungen nach 1921 bewegte sich mehr und mehr zur Anerkennung dessen, dass der Sozialismus keine antibürgerliche, sondern eine postbürgerliche Gesellschaft mit Warenproduktion, Markt, Konkurrenz, Valuta und Demokratie ist. Lenin studierte Fourier, die Arbeiten Tschajanows und anderer Ökonomen. Und in seiner vielleicht genialsten Arbeit *Über das Genossenschaftswesen* schrieb er: »In den Träumereien der alten Genossenschaftler ist vieles phantastisch ... Nun wird vieles von dem, was an den Träumereien der alten Genossenschaftler phantastisch, sogar romantisch, ja abgeschmackt war, zur ungeschminkten Wirklichkeit.«[37]

Wozu die Kooperation? Warum sollte das Arbeitskollektiv, besonders auf dem Dorfe, zur Genossenschaft der Genossenschaften werden?

Weil gerade die Genossenschaft das Koordinatensystem ist, in dem man das persönliche Interesse mit dem kollektiven, das kollektive Interesse mit dem staatlichen und das staatliche Interesse mit dem gesellschaftlichen in Einklang bringen, harmonisieren kann. Schließlich wird dadurch die Hauptfrage gelöst und der Stein des Anstoßes, die Verteilung, beseitigt, wird durch die Bezahlung nach der Arbeitsleistung soziale Gerechtigkeit hergestellt. In der Genossenschaft und besonders in der Genossenschaft der Genossenschaften, das heißt in einem Arbeitskollektiv beliebiger Größe, ist es real möglich, zur Bezahlung nach der Arbeitsleistung überzugehen. Ohne dies bleibt der Aufbau des Sozialismus eine Utopie, werden die Gesellschaft und der Mensch, die von Eigentum und Macht entfremdet sind, unweigerlich zum Anhängsel des Staates, zu seinen Sklaven. So ist es zu unserem Unglück auch gekommen.

Der Staat, der totale Eigentümer und Herrscher, benutzt seinen ungeheuren Bürokratenapparat, um eine neofeudale Form der Produktion, des Austauschs und der Verteilung wiederzubeleben und durchzusetzen, deren *wichtigster Antagonismus darin besteht, dass der Mensch von Eigentum und Macht entfremdet ist.*

Wir wiederholen: *Die Entfremdung des Menschen von Eigentum und Macht ist der Hauptantagonismus unserer Gesellschaft, das Hauptergebnis des gegen den Geist der Oktoberrevolution gerichteten Umsturzes*, den Stalin und seine Helfershelfer in den Jahren 1928 bis 1932 vollzogen. Der Staatssozialismus, wo der Staat durch seine Beamten über alles verfügt – vom rostigen Nagel bis zur Weltraumstation –, kommt niemals über leere Losungen hinaus. Denn nach Marx ist die Form des Eigentums »die verborgene Grundlage der ganzen gesellschaftlichen Konstruktion«[38].

Das waren keine »Fehler« oder »Deformationen«, sondern das war ein konterrevolutionärer Umsturz nach dem Gesetz des Kronos (»Die Revolution frisst ihre Kinder«). Dabei geht es nicht in erster Linie um den Untäter Stalin (das ist höchstens etwas für die Verehrer der *Kinder des Arbat*), sondern um die Untat, den Menschen Eigentum und Macht geraubt, sie zu »Schräubchen« in der Staatsmaschinerie degradiert zu haben. Dadurch wurde Stalin, Mao Zedong oder Pol Pot eine derartige reale Machtfülle zuteil, von der kein Feudalherr, außer vielleicht Dschingis-Khan, auch nur zu träumen gewagt hatte.

Die Arbeitstätigkeit der Menschen vollzieht sich stets als Triade von Produktion, Austausch und Distribution. Dabei stehen Produktion und Austausch über den Epochen und Klassen, seit der Urzeitjäger mit dem Urzeitfischer Fleisch gegen Fisch tauschte.

Die Distribution trägt historischen Charakter. Der Sklave als Arbeitstier erhielt nur Nahrung. Der Leibeigene etwas mehr; er hatte bereits eine eigene Wirtschaft. Der Lohnarbeiter wurde nach seiner Leistung vergütet, erhielt aber nur so viel, um seine Arbeitskraft und seine physische Existenz reproduzieren zu können. Heute, da der entwickelte Kapitalismus auf dynamische Weise sozialistische Merkmale anreichert, was historisch gesetzmäßig geschieht[39], beutet die Bourgeoisie geschickt den Intellekt aus: Die Information ist zur wichtigsten Ware des Welthandels geworden, Ideen stehen höher im Kurs als alles andere.

Wir sagen dies alles, weil es an der Zeit ist, die Lüge, Sozialismus und Markt seien unvereinbar, aus den Köpfen der Menschen, darunter auch führender Persönlichkeiten, zu vertreiben. Sozialismus ohne Markt ist eine zutiefst kranke Gesellschaft, in der der Austausch von Arbeitsäquivalenten gestört ist. Das Kettenglied »Produktion-Austausch« ist sozialistisch. In gleichem Maße ist es aber auch bürgerlich oder feudal, denn es ist ewig: Das Wertgesetz ist gleichsam die Leber des Wirtschaftsorganismus jeder Gesellschaftsformation. Und wir können noch so viele flammende Reden über Ressourcenersparnis oder Umweltschutz halten, die Lage wird immer schlechter werden, solange wir nicht den Handel umfassend einführen, solange die Menschen nicht für alles – Wasser, Boden und sogar saubere Luft – bezahlen.

Was die Distribution, das dritte Glied in der Kette der Arbeitstätigkeit der Menschen, betrifft, so werden wir immer Gefahr laufen, eine der Wirkungen des Wertgesetzes (den Warenfetischismus) für sein Wesen zu nehmen. Bei jeder Form von Austausch, selbst bei einer so idealen wie dem Stoffwechsel im menschlichen Organismus, bleiben Schlacken nicht aus. Welche Nahrung wir auch immer aufnehmen.

Man kann natürlich über die himmelschreienden Zustände in unseren öffentlichen Bedürfnisanstalten auf Bahnhöfen und in Städten hinwegsehen. Aber man brauchte nur die Toiletten im Pawelezker Bahnhof auf das Wertgesetz umstellen und Pächtern übergeben – die Lage gestaltete sich schlagartig menschlicher. Natürlich wären wir dann immer noch weit entfernt vom Zustand solcher Orte in Japan oder Finnland, die steril sind wie ein Operationssaal, aber Pachttoiletten wären schon ein Stückchen Zivilisation mehr.

Wir haben in den Augen der Gogolschen Damen und Troubadoure vom »Sozialistischen Realismus« ein »unzensiertes« Beispiel vorgelegt, aber das wahre Leben lässt sich nun einmal nicht zensieren. Nicht weniger lehrreich im Hinblick auf das Wertgesetz sind unsere Baustellen (wo wir ein Haus hochziehen und das Geld gleich für zwei weitere in dunklen Kanälen versickern lassen), die Müllplätze von Betrieben und Städten, die Höfe, Eingänge und Treppen der meisten Wohnhäuser. Technologisch rückständig und gesundheitsschädlich sind unsere Autos und Traktoren, Fernsehgeräte und Kühlschränke – jedes Fertigerzeugnis produzieren wir um eine Größenordnung schlechter als die Japaner. Unerreichbar sind für unser Volk Kopiergeräte, Computer, faktisch alle Mittel der Informatik. Millionen Mütter müssen sich den Kopf darüber zerbrechen, was sie ihren Kindern am nächsten Tag zu essen geben, was sie ihnen anziehen, wo sie frische Kräuter, Buchweizen oder andere alltägliche Dinge herbekommen.

Warum haben wir uns selbst in diese Ketten geschlagen? Ist es doch (auch ohne Marx oder Lenin) klar wie der Tag, dass Stalin den Sozialismus aus einer Lehre in einen Glauben, aus einer Methode in eine Sammlung von Dogmen und Vorschriften verwandelt hat. Er hat die Gesellschaft im Staat aufgehen lassen und sie damit hilflos gemacht. Das staatliche Eigentum, über das der Bürokratenapparat ohne jede Kontrolle verfügt, ist anonym und Anschlägen von jeder Seite schutzlos ausgeliefert.

Wäre es nicht einfacher, die »Denker und Macher« in die Wüste zu schicken, deren Bildung nicht über den eingepaukten »Kurzen Lehrgang« und die »Ökonomischen Probleme des Sozialismus in der UdSSR« hinausgeht? Wir haben bereits gesagt und werden unablässig wiederholen, dass in der Gesellschaft drei Normen zum Gesetz erhoben werden müssen:

1. Ein normaler Austausch von Arbeitsäquivalenten, der nur auf dem Markt möglich ist und das absurde Aufwandsprinzip in der Praxis überwinden wird.

2. Ein normaler Informationsaustausch, der sich nur bei Demokratie und Glasnost vollzieht. Informationsautarkie, die Verschmutzung und Einengung durch Dogmen, eine autoritäre Steuerung der Informationsströme lässt den Sozialismus unweigerlich zu Stalinismus und westliche Demokratien zu Faschismus entarten.

3. Ein normales System der Rückkopplung, das mit dem Vorrang des Gesetzes den Autoritarismus überwindet. Die Gesellschaft kann nur von Gesetzen und nicht von Menschen gerecht geführt werden. Wenn es daran fehlt, wird die Gesellschaft anomal.

Es ist nötig, sowohl den Beamten als auch den Dogmatiker dazu zu zwingen, diese drei Wahrheiten zu akzeptieren. Denn die Perestroika geht ohne Demokratie und Glasnost, bei anhaltender Rechtlosigkeit, ohne Freiheit des Handels zugrunde. Mit der Perestroika stirbt dann auch der Sozialismus: Dies ist unsere letzte Chance.

Brasilien und selbst Indien ziehen bereits an uns vorbei. Der entwickelte Kapitalismus hat uns ökonomisch um die ganze postindustrielle Epoche überholt und ist bereits dabei, in die nächste, die Informationsepoche einzutreten. Das sind die harten Realitäten.

Der Staat kann schon deshalb nicht vernünftig Handel treiben, weil er stets auf Kosten der Gesellschaft lebt. Der Staat kann aber als zivilisierter Staatsanwalt des Handels, als Regulator der Finanzströme, als Kontrolleur der Vergütung nach der Arbeitsleistung funktionieren. Er selbst kann diese Vergütung nicht einführen – das ist reine Utopie. Das Staatliche Komitee für Arbeit muss man schließen und dort den Nachkommen zur Mahnung ein Museum der Verhöhnung der Arbeit einrichten.

In den Medien müssen die Gegner der Warenwirtschaft unablässig gebrandmarkt werden. Es ist unlogisch, vom Warencharakter der sozialistischen Produktionsweise zu sprechen und die Menschen zugleich mit dem »Marktsozialismus« zu schrecken.

Lenin schlug 1921 die Kronstädter Revolte nieder, zog aber eine Lehre daraus. Auch wir müssen die Revolte der Moskauer Obst- und Gemüse-Vereinigung-88 niederschlagen, aber nicht *mit dem Recht der Gewalt, sondern mit der Gewalt des Rechts.* Wir müssen den behördlichen »Versorgungshandel« abschaffen und den freien Handel an seine Stelle setzen.

Der gesamte Moskauer Großhandel mit Obst und Gemüse

sollte an Pächter vergeben werden. Lassen wir die Menschen Handel treiben. Sie sollen auch das Recht behalten, ihr Personal nach dem Prinzip der Selektion durch Arbeit auszuwählen: Weg mit dem Dieb und dem Säufer, hinaus mit dem Bummelant! Wer tüchtig arbeitet, soll in unbegrenzter Höhe verdienen dürfen, und wenn es zehntausend Rubel im Monat sind.

In den sechzig Jahren, die seit dem Abbruch der NÖP vergangen sind, hat es der Staat nicht fertiggebracht, den Moskauern normale Speisekartoffeln und nicht Knollen für technische Verarbeitung, normales Gemüse, Früchte und Kräuter zur Verfügung zu stellen. Und er wird das auch niemals tun können, denn es ist nicht seine Aufgabe. Den Handelsleuten wird das in Zusammenarbeit mit den Großhandelspächtern gelingen. Und wenn sich der Pächter zum zivilisierten Farmer mausert, dann wird er unser Land mit Lebensmitteln überschwemmen.

Man sollte die Sache nicht komplizierter machen, als sie ist: Die NÖP Lenins und die NÖP Deng Xiaopings begannen mit dem freien Handel, mit der Normalisierung des Äquivalentenaustausches. Es ist wirklich an der Zeit, der Gleichheit in der Armut mit voller Überzeugung und Konsequenz die Ungleichheit im Wohlstand vorzuziehen.

Was drängt sich für den Augenblick, für heute und morgen geradezu auf? Wir müssen die Gründung einer Unionsgesellschaft für Verbraucherschutz gestatten und fördern, einer freiwilligen Gesellschaft, die über einen starken juristischen Dienst verfügt. So werden wir selbst auf der Grundlage des gegenwärtigen Rechts der verbrecherischen Synergie des Monopolismus der Wirtschaftszweige Paroli bieten. Ein Beispiel: Das Handelsministerium lässt gegen alle Regeln den Austausch eines feuergefährlichen Fernsehgerätes von miserabler Qualität erst nach fünf »Garantie«-Reparaturen zu. Nicht alle Menschen sind Stoiker und stehen diesen »Leidensweg« bis zu Ende durch. Das ist eindeutig Geldschneiderei.

Wenn die Verbraucherschutzgesellschaft das Handelsministerium und seine Mannschaft in die Schranken des Gerichtes fordert und gewinnt, dann kommen wir beim Aufbau des Rechtsstaates aus der Phase der Losungen und Kundgebungen endlich in die Phase der praktischen Realisierung.

Die Justizorgane – Schwurgerichte, Staatsanwaltschaften, Ermittler und Rechtsanwälte – sind Laboratorium und Werkstatt für den Aufbau des Rechtswesens der Perestroika. Das Gericht, das in einer normalen Gesellschaft die Wahrheit ans Licht bringt, löst bei uns aufgrund der Stalinschen »Volksherrschaft« Assoziationen mit den Lagern Berijas aus. Das Volk muss als Norm verinnerlichen, dass das Gericht kein Henker ist, sondern ein Beschützer vor jeder Form von Willkür, Lüge und Verleumdung, vor Betrug im Handel und in anderen Bereichen. Die Anleitung der Justiz durch die Partei sollte um eine Stufe angehoben werden. Die Justizorgane der Kreisebene sollten also politisch und moralisch nicht vom Kreis-, sondern vom Gebietskomitee, die des Gebietes vom ZK der KPdSU betreut werden.

Gesetzestreue darf unter keinen Umständen als unsittlich gelten. Unsere Seeleute, die höchstens ein Zehntel der Heuer ihrer ausländischen Kollegen verdienen, bringen von ihren Reisen Videogeräte und alle möglichen anderen westlichen Waren mit. Sie setzen sie in Gebrauchtwarenläden ab, wo sieben Prozent des Erlöses einbehalten werden. Die Leute vom BChSS notieren die Namen dieser korrekt handelnden Bürger und übergeben Listen solcher »Spekulanten« an die Parteikomitees der Reedereien.

Kann es denn so etwas geben? Nur weil bei Auslandsreisen absolute Willkür herrscht (wieder die berüchtigte »Schuldvermutung« – Stalin lässt grüßen), haben die Seeleute keine Möglichkeit, das BChSS anzuzeigen. Gelten für dessen Mitarbeiter etwa eigene Gesetze? Es kann sein, dass die vorhandenen Regeln unvollkommen sind. Aber wenn sie nun einmal gelten und die Menschen sie einhalten, dann darf es kein Recht des BChSS, kein Recht eines Ministeriums oder einer Administration geben, wie sich bereits Lenin gegen ein besonderes Recht von Rjasan, Kasan oder jedem anderen Kaff wandte.

Ähnlich gehen gegenwärtig auch die Außenhandelsbehörden mit den Kooperativen um: Sie könnten ja übermäßig reich werden. Von 3000 Moskauer Kooperativen haben bisher lediglich sechs die Genehmigung erhalten, auf dem Weltmarkt tätig zu werden.

Weshalb? Des Rätsels Lösung ist einfach. Der Staat, genauer gesagt, seine Beamten, sind gegenüber den Kooperativen absolut nicht konkurrenzfähig und nutzen ihr Monopol, um diese kleinzuhalten. Den »Privaten« werden Material und Ressourcen sechsmal teurer verkauft als den Staatsbetrieben. Ungeachtet dieser wirtschaftlichen Piraterie leben die Kooperativen, und einige gedeihen sogar recht gut.

Wie kann das sein? Sie haben nur einen einzigen, aber entscheidenden Vorzug: Sie wählen ihre Mitarbeiter nach der Arbeitsleistung aus. Gammler, Nichtskönner und Säufer versuchen sie nicht erst umzuerziehen, sondern werfen sie hinaus. Allein das reicht aus, um den staatlichen Sektor zu schlagen.

Die Kooperativen können dem Staat zweifellos nicht weniger Devisen als der offizielle Außenhandel bringen. Der Anteil der UdSSR am Welthandel mit Maschinenbauerzeugnissen beträgt nur ein Zehntel des japanischen, liegt also um Größenordnungen zurück. Dabei sind der Warenaustausch im RGW und die Clearinggeschäfte mit Indien und Finnland bereits mitgerechnet. Wenn wir nur den Westen nehmen, dann betragen unsere High-Tech-Erzeugnisse dort höchstens ein Hundertstel des Anteils der Japaner! Schlimmer geht es nicht.

Um fast 200 Millionen Tonnen Erdöl, Dutzende Milliarden Kubikmeter Gas, Holz, Erz und andere Gaben der Natur zu verkaufen, ist nicht viel Grips vonnöten. Den braucht der Beamte auch nicht – er unterschreibt einmal im Jahr einen Vertrag mit drei oder vier Positionen und kann der Rest der Zeit ruhig schlafen.

Mit »kleinen Fischen« geben sich die offiziellen Handelsorgane nicht ab, sie können es nicht und wollen es auch nicht. Hier lauern Risiken, man muss kalkulieren und selbständig

Entschlüsse fassen. Das überlässt man gern den Kooperativen. Sollen sie doch ihre verschiedenen Sachen und Sächelchen im Ausland verkaufen und dabei Handel treiben lernen.

Vielleicht tauschen die Kooperativen uns für Kürbiskerne Bananen ein, damit die Kinder endlich Bananen zu essen bekommen.[40] Vielleicht verarbeiten sie unsere Rohstoffe, nähen für Modedamen Designerkleidung, bringen den Skandinaviern oder Engländern Pilze vom Ural auf den Tisch, beschaffen Aufträge für Übersetzungen oder Software, eröffnen homöopathische Apotheken und anderes mehr. Wen stört das? Die Menschen werden sich westliche Arbeitskultur aneignen, werden auf europäische Weise Handel treiben lernen, wie es Lenin vorschwebte.

Die Fesseln für den Außenhandel der Kooperativen sind ein weiteres Indiz dafür, dass wir wie die Luft zum Atmen ein Gesetz über das Volkseigentum brauchen. Dieses muss alle Eigentumsformen – vom staatlichen bis zum privaten – rechtlich gleichstellen. Solange die Partei – nur sie allein kann das tun – dem Staat nicht Zügel anlegt, nicht endlich eine wirkliche Vergesellschaftung des Staatseigentums und der Staatsmacht einleitet, wird die Perestroika auf der Stelle treten.

Nun zur wichtigsten Ware des Welthandels, der Information. Produktion und Verkauf dieser Ware nehmen in schwindelerregendem Tempo zu. *Der Umsatz beim Handel mit Informationen übertrifft den mit Energieträgern bereits um ein Mehrfaches.*

Die Menschheit – leider nicht unser sozialistischer Teil – stürzt sich förmlich in das Informationszeitalter. Unübersehbar reift eine psychologische Revolution heran, die den Wirkungsgrad des menschlichen Gehirns möglicherweise auf das Zehnfache, ganz sicher aber auf das Doppelte steigern wird. Unvorstellbare Dinge stehen bevor. Und wo sind wir? Ganz am Ende des Trecks?

Wir haben keine Zeit zu verlieren. Im Westen wachsen in raschem Tempo bereits Info-Städte heran wie vormals die Techno-Städte. Die herkömmliche Presse steigt in die elektronischen

Medien ein. Das Nachrichtenmagazin *Stern* und die Zeitung *Asahi* haben bereits Satelliten für Fernsehübertragungen erworben.

Auf der Nordhalbkugel kann man über den Weltraum schon 18 Fernsehprogramme empfangen. In Japan sind die kleinen Antennenschüsseln erschwinglich für jede Familie. CD mit digitalen Phono- und Videoaufnahmen gehören zur Grundausstattung.

Und was geschieht bei uns? Wir plagen uns immer noch mit dem Mangel an gewöhnlichem Zeitungspapier herum. Seit 70 Jahren führen wir ein riesiges Land, aber die *Prawda* ist dasselbe Blättchen geblieben und kann sich bis heute nicht mit einer *L'Unità* oder *Humanité* vergleichen. Unser staatliches Fernsehen hat ein einziges Informationsprogramm für das ganze Land, das uns erzählt, an allem sei der Weichensteller schuld, wie es nach der Explosion in Arsamas[41] geschah.

Im Kapitalismus ist die Information zur wichtigsten Ware geworden. Bei uns ist die Information trotz Perestroika und Glasnost für den Staatsbeamten im Lande immer noch das größte Übel und für das Ausland nackte Propaganda. Von Propaganda lässt sich durchaus leben: Du musst nur schreiben, der »Saporoshjez« sei besser als der »Mercedes«, und in Wologda lebe man satter als in Stockholm. Und wenn du ins Ausland fährst, dann schicke von dort politisch »korrekte« Nachrichten: weit und breit nichts als Verfall, Neger werden gelyncht und, wenn nicht heute, dann morgen, allesamt aufgehängt oder verbrannt.

Aber Propaganda in jeglicher Form, auch in der professionellsten Verpackung, segnet irgendwann das Zeitliche. Schlimmer als die Explosion von Arsamas hat die Informatik sie förmlich in Stücke gerissen. Das Zeitalter wirklicher Informationstätigkeit hat begonnen. So geht es Profis nun einmal. Damit wir wenigstens Durchschnittsniveau erreichen, muss unsere Kaderpolitik schleunigst auf die Auswahl nach der Arbeitsleistung umgestellt werden. Wir müssen uns des Geldes würdig erweisen, das das Volk uns gibt, und sogar noch etwas einspielen.

Kurz gesagt: Information muss verkauft werden. Das ist das Hauptmittel, um in unserem gesamten Außenhandel einen Durchbruch zu erzielen, wenn wir die Geschlossenheit unserer Gesellschaft und das hier herrschende Informationsmonopol bedenken.

Wenn der Verkauf von Information staatlichen Behörden anvertraut wird, dann kann man ihn gleich vergessen. Wir brauchen einen gesellschaftlich-staatlichen Konzern, der allein dem Zentralkomitee untersteht. Das könnte die Kooperative der Kooperativen sein – APN, TASS, staatlicher Rundfunk und Fernsehen, das Staatliche Komitee für Verlagswesen, das Staatliche Filmwesen, der Journalistenverband, die populärwissenschaftliche Gesellschaft »Snanie«, der Außenhandel und so weiter. Der Konzern müsste in jeder Republik und in Leningrad Tochterfirmen haben.

Unsere Unkenntnis und Unfähigkeit, Handel zu treiben, die hochherrschaftliche und intelligenzfeindliche Haltung zum Handel – all das kommt uns teuer zu stehen. Nehmen wir den Gnadenakt unserer Führung – die Freilassung von Mathias Rust. Hätte man es APN gestattet, 24 Stunden (nur 24 Stunden) zuvor ein Video- und Zeitungsinterview mit Rust aufzunehmen, dann hätten wir allein in der BRD mindestens 200 000 Dollar in unsere magere Staatskasse einspielen können. Diese Summe hätte APN zum Beispiel zweckgebunden an das Autowerk Saproshje überweisen können, das dafür dringend benötigte Maschinen erworben hätte. Die Belegschaft des Werkes hätte gemeinsam mit APN 200 Kleinwagen »Saporoshjez« an die Afghanistan-Invaliden übergeben können.

Natürlich könnten die sozialistischen und die befreundeten Entwicklungsländer sowie die kommunistische Presse die Information auch weiterhin unentgeltlich erhalten.

Da Information zur wichtigsten Ware des Welthandels geworden ist, entsteht zum ersten Mal die reale Möglichkeit,

Propagandaaktionen auf kommerzielle Weise durchzuführen. Wir könnten zum Beispiel abgeschriebene und ausgemusterte Militäruniformen oder die Rümpfe von SS-20-Raketen, in kleine Stücke geschnitten und mit dem knalligen Aufkleber »Perestroika: Die Sowjets rüsten ab« versehen, als Souvenirs verkaufen. Der Propagandaeffekt beispielsweise in Westeuropa und den USA überträfe alle Erwartungen. Dazu kämen beträchtliche Summen für das ZK. Verkaufen kann das vorläufig nur APN, die Informationsagentur der sowjetischen Öffentlichkeit.

Wollen wir es nicht riskieren? Wir könnten Millionen Dollar als Hilfe für Bedürftige einsetzen und zugleich beträchtlichen politischen Nutzen erzielen.

Es ist an der Zeit, dass das ZK der KPdSU darüber nachdenkt, ein eigenes Fernsehprogramm zu starten, das *Tele-Prawda* heißen könnte. Dazu einen weltweiten Videodienst in russischer Sprache. Das ZK musste eine Rakete beschaffen, APN fände einen Partner, der einen Satelliten kauft. Die Sendezeit teilen wir uns. Werden wir reich, können eigene Satelliten starten.

Das ZK hat den Leninschen Kurs der Kooperation, der Pacht, des Rechtsstaates eingeschlagen. Das heißt, es orientiert darauf, das Eigentum wirklich dem Volke zu übergeben, die Entfremdung des Menschen von Eigentum und Macht Schritt für Schritt zu überwinden. Schon die Parteidisziplin verpflichtet also die Kommunisten, sich mit persönlichem Beispiel und Engagement an die Spitze der Bewegung der Kooperativen zu stellen und Lenins Vermächtnis, dass jedes Arbeitskollektiv zur »Kooperative der Kooperativen« werden soll, in die Tat umzusetzen.

Ohne freien Handel und ohne Konkurrenz[42] werden wir niemals zur Bezahlung nach der Arbeitsleistung kommen. Sie kann nur vom Wertgesetz bestimmt werden, und nicht von Beamten.

In Zukunft, aber möglichst bald, könnte es nützlich sein, wenn das ZK aus der Parteikasse dem Staatlichen Rundfunk und Fernsehen den physisch und moralisch verschlissenen

Komplex von Schabolowka abkaufte und ihn an einen Rivalen dieser Behörde verpachtete. Es käme zur Konkurrenz, die Werbung, die bei uns noch vorsintflutliches Niveau hat, würde belebt. Allmählich fangen wir an (wenn auch bisher nur in der Theorie und mit guten Vorsätzen) zu lernen, »Handel zu treiben«.

Die Welt steckt voller Paradoxe. Aus den japanischen Samurai und den deutschen Teutonen sind die besten Handelsleute der Welt geworden, aus den Juden wurden Militärs. Wenn wir Kommunisten wirklich einer aufblühenden Großmacht vorstehen wollen, dann müssen wir Händler werden. Wenn wir das erreichen, dann wird die freigesetzte Energie des Volkes Berge versetzen.

G. Pissarewski
V. Falin

11. Oktober 1988

Anlage 4

An A. N. [Jakowlew]
Die Perspektive der Volkswirtschaft der UdSSR im Lichte der zu erwartenden weltwirtschaftlichen Entwicklungstenzenden

[Eine Analyse für das ZK-Plenum]

Der Kurs einer radikalen Wirtschaftsreform und der Beschleunigung der sozialökonomischen Entwicklung des Landes, den die Partei eingeschlagen hat, ist die Grundlage, um den seit den siebziger Jahren erkennbaren Trend zu stoppen, dass die UdSSR bei den wichtigsten Kennziffern der Effektivität der gesellschaftlichen Produktion und des Lebensniveaus zunehmend hinter den entwickelten kapitalistischen Ländern zurückbleibt.

Wenn die Entwicklungstenzenden und der Charakter unserer Wirtschaft, wie sie sich von 1976 bis 1985 herausgebildet haben, bestehen bleiben, dann könnte das Nationaleinkommen der UdSSR im Vergleich zu den USA von gegenwärtig 55 Prozent auf 45 Prozent im Jahre 2010 absinken. Die Produktivität der gesellschaftlichen Arbeit fiele – wiederum im Vergleich zu den USA – von 33 auf 25 Prozent.

Wenn es uns dagegen gelingt, die ins Auge gefassten Perspektivpläne und Entwicklungsprogramme zu realisieren, dann könnten wir die USA bei einigen makroökonomischen Hauptkennziffern einholen. Im Jahre 2010 könnte unser Nationaleinkommen dann 90 Prozent und die Industrieproduktion 100 Prozent des amerikanischen Niveaus erreichen. Bei der Förderung, der Produktion und dem Verbrauch zahlreicher Erzeugnisse der materiellen Produktion, bei Energieträgern, Eisenerz, Stahl, Zement und anderen Produkten wäre es möglich, unseren Vorsprung gegenüber den USA weiter auszubauen.

Wie jedoch Berechnungen zeigen, die im Institut für Weltwirtschaft und internationale Beziehungen der Akademie der Wissenschaften der UdSSR vorgenommen wurden, wird bei Erreichen der gegenwärtig anvisierten Ziele unseres Wirtschaftswachstums bei einigen äußerst wichtigen Parametern der Effektivität der gesellschaftlichen Produktion keine spürbare Annäherung an die USA zu erreichen sein.

So wird die Produktivität der gesellschaftlichen Arbeit in der UdSSR im Jahre 2010 im Vergleich zum Niveau der USA 50 Prozent nicht übersteigen; in der Industrie werden dies 65 Prozent, in der Landwirtschaft nur 15 Prozent sein. Unsere Wirtschaft bleibt auf dem ressourcen- und kapitalintensiven Entwicklungsweg, der sich grundsätzlich von dem unterscheidet, was im Westen zu beobachten ist. Deshalb werden die Fonds- und Materialintensität des Nationaleinkommens der UdSSR im Jahre 2010 etwa um 50 bis 60 Prozent und die Energieintensität sogar um 100 Prozent höher sein als in den USA. Nach unseren Trendberechnungen liegen wir bei der Effektivität und beim wissenschaftlichtechnischen Niveau der meisten Zweige der materiell-technischen Produktion um etwa 10 bis 15 Jahre zurück. In einigen der neuesten Zweige des wissenschaftlich-technischen Fortschritts (Informatik, neue Werkstoffe, Biotechnologie und andere) kann unser Rückstand sogar weiter anwachsen.

Bei den jetzt ins Auge gefassten Entwicklungsvarianten der sowjetischen Wirtschaft ist im Lebensniveau, das heißt der Zusammensetzung und Qualität der für den Verbrauch der Bevölkerung zur Verfügung stehenden Waren und Dienstleistungen, gegenüber den entwickelten kapitalistischen Ländern kaum ein Aufholen zu erwarten.

Wenn man die Entwicklungsprognosen für die Wirtschaft der UdSSR und der kapitalistischen Länder bis zum Jahre 2010 vergleicht, dann zeigen sich folgende Schwachstellen:

Tempo und Qualität des Wachstums

Wenn wir uns an einer Beschleunigung des wirtschaftlichen Wachstumstempos orientieren, dann hindert dies uns objektiv daran, unsere Wirtschaft radikal vom extensiven Entwicklungsweg wegzuführen.

Fortschritte in der wirtschaftlichen Entwicklung der kapitalistischen Länder werden gegenwärtig nicht unmittelbar an der Erhöhung der rein quantitativen Kennziffern wie des Wirtschaftswachstums gemessen. Nach den Erfahrungen des Westens sinkt dieses Tempo zumindest zeitweilig, wenn eine Umstrukturierung der Wirtschaft vorgenommen, wenn diese auf einen ressourcensparenden Entwicklungstyp umgestellt wird. In mehreren Grundstoffzweigen und ganzen Wirtschaftssektoren, zum Beispiel bei Brennstoffen und Energie, in der Schwarz- und Buntmetallurgie, die früher wichtige Faktoren des Wirtschaftswachstums waren, steigt die Produktion bereits seit über einem Jahrzehnt nicht mehr. Eine Entwicklung sowohl der traditionellen als auch neuer Zweige kommt nicht so sehr darin zum Ausdruck, dass die Produktion mengenmäßig wächst, sondern dass angesichts der sich wandelnden Bedürfnisse der Verbraucher ihre Qualität steigt, sie sich rasch erneuert und diversifiziert.

So wie die Struktur der sowjetischen Wirtschaft heute beschaffen ist, wird die Orientierung auf ein hohes Wachstumstempo den weiteren Ausbau der Produktion in den Grundstoffzweigen erfordern, denn allein in den anderen Wirtschaftssektoren sind die angestrebten Werte des Wirtschaftswachstums faktisch nicht zu erreichen.

Weiter. Nach dem Umfang der Grundfonds und der Investitionen haben wir das Niveau der USA in vielen Zweigen der materiellen Produktion bereits erreicht oder übertroffen. Jetzt kommt es darauf an, nicht weitere Investitionsmittel in die produktive Sphäre zu »pumpen«, sondern die Erzeugnisse der fondsbildenden Zweige grundsätzlich zu erneuern und ihre Qualität zu steigern, weil es ohne dies unrealistisch wäre, auf eine Beschleunigung des wissenschaftlich-technischen Fortschritts in unserer Volkswirtschaft zu hoffen. Wenn wir aber ohne Reserven an Produktionskapazitäten das hohe Wachstumstempo der Produktion aufrechterhalten wollen, dann muss dies unsere Möglichkeiten für eine qualitative Erneuerung beeinträchtigen. Zudem wird bei einem hohen Wachstumstempo die volle Auslastung der in einigen Zweigen, beispielsweise in der Energiewirtschaft und im Verkehrswesen, physisch verschlissenen Fonds unumgänglich, was die Gefahr großer Havarien heraufbeschwört.

Das Wachstumstempo unserer Wirtschaft Ende der siebziger/Anfang der achtziger Jahre ist aufgrund von Preiserhöhungen und einigen anderen Faktoren stark überhöht ausgewiesen worden. Nach westlichen Einschätzungen betrug das reale Wirtschaftswachstum in der UdSSR in den achtziger Jahren, zum Beispiel 1986 und 1987 1,0 bis 1,5 Prozent. Wenn wir das längerfristig angestrebte Wachstumstempo von 4,5 bis 5 Prozent im Jahr erreichen wollen, erforderte dies eine sprunghafte Entwicklung, eine Steigerung des Wachstumstempos um das Drei- bis Vierfache.

Angesichts der radikalen Wirtschaftsreform und des Umbaus unseres Wirtschaftsmechanismus halten wir es für zweckmäßig, auf eine Planung des Wirtschaftstempos unserer Volkswirtschaft insgesamt und nach einzelnen Zweigen zu verzichten. Zur Orientierung könnte man wichtige Kennziffern nutzen, die etwas über das Lebensniveau und die Lebensqualität aussagen – vor allem die Versorgung der Bevölkerung mit Wohnraum, Lebensmitteln, Industriegütern und Dienstleistungen.

Individueller Verbrauch und Wirtschaftsstruktur

Wenn man die jetzt ins Auge gefassten Varianten der sozialökonomischen Entwicklung der UdSSR analysiert, dann wird deutlich, dass es bis zum Jahre 2010 nicht gelingen kann, die Tendenz zu verändern, dass die Wirtschaft sich selbst und nicht dem Menschen dient. Die Struktur unserer Volkswirtschaft wird auch weiterhin eine ganze Reihe von Disproportionen aufweisen, die darauf zurückzuführen sind, dass der individuelle Verbrauch für das Wirtschaftswachstum kaum eine Rolle spielt. Dies sind Disproportionen zwischen Konsumtion und Akkumulation, zwischen der Gruppe A und der Gruppe B (der Herstellung von Produktionsmitteln in der Gruppe A und industriellen Konsumgütern sowie Nahrungsmitteln in der Gruppe B – Anm. des Übers.), zwischen Halbfertig- und Fertigprodukten, zwischen dem produktiven und dem nichtproduktiven Bereich.

Nach westlichen Berechnungen beträgt der individuelle Verbrauch von Waren und Dienstleistungen pro Kopf der Bevölkerung in der UdSSR gegenwärtig etwa ein Drittel des Niveaus der USA. Dabei ist die Struktur des individuellen Verbrauchs in unserem Lande wesentlich weniger entwickelt – etwa 70 Prozent der Ausgaben (gegenüber 24 Prozent in den USA) werden für die Befriedigung der so genannten Grundbedürfnisse (für Lebensmittel, Kleidung und Schuhe) aufgewandt. Eine unvergleichlich geringere Rolle als in den entwickelten kapitalistischen Ländern spielen langlebige Konsumgüter und Dienstleistungen. Im Verhältnis zu den Löhnen sind die wichtigsten Konsumgüter wie Lebensmittel und andere in der UdSSR in der Regel wesentlich teurer als in den führenden kapitalistischen Ländern.

Bisher sind keinerlei radikale Verschiebungen in den Proportionen der Volkswirtschaft zu erkennen, die die Lage beim individuellen Verbrauch grundlegend verändern könnten.

In den entwickelten kapitalistischen Ländern, wo der persönliche Verbrauch die wichtigste Triebkraft der Wirtschaft und der materiellen Produktion ist, beträgt er stabil etwa 65 Prozent des BIP. In der UdSSR wird dieser Anteil auf etwa

50 Prozent geschätzt. Es wird angenommen, dass er in der Zukunft auf 52 bis 58 Prozent steigen kann. Das heißt, auch bei der günstigsten Variante wird er immer noch wesentlich unter dem amerikanischen Niveau liegen.

Im Vergleich zu den USA wird ein wesentlich höherer Teil des geschaffenen gesellschaftlichen Produkts nicht für den Konsum, sondern für die Akkumulation in den produzierenden Bereichen verwandt. Der Anteil dieser produktiven Akkumulation liegt in der UdSSR etwa um 70 Prozent höher als in den USA. Die jeweiligen Anteile am Nationaleinkommen betragen 24 beziehungsweise 14 Prozent. Nach wie vor orientieren wir uns aber auf die vorrangige Entwicklung der Industriezweige der Gruppe A. Gegenwärtig beträgt der Anteil der Herstellung von Produktionsmitteln (Gruppe A) an der Industrieproduktion der UdSSR 75 Prozent, der von Konsumgütern (Gruppe B) dagegen nur 25 Prozent. In den USA haben Letztere einen Anteil von 38 Prozent. Bei dieser übertriebenen Entwicklung der Zweige der Gruppe A schlucken diese fast 90 Prozent aller Investitionen in der Industrie. Angesichts dessen kann man wohl kaum erwarten, dass sich die Lage spürbar verändert, dass mehr Konsumgüter hergestellt und bei der Befriedigung der zahlungskräftigen Nachfrage der Bevölkerung Fortschritte erreicht werden.

Ähnlich sieht auch die Entwicklung im Dienstleistungswesen aus. Gegenwärtig erreicht ihr Anteil in der UdSSR höchstens ein Drittel des Niveaus der USA. Selbst wenn wir in unserem Lande die Variante einer so genannten starken Sozialpolitik realisieren, wird der Anteil der Dienstleistungen am BIP im Jahre 2010 etwa 30 Prozent betragen, was bestenfalls die Hälfte des in den entwickelten kapitalistischen Ländern üblichen Niveaus darstellt.

Die sowjetische Wirtschaft muss sich ganz eindeutig entschiedener der Befriedigung der Bedürfnisse des Menschen zuwenden. Über die Prioritäten unserer sozialökonomischen Entwicklung und die Wege, auf denen sie zu erreichen sind, sollte noch einmal nachgedacht werden.

Investitionspolitik

Hier fällt auf, dass auch längerfristig zwei Probleme weiterbestehen werden:

– die anhaltend extensive Akkumulation der wichtigsten Produktionsfonds zum Schaden ihrer grundlegenden Modernisierung und Rekonstruktion; – keine grundlegenden Schritte zur Überwindung der Disproportionen zwischen der Entwicklung der extraktiven und der verarbeitenden Zweige sowohl im Rahmen der gesamten Volkswirtschaft als auch einzelner Zweigkomplexe (Brennstoff-Energie-Komplex, Chemie, Petrochemie, Holzindustrie, Agrarindustrie-Komplex).

Wenn man den Wert der Grundfonds nach den in der amerikanischen und sowjetischen Statistik üblichen Kriterien vergleicht, stellt sich heraus, dass die UdSSR die USA beim Umfang der vorhandenen Produktionsfonds bereits im Jahre 1985 mit über 80 Prozent nahezu eingeholt hat. In einzelnen Zweigen ist das amerikanische Niveau sogar bereits übertroffen worden – in der Landwirtschaft um 120 Prozent, in der Metallurgie um 30 Prozent, im Maschinenbau um 50 Prozent, in der Leichtindustrie um 30 Prozent und in der Lebensmittelindustrie um 60 Prozent. Was die nichtproduktiven Fonds betrifft, so bietet sich hier folgendes Bild: Sie betragen in der Sowjetunion etwa 27 Prozent des Niveaus der USA, beim Wohnungsbestand sogar nur 25 Prozent.

Eine Analyse der jährlichen Investitionen in der Volkswirtschaft hat ergeben, dass diese in der Sowjetunion in den letzten fünf Jahren im Durchschnitt etwa 90 Prozent des amerikanischen Niveaus erreicht haben. Im Bereich der materiellen Produktion tätigen wir bereits 30 Prozent mehr Investitionen als die USA, während diese im nichtproduktiven Bereich nur etwa die Hälfte des amerikanischen Niveaus betragen.

Bei der jetzt anvisierten Dynamik der Kapitalanlagen bleibt die Tendenz erhalten, im Vergleich zu den USA im produktiven Bereich mehr zu investieren. Das betrifft vor allem die Zweige, wo ihr Anteil in der Sowjetunion ohnehin höher liegt. Nach dieser Prognose werden die wichtigsten Produktionsfonds in unserem Lande im Jahre 2010 insgesamt um 20 Prozent größer sein als in den USA. Der Vorsprung wird in der Landwirtschaft etwa 120 Prozent, im Maschinenbau 160 Prozent und in der Metallurgie 110 Prozent betragen. Die nichtproduktiven Fonds werden dagegen lediglich 43 bis 45 Prozent des amerikanischen Niveaus erreichen, der Bestand an Wohnungen etwa 40 Prozent.

Ungeachtet dessen, dass wir bereits eine Verdoppelung des Aussonderungsgrades (von 1,7 Prozent in den Jahren 1981 bis 1985 auf 3,4 bis 3,6 Prozent im Jahre 2010) ins Auge fassen und den Erneuerungsgrad der Produktionsgrundfonds (von 20 Prozent auf 46 bis 53 Prozent) steigern wollen, wird die UdSSR selbst bei der am konsequentesten auf die sozialen Belange orientierten Entwicklungsvariante ihrer Wirtschaft am Ende des Prognosezeitraums das gegenwärtige Niveau der USA bei diesen Kennziffern offenbar nicht erreichen. Dort betrug in den Jahren 1981 bis 1985 der Aussonderungsgrad der Produktionsgrundfonds 3,9 Prozent und der Erneuerungsgrad 64 Prozent.

Dies bedeutet: Wenn wir das Schwergewicht weiterhin auf das quantitative Wachstum der Fonds legen, dann planen wir die Konservierung ihres Rückstandes beim technischen Niveau und der Qualität bereits heute ein. Dabei bleibt selbst die sozial orientierte Variante der Reproduktionsstruktur der Grundfonds der UdSSR mit Elementen schwerwiegender Disproportionen zwischen den einzelnen Zweigen behaftet. Im Maschinenbau soll der Anteil der Investitionen, der für den Ersatz ausgesonderter veralteter Fonds verwandt wird, zum Beispiel von 14 auf 73 Prozent erhöht werden (in den USA betrug er von 1981 bis 1985 30 bis 40 Prozent). Im Bauwesen soll diese Zahl dagegen nur 40 Prozent, in der Landwirtschaft 59 Prozent und in der Elektroenergiewirtschaft

34 Prozent betragen. Dagegen wurden in den USA von 1981 bis 1985 die Grundfonds in diesen Zweigen zu 80 Prozent, 79 Prozent beziehungsweise 50 Prozent erneuert. Das heißt, was die Modernisierung und technische Umrüstung vieler Schlüsselsektoren der Wirtschaft betrifft, kommen wir auch im Jahre 2010 dem wohl kaum nahe, was in den entwickelten kapitalistischen Ländern bereits jetzt auf diesem Gebiet geschieht.

Unsere Investitionspolitik sieht längerfristig keine wesentlichen Veränderungen bei den Proportionen der Herstellung von Fertigerzeugnissen und Zwischenprodukten vor. Die Fertigung von Arbeitsgegenständen (Brennstoffe, Energie, Werkstoffe, Halbfabrikate) und Arbeitsmitteln wächst in der UdSSR etwa parallel und beträgt 80 beziehungsweise 20 Prozent der Industrieproduktion.

Für die Perspektive ist vorgesehen, dass der hohe Investitionsanteil und die weitere Steigerung der Produktion in den Zweigen erhalten bleibt, die Brennstoffe und Energie sowie Werkstoffe erzeugen.

In den USA verhält sich die Produktion von Arbeitsgegenständen zur Produktion von Arbeitsmitteln wie 70 zu 30. Im letzten Jahrzehnt wurde die Herstellung von Fertigerzeugnissen – Maschinen, Ausrüstungen und Konsumgütern – zwar gesteigert, dies bedeutete jedoch nicht, dass wesentlich mehr Naturressourcen in den Wirtschaftskreislauf einbezogen wurden. Auch bis zum Jahre 2010 ist in den USA und den anderen entwickelten kapitalistischen Ländern kein wesentliches Ansteigen der Produktion und des Verbrauchs von Brennstoffen und Energie, von Eisen und Buntmetallen abzusehen.

Wenn wir bei der Investitionspolitik keine ernsthaften Veränderungen zugunsten der intensiven Faktoren des Wirtschaftswachstums vornehmen, werden wir den wachsenden Rückstand bei der Fonds-, Energie- und Materialintensität der gesellschaftlichen Produktion nicht aufholen können.

Wissenschaftlich-technischer Fortschritt und Qualität

Unsere Möglichkeiten, den wissenschaftlich-technischen Fortschritt zu beschleunigen und die Qualität der Erzeugnisse zu steigern, werden einerseits davon abhängen, in welcher Richtung sich die Politik des Staates konkret entwickelt, und andererseits davon, wie es gelingt, den Wirtschaftsmechanismus umzugestalten.

Die Erneuerung der Grundfonds auf verbesserter technischer Grundlage, die gleichermaßen Ergebnis und Voraussetzung des wissenschaftlich-technischen Fortschritts ist, verläuft in den meisten Zweigen der Volkswirtschaft der UdSSR gegenwärtig noch zu langsam, um die Tendenz unseres zunehmenden Rückstandes gegenüber den USA und den anderen entwickelten kapitalistischen Ländern beim technischen Niveau, bei der Produktivität und der Zuverlässigkeit von Ausrüstungen und Geräten umzukehren.

Für eine wirtschaftlich zweckmäßige Erneuerung des Produktionsapparates stellt der Maschinenbau nach wie vor einen Engpass dar. Bei den meisten Arten von Maschinen und Ausrüstungen beträgt der gegenwärtige Bestand etwa das 25- bis 30fache dessen, was der Maschinenbau der UdSSR gegenwärtig im Jahr herstellt.

Selbst wenn der Kurs, die Entwicklung des Maschinenbaus zu beschleunigen und die Qualität seiner Erzeugnisse zu erhöhen, konsequent und energisch durchgesetzt wird, ist unter den gegenwärtigen Bedingungen kaum zu erwarten, dass es zu raschen und spürbaren Effekten bei der technischen Umrüstung der anderen Volkswirtschaftszweige kommt, und dass sie bald Erzeugnisse herstellen, die den Anforderungen des weltweiten wissenschaftlich-technischen Fortschritts gerecht werden.

Dabei ist schon zweifelhaft, ob eine erfolgreiche Realisierung dieses Kurses überhaupt möglich sein wird. Dies hängt offenbar in entscheidendem Maße davon ab, ob der sowjetische Maschinenbau in der Lage ist, technisch fortgeschrittene, hochentwickelte Erzeugnisse zu produzieren. Bei den Ausgaben für Forschung und Entwicklung im Maschinenbau bleiben wir gegenwärtig aber deutlich hinter den entwickelten kapitalistischen Ländern zurück. In den USA liegen diese Ausgaben in den letzten zwanzig Jahren deutlich (um 10 bis 20 Prozent) höher als die durchschnittlichen jährlichen Investitionen. Im Maschinenbau der UdSSR dagegen betrugen die Ausgaben für Forschung und Entwicklung im Jahre 1985 höchstens 10 Prozent der Kapitalinvestitionen, das heißt, sie lagen fünf- bis zehnmal niedriger als in den USA. Ein derartiges Verhältnis ist auch für die Perspektive vorgesehen. Es ist kaum vorstellbar, wie wir so das Weltniveau erreichen und im Maschinenbau eine mit den westlichen Ländern vergleichbare Erneuerung der Produktion herbeiführen wollen.

Juni 1987

Anlage 5

An A. N. [Jakowlew]
Zur Devisensituation der UdSSR

In den vergangenen beiden Jahren hat sich die Position der UdSSR im internationalen Zahlungsverkehr stark verschlechtert. Die Auslandsschulden unseres Landes in freien Devisen übersteigen 25 Milliarden Rubel, beim Clearing (mit Indien, Finnland, Jugoslawien, der VR China und Ägypten) zwei Milliarden Rubel. Im Jahre 1990 ist eine Verschuldung gegenüber den RGW-Ländern in Transferrubeln zu erwarten. Auch die Schuldenstruktur, in der kurzfristige Verpflichtungen überwiegen, hat bedrohliche Formen angenommen.

Mehr noch, seit Anfang 1988 wachsen diese negativen Erscheinungen lawinenartig an.

Zur Information: Die gesamte Auslandsverschuldung der UdSSR liegt um 50 Prozent höher als der Jahresumsatz des Exports in freien Devisen. 1988 wurden 10,3 Milliarden Rubel oder 60 Prozent der Devisenerlöse für die Schuldentilgung bereitgestellt. Jedoch 90 Prozent dieser Mittel mussten bereits im ersten Quartal gezahlt werden, als der Schuldendienst das 2,6fache des gesamten Exports betrug. Das Zahlungsbilanzdefizit unseres Landes, das für Ende 1988 in einer Höhe von acht Milliarden Rubel geplant war, erreichte bereits am *1. April* 10,9 Milliarden Rubel. Es kann mit den zur Verfügung stehenden Exportfonds auf keinen Fall gedeckt werden.

Das bedeutet:

a) Unser Land hat die Kontrolle über mehr als die Hälfte seiner Devisenerlöse verloren. Der Außenhandel, der vor allem mit dem Kauf großer Mengen Lebensmittel und Konsumgüter befasst ist, spielt bei der technischen Modernisierung der Volkswirtschaft keine Rolle mehr.

b) Die Sowjetunion gerät in eine Spirale dynamisch wachsender Auslandsschulden. Für die Tilgung alter Kredite müssen neue aufgenommen werden, die für die Entwicklung des Landes keinerlei Nutzen bringen. Im Grunde genommen, erinnert unsere Lage an die Schuldensituation eines Entwicklungslandes.

c) Die UdSSR ist nahe daran, ihre internationale Kreditwürdigkeit einzubüßen. Zum ersten Mal in der Geschichte können wir bei bereits abgeschlossenen Verträgen nicht zahlen.

Diese Information bleibt vorläufig unter Verschluss, wie unsere gesamte Zahlungsbilanz vertraulich ist. Aber dieses Geheimnis wird nicht mehr lange zu bewahren sein.

Zur Information: Die Hauptursache der entstandenen Krise ist die von Energieträgern und Rohstoffen bestimmte Struktur des sowjetischen Exports, die für Konjunkturschwankungen sehr anfällig ist. Allein in den Jahren 1985 bis 1987 sind unsere Exporterlöse wegen sinkender Rohstoffpreise auf dem Weltmarkt um 17,7 Milliarden Rubel zurückgegangen. Mit weiteren drei Milliarden Verlust hat uns der fallende Dollarkurs »bestraft«.

Um die Struktur des sowjetischen Exports zu verändern, braucht es Zeit. Deshalb sind hier *dringende zielgerichtete Maßnahmen* vonnöten. Diese werden getroffen, aber wie mir scheint, gehen sie nicht in die richtige Richtung.

Zur Information: Die Kontrolle des Imports von Industrieausrüstungen wird verschärft. Im Export werden vor allem Anstrengungen unternommen, um Lieferrückstände bei geplanten Waren aufzuholen. Diese Maßnahmen allein können jedoch die »Löcher« in unserer Zahlungsbilanz kaum zu zehn Prozent stopfen. Im ersten Quartal 1988 beliefen sich die Lieferrückstände auf ganze 162 Millionen Rubel, während die Auslandsschulden um 2,5 Milliarden Rubel anwuchsen.

Offenbar werden wir hier mit begrenzten administrativen Schritten nicht auskommen. Notwendig sind weitreichende *politische Entscheidungen*. Auf lange Sicht geht es um einen wirklich funktionsfähigen Mechanismus der Außenwirtschaft, der fest im Mechanismus der Binnenwirtschaft unseres Landes verankert ist. Vorläufig sind beide Bereiche gegenseitig noch schlecht abgestimmt und funktionieren getrennt voneinander. Kurzfristig könnten folgende Sondermaßnahmen eingeleitet werden:

a) Der Import von Getreide, der negative Auswirkungen hat, ist auf ein Minimum zu reduzieren. Wenn wir weiterhin diesen »Zauberstab« schwingen, werden wir es niemals lernen, mit unserer eigenen Ernte sorgsam umzugehen. Die Einsparung könnte etwa zwei Milliarden Rubel betragen.

b) Im Verteilungssystem der Warenfonds sind groß angelegte Umstellungen vorzunehmen. Bedeutende Warenmengen (bei Erdöl, Erdölprodukten, Holz, Kohle, Chemikalien, Schrott, Sekundärrohstoffen, Baumwolle, Fisch, Kraftwagen), die auf den Außenmärkten absetzbar sind, müssen aus dem Binnenmarkt herausgenommen werden. Alle Schuldnerländer beschränken heute den inneren Verbrauch, um den Export zu steigern.

Das Problem darf nicht nur als eine *Handelsfrage*, sondern muss als eine *Schuldenfrage* behandelt werden, die besondere Lösungen erfordert.

Zur Information: Schuldnerländer reagieren in dieser Situation

a) mit Umschuldung und Konsolidierung ihrer Verbindlichkeiten,

b) mit einer Umwandlung der Schulden in ausländische Kapitalanlagen in der Binnenwirtschaft,

c) mit dem Verkauf ihrer Außenstände im Ausland.

Der erste Weg erhöht und verteuert die Schulden nur und ist deshalb für uns nicht zweckmäßig. Die beiden anderen könnten allerdings genutzt werden:

a) Man könnte versuchen, einen Teil unserer Auslandsverpflichtungen über die Gläubigerbanken an ausländische Firmen zu verkaufen, die die Absicht haben, in der UdSSR Geld zu investieren. Das Verfahren bei solchen Operationen ist bekannt (erfordert allerdings ein Durchrechnen des konkreten Effekts) und bedeutet, dass letzten Endes Schulden in ausländischen Devisen mit Inlandsrubeln beglichen werden. Zuweilen wird die Befürchtung laut, dass bereits die erste derartige Operation die internationale Kreditwürdigkeit der UdSSR untergraben könnte. Das kann aus den genannten Gründen ohnehin sehr bald geschehen. Wenn wir uns allerdings zur Konversion entschließen, demonstrieren wir damit, dass wir unsere Schulden unter Kontrolle haben. Wenn wir aber weiter abwarten, erwecken wir den Eindruck, als hofften wir auf einen glücklichen Zufall.

b) Wir könnten auch dazu übergehen, einen Teil der Verbindlichkeiten von Entwicklungsländern auf den internationalen Finanzmärkten zum Verkauf anzubieten. Dies geht zwar mit einem nominellen Preisnachlass einher, jedoch bedeutete es, dass Guthaben in nichtkonvertierbaren Währungen in konvertierbare umgewandelt würden. Diese Guthaben werden ohnehin durch Inflation und Zahlungsaufschub immer weiter entwertet. Nach Einschätzung von Experten der Außenhandelsbank der UdSSR könnte ein »Paket« aus Verbindlichkeiten von zehn bis zwölf Schuldnerstaaten in einem Gesamtumfang von ca. 600 Millionen Rubel zum Kauf angeboten werden.

Als eine Variante für derartige Operationen könnte man zunächst auf den bekannten Vorschlag des britischen Geschäftsmannes Robert Maxwell eingehen.

Insgesamt hieße das, dass wir das Defizit unserer Zahlungsbilanz etwa halbieren und uns damit des ruinösen Zwangs entledigen könnten, unsere kurzfristigen Verpflichtungen regelmäßig mit hohen Summen refinanzieren zu müssen, was einer Stabilisierung der Position der UdSSR im internationalen Zahlungsverkehr gleichkäme.

1989

Anlage 6

Thesen zum Referat Michail Gorbatschows auf der XIX. Parteikonferenz (I)

Äußerungen über einen Gegenstand oder eine Tatsache werden nicht vollständig sein, wenn darüber nicht zwei gegensätzliche Urteile ausgesprochen werden. So dachte ein außergewöhnlicher Mann namens Hegel, dem die Dialektik viel verdankt – die marxistische Dialektik, wohlgemerkt, denn es gibt auch noch eine theologische, eine vulgäre und andere Arten von Dialektik, die eigene Aufgaben und Ziele stellen.

Kürzlich hatten wir Gelegenheit, ein Beispiel für gegensätzliches Herangehen an eine, wie uns schien, gemeinsame Sache zu beobachten. Jemand wollte uns sogar im Nachhinein einreden, es handle sich um einen Marschtritt in gleicher Formation. Erlauben Sie mir, dazu eine eigene Meinung zu haben und einige Gedanken offen darzulegen, ohne übermäßig zu dramatisieren oder zuzuspitzen.

»Aufrichtigkeit in der Politik, das heißt Aufrichtigkeit in einem Bereich der menschlichen Beziehungen, wo man es nicht mit dem Einzelnen, sondern mit *Millionen* zu tun hat«, stellte Lenin fest, »Aufrichtigkeit in der Politik heißt *Übereinstimmung zwischen Wort und Tat*, die jedermann nachprüfen kann.«[43] Das trifft besonders heute zu. Es ist eine unfehlbare Methode, um einzuschätzen, was gestern war. Es ist auch ein sicheres Kriterium, Genossen, um den künftigen Kurs zu bestimmen. Nicht nur den Kurs, sondern jeden konkreten Schritt.

Als wir die Revolution in der Revolution begonnen haben, war uns klar, dass uns eine höllische Arbeit bevorsteht. Alle, die der Perestroika bewusst und ehrlich die Treue schworen, haben damit ein Teilchen der Verantwortung für – ohne Übertreibung gesagt – historische Entscheidungen übernommen, haben kompromisslos ihre Wahl getroffen. Ja, in gewissem Sinne standen und stehen damit die moralischen, politischen und fachlichen Qualitäten jedes Parteimitgliedes auf dem Prüfstand. Wer taugt wie viel? Wo hat er seine Augen, vorn oder hinten? Wie weit öffnet er sein Herz für die Sorgen und Nöte seines Nächsten? Ist er in die Partei eingetreten, um dem Volke zu dienen, um Karriere zu machen oder, was noch schlimmer ist, rein egoistische Ziele zu verfolgen?

Es war von vornherein klar, dass nicht jeder genügend Überzeugung, Ausdauer und Charakter aufbringen wird, um den von der Realität vorgegebenen Weg bis zum Ende zu gehen. Sicherlich wird es auch in Zukunft nicht wenige geben, die sich von der Perestroika abwenden, wenn ihr persönlicher Komfort mit praktisch geübter sozialer Gerechtigkeit in Konflikt gerät. Noch lange werden wir es mit der tiefsitzenden Gewohnheit zu tun haben, in ausgefahrenen Gleisen zu bleiben, mit der üblen Methode, zu administrativen Hebeln zu greifen, wenn rechtliche Begründungen und Argumente knapp werden, in gewöhnlichen Kleinmut zu verfallen oder dem brennenden Wunsch nachzugeben, die Perestroika zurechtzustutzen und auf reinen Tapetenwechsel zu beschränken.

Nein, die Partei braucht keine halbe Perestroika, halbe Demokratie oder halbe Glasnost. Genauso, wie sie die halbe Wahrheit, halben Humanismus und halben Sozialismus nicht brauchen kann. Vielleicht gibt es Taube, die davon bisher nichts gehört haben. Sagen wir es ganz unverblümt: Keine noch so neue Technologie kann die üble Wirkung des Befehls als Leitungsmethode abschwächen. Diese Methode muss in der Wirtschaft, im sozialen Bereich, in der Tätigkeit der Sowjets und nicht zuletzt auch in der Partei ausgemerzt werden.

Unter keinen Umständen dürfen an die Stelle der alten Dogmen neue treten – modernisierte, aufgeputzte und glatt geschliffene, aber trotzdem Dogmen. Weder im Großen noch im Kleinen dürfen wir zulassen, dass Sozialismus und Demokratie in Gegensatz zueinander gebracht werden, wozu uns die Verfechter des goldenen Mittelweges verleiten wollen. Sie argumentieren, dann hätten wir wenigstens ein bisschen Sozialismus. Wenn wir aber zu riskant vorgingen, könnte Schlimmes geschehen.

Überlegen Sie: Unsere Gegner im Ausland prophezeien, dass aus der Perestroika nichts werden wird, wenn wir uns nicht vom Sozialismus lossagen. Unsere heimischen Skeptiker schmähen die Perestroika von der anderen Seite. Das Ergebnis ist ähnlich. Und im Grunde genommen, haben sie gar nicht so unrecht, wenn man davon ausgeht, dass es ohne große und kleine Kulte, ohne die allgemeine Schuldvermutung und die Missachtung des gesunden Menschenverstandes angeblich keinen Sozialismus geben kann.

Unter Kriegsbedingungen, als zuweilen jeder Entschluss besser war als gar kein Entschluss, als die Existenz unseres Landes an einem seidenen Faden hing und es ein »Muss« gab, dem nicht widersprochen werden konnte, war die zentralistische Führung das kleinere Übel. Aber diese erzwungene Herrschaftsmethode als unsere Lebensform – als den »realen Sozialismus« – einzuführen taugt zu gar nichts. Das bedeutet, den Marxismus-Leninismus zu bestehlen, ihn zu einer Art politischen Theaters herabzuwürdigen, deren es in unserem 20. Jahrhundert bereits im Überfluss gibt.

Oder ist der Sozialismus tatsächlich nicht imstande, die Menschen satt zu machen, ihnen Kleidung und Wohnung zu geben, für ihre Gesundheit zu sorgen und ihnen die beste Bildung angedeihen zu lassen? Sind die ersten Jahre nach der Oktoberrevolution, die Sowjetrussland in materieller, sozialer und geistiger Hinsicht eine wahre Umwälzung brachten, denn wirklich schon vergessen? Über Ressourcen verfügte die Republik der Sowjets kaum. Aber diese verschmolzen mit dem befreiten Geist und Willen des Volkes, mit seiner Intelligenz. Es ging los, und wie es losging!

Heute steht uns ein immenses, nahezu unbegrenztes Potential zur Verfügung. Bringen Sie den Geist mit der Materie zusammen, und Sie haben eine Basis, nicht schlechter als andere, aber besser als viele. So und nicht anders muss man die Frage stellen. Die Basis – das sind nicht nur unzählige Maschinen, Billionen Kilowattstunden Elektroenergie, Hunderte Millionen Tonnen Kohle, Erdöl und Stahl. Ihr Hauptbestandteil ist die Intelligenz der Nation, die die Materie befruchtet und in den Dienst des gesellschaftlichen Zieles stellt. Die Gegner der Perestroika sehen das nicht oder wollen es nicht begreifen.

Bei dem ganz jungen Marx finden Sie den trefflichen Gedanken: »Raubt der Sache diese gesellschaftliche Macht und ihr müsst sie Personen über die Personen geben.«[44] Erstaunlich knapp und weitblickend gesagt. Schaffen Sie dem Menschen die Bedingungen, die ihn zum Menschen machen, und es entsteht eine Persönlichkeit. Wer, frage ich, soll sich damit befassen, wenn nicht eine Partei, die auf ihre Fahnen geschrieben hat: Alles für den Menschen, alles für das Wohl des Menschen?

Der Weg ins Unerforschte verlangt Mut. Viel Mut – nicht nur für eine verwegene Attacke oder ein paar feurige Beschwörungen. Nicht jeden hat die Natur mit Geduld gesegnet, ohne die es nicht gelingt, ein solides Gebäude mit allem, was dazugehört – vom Fundament bis zum Dachfirst – zu errichten. Viele sind zu Konjunkturrittern geworden: alles schnell, schnell und irgendwie – für den Bericht zum nächsten Feiertag.

Sein statt Schein. Stets bis zum Wesen einer Sache vordringen. Nicht auf das Echo hören, sondern auf den Ton, der es erzeugt. Niemals den Menschen aus dem Auge verlieren – den lebendigen Menschen, nicht den durchschnittlichen für die Statistik. Die Zukunft wird so sein, wie wir sie gestalten. Wie wir es heute tun. Deshalb ist es so wichtig, dass wir uns darüber klarwerden, was unser Ideal ist.

Können wir uns mit den Errungenschaften der vergangenen Jahrzehnte zufrieden geben? Kümmert uns nicht der Preis, den wir dafür bezahlen mussten? Ist es unserer würdig, unbequemen und schwierigen Fragen auszuweichen, unsere Schande mit sogenannten historischen Reliquien zu bedecken? Der Sozialismus ist kein Reliquienschrein – Niedertracht und Verbrechen können mit keinerlei »höheren Erwägungen« gerechtfertigt werden. Es gibt in der Weltanschauung des Sozialismus nichts, das den Führerkult, das Abwerten der Rolle der Massen oder das Auslöschen der Individualität des Menschen erforderte. Wenn diese Erkenntnis für uns nicht zum politischen und moralischen Imperativ wird, dann sind wir vor Rückfällen in den Kult auch in Zukunft nicht gefeit.

Gegenwärtig vollzieht die sowjetische Gesellschaft die schwierigste Revolution: eine Revolution des Bewusstseins. Natürlich geht es nicht darum, für jede der gestern noch gängigen Thesen heute eine Antithese zu finden. Es geht um etwas ganz anderes: Wir müssen bei der Wissensvermittlung vom Postulat zum selbständigen Denken übergehen. Damit meine ich kein dogmatisches, sondern kreatives Denken. Das braucht Diskussion und Streit, auch Streit mit sich selbst.

Ob wir wollen oder nicht, werden wir anerkennen müssen, dass die Wahrheit unserer Lehre nicht in eingepaukten Formeln liegt, sondern im ständigen, unlösbaren Kontakt mit dem praktischen Leben, in der Fähigkeit und dem Wunsch, das Leben in seiner ganzen unerschöpflichen Vielfalt und in ewiger Bewegung zu erfassen, auf Veränderungen sensibel zu reagieren, um selbst nicht ins Abseits zu geraten.

Hat der XXVII. Parteitag uns auf alle denkbaren und undenkbaren Veränderungen eingestellt? Der Parteitag hat das Wichtigste getan. Er hat festgestellt, dass es nicht weitergehen kann wie bisher, und erklärt, warum. Der Parteitag hat die generelle Richtung gewiesen. Den Rest müssen wir weiterdenken, wenn wir die Energie der Pläne in die Energie der Taten umsetzen. Auch von der XIX. Parteikonferenz sind keine Wunder zu erwarten. Sie wird den Stein des Weisen nicht finden, der uns künftig aller Sorgen enthebt. Die Konferenz wird ihren Zweck erfüllen, wenn sie eine Zwischenbilanz der Perestroika zieht, die Spreu vom Weizen trennt und, gestützt auf die bisherigen

Erfahrungen, die Kräfte noch zweckmäßiger auf die entscheidenden Bereiche verteilt.

Wenn wir eine Konzeption haben – keine ausgeklügelte, abstrakte und amorphe, sondern eine in der Praxis erprobte und auf den vorhandenen Ressourcen fußende –, dann hängt alles von den Menschen ab. Das bedeutet aber, dass an jeden Einzelnen besonders hohe Anforderungen gestellt werden. Jeder trägt Verantwortung dafür, dass seine Anstrengungen sich organisch in die der ganzen Partei einfügen. Die Sprachen vieler Völker kennen die Weisheit, die so alt ist wie die Welt: Bergauf braucht es die Kraft von sieben Männern, bergab genügt der Stoß eines Einzelnen. Jedes Sektierertum halbiert nicht nur unsere Kraft. Es kann dazu führen, dass die ganze Sache ins Leere läuft.

Lassen Sie uns streiten. Keine einzige originelle Idee darf verlorengehen. Die Partei ruft Mitglieder und Parteilose auf: Nehmt die Perestroika selbst in die Hand, sprecht eure geheimsten Gedanken aus. Mit Sokrates sage ich: Sprich, damit ich dich erkenne. Und von mir füge ich hinzu: Sprich, damit ich von dir lerne. Aber sprich nicht um des Sprechens willen.

Wenn alles besprochen, berücksichtigt und beschlossen ist, dann handle. Und versuche nicht, bei der nächsten Gelegenheit die Notbremse zu ziehen, weil du das Gefühl hast, dass alles um dich herum in Bewegung geraten ist. Wie oft sind in der Vergangenheit gute Absichten in Geschwätz untergegangen, weil Rückversicherung über nüchternes Denken die Oberhand gewann. Das darf niemandem gestattet werden. Das Prinzip des demokratischen Zentralismus kennt keine Ausnahmen, darf sie nicht kennen. Wenn in der Partei nicht eine gewisse Disziplin einzieht, verliert sie sich selbst. Das trifft in vollem Maße auch auf die Leiter der Massenmedien zu. Oder, genauer gesagt, auf alle, die mit den Medien zu tun haben. Zeitungen, Rundfunk und Fernsehen haben eine ungeheure Macht erhalten. Sie beeinflussen ganz unmittelbar das Verhalten von Millionen Menschen, ihre Sicht auf die Vorgänge und ihre Vorstellungen von der Zukunft.

In der Anfangszeit der Perestroika haben unsere Medien eine aktive und nützliche Rolle gespielt. Natürlich ging es dabei nicht ohne Übertreibungen, Überspitzungen und die entsprechenden Folgen ab. Das ist unvermeidlich. Aber insgesamt erwies sich die Parteipresse auf der Höhe ihrer Aufgaben. Die Frage, die ich jetzt stelle, betrifft etwas anderes: Sind die sowjetischen Medien auf die Lösung der schwierigeren und umfassenderen Aufgabe vorbereitet – durch die Negation der Negation, durch Kritik und Selbstkritik sowie durch das Anprangern von Missständen den Leser, Hörer, Zuschauer und zugleich sich selbst nicht in einen Zustand der Verwirrung und Selbstzerstörung zu versetzen, sondern zu einer richtigen staatsbürgerlichen Position zu führen?

Eine Tatsache, schrieb Maxim Gorki, ist noch nicht die ganze Wahrheit. Sie ist lediglich der Stoff, aus dem die eigentliche Wahrheit erschmolzen, gewonnen werden muss. Das ist in knappster Form das Programm für unsere Presse. Sie soll helfen, hinter dem Einzelnen das Ganze zu erkennen und über dem Ganzen den Menschen nicht aus dem Auge zu verlieren. Übersetzt in die praktische Sprache der gegenwärtigen Etappe der Perestroika bedeutet das vor allem, mit größter Sorgfalt all das Neue zu sammeln, zu durchdenken und auszuwählen, das es verdient, verbreitet zu werden, das Unterstützung und Zuwendung der Öffentlichkeit benötigt, das – wie ein Neugeborenes – Wärme, Licht und Pflege braucht.

Völlig überflüssig ist es, für jede Initiative auf den Segen von oben zu warten. Unten weiß man oft besser, was notwendig ist. Dies zum Ersten. Zum Zweiten ist es häufig von Schaden, um eine lokale Erscheinung im ganzen Lande propangadistisches Getöse zu machen. Möglicherweise genügt es, einfach davon zu berichten. Der Kluge bemerkt es von selbst, und beim Nachlässigen hilft auch kein ZK-Beschluss. Zum Dritten liegt eine große Reserve in differenziertem Vorgehen. Die Riesenauflagen unserer Zeitungen und Zeitschriften, die unübersehbare Zahl der Fernsehzuschauer sind unsere Stärke, zugleich aber auch unsere Schwäche. Sollten wir nicht darüber nachdenken, ob es richtig ist, das Nachrichtenprogramm *Wremja* auf allen Kanälen zu senden? Oder wäre es von Vorteil, wenn mehrere Redaktionen unterschiedliche Varianten von Informationen erstellten – je nach den Bedürfnissen verschiedener Zuschauergruppen? Das ist keine Empfehlung und erst recht kein Befehl. Ich denke lediglich laut nach.

Pluralismus bei der Nachrichtengebung, in der Information überhaupt, bei der Widerspiegelung der verschiedenen Tendenzen in Kultur und Kunst ist kein Hindernis, sondern eine wesentliche Hilfe. Wenn aber mit einer »Diskussionsmeinung« faktisch eine Kampagne zur Umgruppierung der Kader nach einer ideologischen Plattform eingeleitet wird, die nur noch dem Namen nach etwas mit der Perestroika zu tun hat, dann ist das Opportunismus. Keine Neuverteilung der Kräfte, um die besten Ergebnisse zu erzielen, sondern ganz gewöhnlicher Gruppenkampf. Ich will ihn nicht prinzipienlos nennen. Er ist wahrscheinlich höchst prinzipiell, nur die Prinzipien sind nicht die, von denen wir uns seit dem Aprilplenum von 1985 leiten lassen und die auf dem XXVII. Parteitag gesiegt haben.

Der redaktionelle Artikel der *Prawda* hat die Haltung der Führung des ZK zum Wesen der Sache dargelegt. In ruhigem und abgewogenem Ton, ohne jede Hysterie ist dort das gesagt, was man der Partei, dem Volk, unseren Freunden und Gegnern im Ausland sagen musste. Angesichts der Unterstützung des Volkes für den Kurs der revolutionären Perestroika hat es keine Tragödie gegeben. Diese konnte es auch gar nicht geben. Aber seien wir ehrlich gegen uns selbst – dies war ein Signal. Zugleich war es ein Hinweis darauf, dass die Perestroika in die entscheidende Phase ihrer Abgrenzung von der Vergangenheit eintritt. Nicht mit Worten, die man unterschiedlich auslegen kann, sondern in der Tat, an der nicht mehr zu rütteln ist. In dieser Stunde der Wahrheit findet alles seinen Platz, fallen die Masken. Jeder beweist selbst, was er wert ist und wofür er steht.

V. F., 14. April 1988

Anlage 7

Thesen zum Referat Michail Gorbatschows auf der XIX. Parteikonferenz (II)

Als Anregung zwei Zitate aus Arbeiten von Friedrich Engels und Karl Marx:
»... Wenn die Naturwissenschaft bis Ende des letzten Jahrhunderts vorwiegend *sammelnde* Wissenschaft, Wissenschaft von fertigen Dingen war, so ist sie in unserem Jahrhundert wesentlich ordnende Wissenschaft, Wissenschaft von den Vorgängen, vom Ursprung und der Entwicklung dieser Dinge und vom Zusammenhang, der diese Naturvorgänge zu einem großen Ganzen verknüpft ... Was aber von der Natur gilt, die hiermit auch als ein geschichtlicher Entwicklungsprozess erkannt ist, das gilt auch von der Geschichte der Gesellschaft in allen ihren Zweigen ...«[45] Und Karl Marx stellte als ganz junger Mensch fest (1843): »Die Aufhebung der Religion als des *illusorischen* Glücks des Volkes ist die Forderung seines wirklichen Glücks. Die Forderung, die Illusionen über seinen Zustand aufzugeben, ist die *Forderung, einen Zustand aufzugeben, der der Illusionen bedarf.*«[46]

Mir scheint, hier kommt das Wesen unserer inneren und äußeren Probleme zum Ausdruck. In Bezug auf Engels allerdings mit einer Einschränkung: In einer bestimmten Etappe hat unsere Gesellschaft das systematische Vorgehen bei der Analyse der Prozesse aufgegeben und hat alles in einen Topf geworfen. Wir kamen zu den berüchtigten Bruttokennziffern, und endlose Gleichgültigkeit mit ihren unweigerlichen Folgen breitete sich aus: Das positive Ziel ging verloren, wirklich Wichtiges und Zweitrangiges gerieten durcheinander, das Gespür stumpfte ab

– nicht nur für den möglichen Vorteil, sondern auch für die reale Gefahr.

Im Grunde genommen, kamen der Außenpolitik der UdSSR in einer bestimmten Etappe die Geburtsmerkmale einer Gesellschaft von grundsätzlich neuem Typ mit eigenen Idealen abhanden, die sie von früheren Epochen qualitativ unterschieden. Allmählich gingen wir faktisch dazu über, die Militärtechnologien nachzuahmen, die im kapitalistischen Westen entstanden waren. Zugleich ließen wir uns in nicht geringem Maße auch von seiner Psychologie anstecken, von dem jeder Moral baren Glauben an Gewalt als dem letzten Argument im Streit. So wurde die Rolle der Volksmassen, unserer natürlichen Verbündeten, geschmälert. So verlor die Sowjetunion nach und nach das riesige moralische Kapital, das sie aufgrund ihres entscheidenden Beitrages zur Zerschlagung des Nazismus gewonnen hatte. Sie wurde auf den wichtigsten Gebieten der Entwicklung in die Defensive gedrängt.

Die Krise unserer Politik Ende der siebziger, Anfang der achtziger Jahre war in gewisser Weise gesetzmäßig. Dies war eine zutiefst utilitaristische und in vieler Hinsicht dogmatische Politik, die zu neun Zehnteln, wenn nicht noch mehr, auf die Zusammenarbeit mit den USA setzte und sich damit in Abhängigkeit von Washington begab. Weiter war dies eine Politik, deren Voluntarismus bis ins Extrem ging, denn sie ignorierte die Auswirkungen der Konfrontation, die für die sowjetische Gesellschaft als die wirtschaftlich weniger entwickelte und geographisch stärker angreifbare besonders belastend war, auf die Lebensbedingungen des Volkes und unsere soziale Entwicklung. Das war auch eine abenteuerliche Politik, denn sie ging nicht von den Realitäten, sondern von der Vorstellung aus, der Kapitalismus sei zum Untergang verurteilt und der Sozialismus werde unweigerlich triumphieren.

Die Erfahrungen von zweieinhalb Jahren Perestroika sind eindeutiger Beweis dafür, wie sehr wir uns in den vergangenen Jahren ohne sichtbare Notwendigkeit selbst die Flügel gestutzt haben, in welche Prüfungen wir uns hineinziehen ließen und welch zusätzlichen Gefahren wir uns ausgesetzt haben. Ohne etwas aufzugeben, ohne eigene Interessen oder Interessen unserer Freunde zu opfern, hat die KPdSU eine neue Revolution in der Vorstellung der Menschen von Krieg und Frieden vollbracht, als sie entschlossen eine qualitative Erneuerung des Denkens forderte, als sie dem Leninschen Dekret über den Frieden, das den Krieg zwischen den Staaten in Acht und Bann tat, wieder seine ursprüngliche Bedeutung beimaß. Die Partei stellte sich auf den Boden der harten Tatsachen, nur der Tatsachen und aller Tatsachen. Sie fragte vor allem sich selbst, was an unseren Vorstellungen wahrhaft und was falsch ist, was grundsätzlich mit dem Sozialismus in Einklang steht und was nur gegen jeden gesunden Menschenverstand mit ihm in Zusammenhang gebracht werden kann.

Wie wichtig die konkreten Initiativen und Vereinbarungen der letzten Jahre auch sein mögen, unsere wichtigste Errungenschaft besteht darin, dass das neue Denken, das die KPdSU vorgeschlagen hat und das die herangereiften Erfordernisse der Zivilisation zum Ausdruck bringt, die ganze Weltpolitik auf ein höheres Niveau gehoben, zu einer zeitgemäßen Qualität geführt und den Völkern eine positive Perspektive eröffnet hat. Die Menschen können nicht nur für den gestrigen oder den heutigen Tag leben. Ohne Zukunft degenerieren sie geistig, was letzten Endes zum Untergang jeder Gesellschaftsordnung führen muss.

Während es noch vor einigen Jahrzehnten darum ging, dass die Verhütung eines Krieges möglich, der Krieg also nicht mehr schicksalhaft unvermeidbar war, so lautet die Aufgabe heute anders: Die Verhütung des Krieges ist zur unabdingbaren Voraussetzung für die Erhaltung des Lebens auf der Erde, für die Existenz jedes Staates geworden – unabhängig von seinem politischen Regime und seinem Gesellschaftssystem. Sah mancher die friedliche Koexistenz noch gestern als bevorzugte Form des Klassenkampfes auf internationalem

Gebiet an, so ist sie heute die Voraussetzung für die Selbsterhaltung mit allen Folgen, die sich daraus ergeben.

Die KPdSU orientiert sich nicht nur auf die Verhütung eines Atomkrieges. Nein, der praktische oder auch nur angedrohte Einsatz jeglicher Waffen als Instrument nationaler Politik der Staaten ist verbrecherisch und unzulässig. Die Sicherheit zu gewährleisten, wird vorrangig zu einer politischen Aufgabe, woraus folgt, dass für Gewalt und Politik der Stärke jeglicher Art kein Platz mehr bleibt. Die Politik der Stärke muss nach unserer tiefen Überzeugung unwiederbringlich der Vergangenheit angehören. Mit ihr muss auch die Rangordnung in der internationalen Gemeinschaft, vor allem aber die Einteilung der Nationen in privilegierte und ausgestoßene, in führende und geführte verschwinden. Formale Gleichheit muss wirklicher Gleichberechtigung Platz machen. Nur dann wird Konflikten der Boden entzogen werden und gute Nachbarschaft nicht nur ein schöner Traum sein.

Der erste radikale Schritt zu einer Zivilisation ohne Krieg und Gewalt ist tiefgreifende und umfassende Abrüstung. Die Sowjetunion hat vorgeschlagen, die Atomwaffen spätestens bis zum Jahre 2000 zu vernichten. Dann könnte die Menschheit ins 21. Jahrhundert eintreten – befreit von der bedrückenden Gefahr, die diese Waffen schaffen, wo sie auch stehen und wie viele es auch sein mögen. Parallel dazu setzen wir uns gemeinsam mit einigen sozialistischen Ländern für eine solche strukturelle Veränderung und Reduzierung der konventionellen Streitkräfte ein, dass Aggressionskriege und damit Kriege überhaupt materiell unmöglich werden. Der Abbau der militärischen Aktivitäten der Staaten könnte sicher die einzige Quelle erschließen, aus der die Mittel kommen, um unseren Planeten vor einer ökologischen Katastrophe zu bewahren und einige Völker der »Dritten Welt« aus ihren unmenschlichen Lebensumständen zu befreien.

Die Partei kann zu Recht gewisse Befriedigung über den enormen Widerhall empfinden, den ihr Programm zur Errichtung einer gewaltfreien, humanen Welt gefunden hat. Die Unterstützung und Zustimmung zu Ideen, die ein lichteres Kapitel der Menschheitsgeschichte einleiten können, sind ein Beweis dafür, welch riesiges Potenzial an gutem Willen in der Weltgemeinschaft vorhanden ist.

Richtig ist aber auch etwas anderes. Das Alte gibt dem Neuen den Weg nicht kampflos frei. Die Politik der Vernunft wird die Politik der Stärke nicht durch das gute Beispiel oder den Appell an das Gewissen überzeugen. Es muss ein Klima geschaffen werden, in dem die Folgen der Politik der Stärke für deren Anhänger schwerwiegender wären als Zugeständnisse an den gesunden Menschenverstand. Wir müssen die Apostel der Gewalt aus ihren Löchern holen, ihnen die tarnenden Hüllen herunterreißen und zeigen, dass der Militarismus der Gesellschaft die Lebenssäfte aussaugt, um sich selbst und seinesgleichen immer wieder zu reproduzieren. Mehr als alles andere fürchtet der Militarismus das helle Licht der Öffentlichkeit. Sein Nährboden sind Misstrauen, Spannungen, Reibungen, nicht Wissen, sondern Mythen.

Auf dem XXVII. Parteitag, davor und danach hat die Partei die Ziele und Methoden ihrer Außenpolitik vor der ganzen Welt offengelegt. Jeder Mensch kann an unseren Taten prüfen, wie ehrlich unsere Absichten sind. Dabei hängt natürlich nicht alles von der sowjetischen Seite ab. Auch in Zukunft wird vieles ohne ein entsprechendes Entgegenkommen der USA und ihrer Verbündeten physisch nicht möglich sein. Aber von heute an kann oder sollte jeder wissen: Umfang und Niveau der Abrüstung hängen voll und ganz vom Westen ab; Tiefe und Art der Rüstungskontrolle werden allein von der Position der USA und ihrer Weggefährten begrenzt, die Zeiträume, in denen die radikalsten Programme zur Zügelung der Kriegsgefahr realisiert werden können, hängen ebenfalls von den imperialistischen Mächten ab. Die UdSSR und ihre Freunde sind bereit, praktisch zur vollständigen Vernichtung der Militärpotenziale der Staaten bei strengster Kontrolle dieses Prozesses überzugehen und unverzüglich mit der Entmilitarisierung der internationalen Beziehungen zu beginnen.

Das ist die sowjetische Konzeption für die Entwicklung der Welt bis zum Ende unseres Jahrhunderts. Es ist sicher nicht übertrieben zu sagen, dass sich die politische, propagandistische und moralische Auseinandersetzung im überschaubaren Zeitraum auf diese Konzeption konzentrieren wird. Denn es geht um das Überleben der Menschheit, es geht darum, zu garantieren, dass sie ihr drittes Jahrtausend, das so nahe ist, lebensfähig erreicht.

V. F., 3. Mai 1988

Anlage 8

Mathias Rust: Gedankenspiele, meine Verhaftung betreffend

Die Verhaftung ging eigentlich ziemlich zwanglos über die Bühne. Wie aus dem Nichts waren drei Männer verschiedenen Alters neben mir am Flugzeug aufgetaucht.

Der jüngste stellte sich mir als Dolmetscher vor, wer die beiden anderen waren, bekam ich nicht zu wissen. Das Erste, was man von mir wissen wollte, war, ob sich möglicherweise Waffen an Bord der Cessna befinden würden. Um hier auf Nummer Sicher gehen zu können, bat man mich, die Wolldecke, mit der ich die Ladefläche des Fliegers abgedeckt hatte, zurückzuziehen.

Als hiernach offenkundig wurde, dass sich keine Waffen oder waffenartige Gegenstände unter der Abdeckung befanden, spiegelte sich eine nicht zu übersehende Erleichterung in den Augen der mysteriösen Herren in Zivil wider.

Trotz dieser äußerst prekären Situation war die Atmosphäre außergewöhnlich entspannt. Vonseiten der Offiziellen schien man unverkrampft und unvoreingenommen an die Sache heranzugehen. Im überfüllten Wolga ging es dann, nachdem ich die Schlüssel des Flugzeugs an den jüngeren der beiden Herren aushändigen musste, zu einer nahe gelegenen Polizeistation.

Die Stimmung im Wagen war mehr als nur heiter. So locker und entspannt hätte ich mir die Sowjets nie träumen lassen. Ich war angenehm überrascht und zugleich von der wohlwollenden Stimmung überwältigt, sodass ich gar nicht begriff, dass ich mich bereits auf dem Weg zum Gefängnis befand.

Der Zwischenstopp in der Polizeistation war nur von kurzer Dauer, aber auch hier begegnete ich nur Sympathie, von Hass und Abneigung keine Spur, niemand schien sich durch meine gesetzwidrige Anreise gekränkt oder gar angegriffen zu fühlen. Das Ganze wirkte beinahe unrealistisch, wie von einer anderen Welt, könnte man beinahe sagen.

Angesichts der damals allgegenwärtigen Ost-West-Konfrontation hätte diese Art der Begegnung eigentlich feindseliger, zumindest aber frostiger ablaufen müssen.

Selbst als ich später die ganze Nacht hindurch im Lefortowo-Gefängnis vernommen wurde, verspürte ich zu keiner Zeit so etwas wie Angst, obwohl bereits abzusehen war, dass einige Zeit vergehen würde, bis man mir meine friedliche Motivation abnehmen würde, angesichts des ins Blut übergegangenen Misstrauens. Drei Wochen sollten vergehen, bis mir der KGB endlich vollkommen Glauben schenkte.

Am 24. Juni 1987 wurde ich zu meinen Untersuchungsrichtern gerufen und bekam mitgeteilt, dass man die Hauptuntersuchung zum Abschluss gebracht hätte und, da man nichts meinen Aussagen Widersprechendes gefunden hatte, auch nicht weiter annehmen musste, dass sich hinter meinem Flug provokative Absichten, geschweige denn Drahtzieher verbergen würden.

An diesem Tag wurde das Regime erheblich gelockert, so wurde zum Beispiel die Spazierzeit, die für einen Inhaftierten von unbeschreiblicher Bedeutung ist, um zwei auf drei Stunden verlängert. Gleichzeitig wurde mir gestattet, im dafür nicht vorgesehenen Garten der Anstalt zu spazieren, wodurch die Wandelzelle auf dem Dach des Isolators der Vergangenheit angehörte. Ebenso wurde mir doppeltes Bettzeug sowie eine erheblich bessere Kost zugestanden.

Der Leiter des Untersuchungsgefängnisses ließ mir wenig später ein frisches Weißbrot als Geste der Freundschaft überbringen. Am Abend des 24. Juni sagte mir dieser, dass er mich ab sofort als Freund der UdSSR betrachten würde.

Obwohl mich die einschlägigen Veränderungen in einen Freudentaumel stürzten, kann ich dennoch nicht behaupten, dass die Wende aus heiterem Himmel kam, denn bei den beinahe täglichen Vernehmungen war nicht zu verkennen gewesen, dass die Grundbereitschaft, mir zu glauben, schon von Anfang an vorhanden gewesen war, nur das dem Menschen eigen gewordene Misstrauen eine sofortige Umsetzung unmöglich gemacht hatte.

Der 24. Juni 1987 war für mich persönlich der wohl schönste Tag meiner 432-tägigen Inhaftierung. Dieser Tag hatte nicht nur das freudige Ereignis der Anerkennung mit sich gebracht, sondern auch dazu geführt, dass die anderen Beteiligten in eine Art neue Welt, in eine Welt ohne Misstrauen und Zweifel transzendiert wurden. Ich bin davon überzeugt, dass, wenn man diese »reine Sache« nicht politisch missbraucht hätte, durchaus geeignet gewesen wäre, aktiv zur Reform der Sowjetunion beizutragen!

Fazit: Die untersuchenden Beamten des Komitees für Staatssicherheit waren mir von Anfang an freundlich gesinnt, sie haben nichts unternommen, was sich unter Umständen hätte nachteilig für mich auswirken können, ganz im Gegenteil waren sie stets bemüht, mich bei guter Laune zu halten, und teilten aufrichtig meine Empörung über die haarsträubende Berichterstattung in den westeuropäischen Staaten, allen voran der Bundesrepublik.

Diese Kernaussage steht somit im krassen Gegensatz zu der bis dahin üblichen Vorgehensweise des KGB.

Warum in meinem Fall erstmalig von der üblichen Gangart abgewichen wurde, sei dahingestellt!

16. Oktober 1996

Anlage 9

Geheim
An das ZK der KPdSU
Zur Absicht der polnischen Seite, sterbliche Überreste aus den Massengräbern polnischer Offiziere in Katyn (Gebiet Smolensk) symbolisch nach Warschau zu überführen

In den Massenmedien der Volksrepublik Polen ist eine Meldung erschienen, dass die Absicht besteht, sterbliche Überreste (eine Urne mit Erde) vom Begräbnisort der polnischen Offiziere in Katyn symbolisch nach Warschau zu überführen. Es wurde bekanntgegeben, dass eine Delegation des Rates zum Schutze der Denkmäler des Kampfes und des Märtyrertums unter Leitung seines Vorsitzenden, General R. Paszkowski, im März eine Reise dorthin plant.

Die sterblichen Überreste sollen im April, der in Polen traditionell als Monat des nationalen Gedenkens begangen wird, symbolisch auf dem Warschauer Zentralfriedhof beigesetzt werden. Dabei wird die Inschrift des 1983 auf dem Friedhof errichteten Gedenksteins »Den polnischen Soldaten – Opfern des Hitlerfaschismus, die in der Erde von Katyn ruhen« entsprechend verändert werden.

Im Zusammenhang mit dem bevorstehenden 50. Jahrestag des Kriegsausbruchs in Europa werden in der polnischen Öffentlichkeit einige komplizierte Fragen der Geschichte des Krieges debattiert. Dabei hat die Katyn-Frage besondere Brisanz erhalten. Die überwiegende Mehrheit der Polen ist überzeugt, dass der Tod der polnischen Offiziere Stalin und Berija anzulasten ist, und dass sich das Verbrechen im Frühjahr 1940 ereignet hat. Nach unserer offiziellen Version, die 1944 verkündet wurde, haben die Hitlerfaschisten diese Offiziere 1941 erschossen.

Der Fall Katyn erregt die polnische Öffentlichkeit. Er wird von der Opposition, die das Vertrauen zu Jaruzelskis Kurs der engen Beziehungen zur UdSSR untergraben will, aktiv genutzt.

Ursprünglich war vorgesehen, dass die Kommission von Wissenschaftlern der UdSSR und der Volksrepublik Polen für Fragen der Beziehungen zwischen beiden Ländern, die nach einer Vereinbarung auf höchster Ebene für die Lösung solch schwieriger Probleme gebildet wurde, zum Fall Katyn eine abgestimmte Position ausarbeitet. Jedoch ist die Kommission seit einundhalb Jahren nicht einmal in der Lage, mit der Erörterung des Themas zu beginnen, weil ihr sowjetischer Teil weder bevollmächtigt ist, unsere offizielle Version in Frage zu stellen, noch über neue Materialien verfügt, die diese bekräftigen könnten. Inzwischen hat der polnische Teil der Kommission Beweise dafür vorgelegt, dass die Argumentation des im Jahre 1944 veröffentlichten Berichtes der Sonderkommission N. Burdenkos unhaltbar ist.

Vor einem Jahr ist dem sowjetischen Teil der Kommission ein »Geheimbericht über die Teilnahme des Polnischen Roten Kreuzes an der Exhumierung der Massengräber in Katyn bei Smolensk von April bis Juni 1943« übergeben worden. Dieser Bericht führt zu dem Schluss, dass das NKWD die Schuld an der Liquidierung der polnischen Offiziere trägt. Ohne unsere offizielle Reaktion abzuwarten, haben die polnischen Genossen diesen Bericht jetzt in ihrer Presse veröffentlicht.

Die Führung der Volksrepublik Polen manövriert, um die eigene Öffentlichkeit irgendwie zufrieden zu stellen und zugleich Vorwürfe zu vermeiden, sie verhalte sich gegenüber der sowjetischen Seite nicht loyal. Das Vorhaben, sterbliche Überreste aus Katyn zu überführen, ist in diesem Zusammenhang zu sehen.

Falls die polnischen Genossen den Antrag stellen, sterbliche Überreste aus Katyn symbolisch nach Warschau zu überführen, hielten wir es für zweckmäßig, das Smolensker Gebietskomitee der KPdSU anzuweisen, die Delegation aus der Volksrepublik Polen entsprechend zu empfangen und ihr die notwendige Unterstützung zu gewähren.

Das Problem insgesamt ist damit nicht vom Tisch. Sollte sich die innenpolitische Lage in Polen weiter zuspitzen, könnte der Fall Katyn zum Vorwand genommen werden, um alte Rechnungen zu begleichen. In diesem Zusammenhang verdient auch die Tatsache Beachtung, dass die polnische Presse immer nachdrücklicher Aufklärung über das Schicksal weiterer 8000 polnischer Offiziere fordert, die in den Lagern Koselsk, Starobelsk und Ostaschkowo interniert waren, und deren Spuren sich nach polnischen Angaben in der Gegend von Dergatsch (bei Charkow) und Bologoje verlieren. Wir bitten um Zustimmung.

V. Falin
Leiter der Internationalen Abteilung des ZK der KPdSU

6. März 1989

Anlage 10

An M. S. [Gorbatschow]

[Zum geplanten Treffen mit Helmut Kohl]

Anatoli Tschernjajew hat Ihnen übermittelt, worum es geht. Ohne uns wiederholen zu wollen, halten wir es für notwendig, Sie auf folgendes aufmerksam zu machen:

1. Von allen Staaten Mittel- und Osteuropas hat die DDR für die Sowjetunion die größte Bedeutung. Wenn in Polen, der Tschechoslowakei oder Ungarn Positionen des Sozialismus aufgegeben werden, bedeutet das für uns noch keine qualitative Verschlechterung der Gesamtsituation. Mit der DDR verhält es sich anders, denn sie ist nicht in erster Linie der Vorposten des Sozialismus, wie es bei uns Mode war, sich auszudrücken, sondern vielmehr eine Verteidigungslinie, die die Gefahren für die nationale Sicherheit der UdSSR, die von der amerikanischen Militärpolitik ausgehen, nivelliert. Und das nicht nur im europäischen Bereich.

2. Die Deutschlandfrage – gleichsam eine Hydra mit vielen Köpfen – erhält wieder einmal eine Schlüsselstellung in unserer Außenpolitik. Das versteht man in Washington, London und Paris sehr gut. Welche Gefühle dort das vereinigte Deutschland auch immer auslösen mag, die drei Mächte werden letzten Endes nicht der Verlockung widerstehen können, »die Sowjetunion in die Grenzen von 1941 zurückzudrängen«. Besonders, wenn auch noch die Gelegenheit winkt, die NATO unangetastet zu lassen (das heißt, bei der Schaffung des einheitlichen Staates das Territorium der heutigen BRD weiter für den Nordatlantikpakt zu nutzen, während das Gebiet der DDR militärisch neutralisiert wird).

3. Die Anzeichen dafür, dass die USA, England und Frankreich ihre anfänglichen Einwände gegen eine Zerstörung der europäischen Realitäten aufgeben, sind eindeutig. Man diskutiert bereits über die Bedingungen, zu denen die »legitimen Bestrebungen der Deutschen« befriedigt werden sollen. Alle diese Bedingungen haben eines gemeinsam – sie ignorieren die strategischen Interessen der UdSSR. Der Konsens, den wir bei den kürzlichen Treffen mit Bush, Mitterrand und Thatcher gefunden zu haben glaubten, wird also ausgehöhlt.

4. Die BRD verhält sich verantwortungslos – sowohl, was die Regierung, als auch, was die Parteien betrifft. Schritt für Schritt wird zielstrebig der Boden dafür bereitet, die DDR einzuverleiben und eine Situation zu schaffen, in der uns selbst der einseitige Abzug der sowjetischen Truppen aus Deutschland als die »optimale Lösung« erscheint. Angesichts des militärischen Stellenwerts, den das Gebiet Westdeutschlands für die USA und die ganze NATO hat, gehen die drei Mächte faktisch bereits am Gängelband Bonns, oder werden es in Kürze tun.

5. Wir könnten dem vorgreifen und solche Vorschläge für die Vereinigung Deutschlands vorlegen, die für die Deutschen in der DDR und der BRD sehr attraktiv sind, gegen die die drei Mächte und Bonn, wenn sie die Prinzipien der Gleichheit und gleichen Sicherheit einhalten, schlecht etwas einwenden können (Errichtung eines neutralen, demokratischen, im Grunde genommen, entmilitarisierten Deutschlands). Vielleicht sollten wir das auch tun, wenn der Westen seine Versuche nicht aufgibt, uns in die Zange zu nehmen. In diesem Falle könnte es notwendig werden, den Sozialdemokratismus in der DDR zu fördern, denn im Unterschied zur CDU ist den Sozialdemokraten eine deutsche Neutralität nicht fremd.

6. Zeit zum Nachdenken bleibt nicht viel. Einer Entscheidung müsste allerdings vorausgehen, dass mit Helmut Kohl Klartext gesprochen wird. Entweder er geht uns gegenüber klare Verpflichtungen ein und beendet sein Doppelspiel, oder wir nehmen ihm das Banner fort, mit dem er die Bundestags-

wahlen im Dezember (1990) gewinnen will. Für ein solches Gespräch wäre ein Arbeitstreffen am geeignetsten. Kohl ist dazu bereit, ahnt aber sicher kaum, was ihn dort erwartet.

V. F., März 1990

Endnoten

1 Der vollständige Text der Thesen zur Behandlung des Stalinismus im Plenum des ZK in Anlage 1.
2 Valentin Pawlow, *Upuschtschen li schans? – Ist die Chance verspielt?* Moskau 1995, S. 38, 70–72
3 Valentin Pawlow, op. cit., S. 43, 48, 50
4 V. Pawlow, op. cit., S. 41
5 V. Pawlow, op. cit., S. 135
6 V. Pawlow, op. cit., S. 136
7 Karl Marx, *Ökonomische Manuskripte 1857/58: Das Kapitel vom Geld.* In: Marx/Engels, Gesamtausgabe, II, 1.1, S. 90
8 Nina Andrejewa, eine Pädagogin aus Leningrad, schrieb einen Kommentar – »Ich kann meine Prinzipien nicht aufgeben!« Sie setzte sich für die Beibehaltung der stalinistischen Ideologie und seiner Organisation der Macht ein. Die Öffentlichkeit war davon überzeugt, dass hinter diesem Vorgang Ligatschow steckte.
9 Valentin Pawlow *Auf dem Dorfe*. 1. August 1869
10 Valentin Pawlow / A. M. Alexandrow-Agentow, *Ot Kollontai do Gorbatschowa – Von der Kollontai bis zu Gorbatschow*, Moskau 1994, S. 290–291. – Hervorhebung vom Verfasser. Die Erinnerungen erschienen erst nach dem Tod ihres Verfassers.
11 Das Erscheinen einer sehr missratenen Formulierung des Bundeskanzlers in der amerikanischen Presse, in der er Michail Gorbatschow mit Goebbels verglich, erregte in Moskau großen Unwillen; eine Zeitlang waren persönliche Kontakte zwischen dem Regierungschef der Bundesrepublik und dem ersten Mann der Sowjetunion in Frage gestellt.
12 In einem kurzen Begleitschreiben an Michail Gorbatschow waren einige Schlüsselpunkte der Entwicklung in Deutschland und Zentraleuropa herausgearbeitet. Anlage 10.
13 Der Generalsekretär hat die Mitschrift nicht autorisiert. Mit ihr wurde nur Alexander Jakowlew bekannt gemacht. Ich musste mir auf halblegalem Wege Einblick in sie verschaffen.

14 Michail Gorbatschow informierte Hans Modrow über den Inhalt des Meinungsaustausches mit Helmut Kohl am 12. Februar 1990. Es gab keine sachlichen Konsultationen mit der DDR-Regierung vor dem Treffen in Moskau mit Helmut Kohl.
15 Vgl. Hans-Dietrich Genscher, *Erinnerungen*, Berlin 1995, S. 716–718
16 Vgl. H.-D. Genscher, op. cit., S. 728
17 Marlin Fitzwater war unter Präsident Bush Sprecher des Weißen Hauses.
18 Michail Gorbatschow, *Erinnerungen*, Berlin 1995, S. 722
19 H.-D. Genscher, op. cit., S. 804
20 H.-D. Genscher, op. cit., S. 776 f., 782
21 H.-D. Genscher, op. cit., S. 777
22 Vgl. H.-D. Genscher, op. cit., S. 805–818
23 Ebenda, S. 829
24 Vgl. H.-D. Genscher, op. cit., S. 757
25 Margaret Thatcher zu Hans-Dietrich Genscher am 30. März 1990.
26 H.-D. Genscher, op. cit., S. 837
27 Nikolaj Jeschow, Innenminister zur Zeit der großen Säuberungen unter Stalin von 1935 bis 1939. »Jeschowschtschina« wurde zum Inbegriff von Grausamkeit.
28 Unter Gorbatschow Chefideologe der KPdSU und Mitglied des Politbüros.
29 Die Matrosenrevolte in Kronstadt (Festung in der Nähe von Petrograd) und der Bauernaufstand im Raum von Tambow waren vor allem gegen die willkürliche ökonomische und soziale Politik des Kriegskommunismus gerichtet.
30 Im Ferganatal kam es 1987 zu nationalistischen Ausbrüchen, deren Opfer vor allem Turk-Mescheten waren, die während des Zweiten Weltkriegs vom Kaukasus nach Zentralasien verbannt und in Usbekistan angesiedelt worden waren.
31 W. I. Lenin, Werke, Bd. 33, Berlin 1962, S. 96
32 W. I. Lenin, Werke, Bd. 33, Berlin 1962, S. 94
33 Rapp – Russische Assoziation proletarischer Schriftsteller, bestand von 1925 bis 1932 – der Übers.
34 W. I. Lenin, Werke, Bd. 32, Berlin 1961, S. 338
35 W. I. Lenin, Werke, Bd. 32, Berlin 1961, S. 364
36 Ebenda, S. 357–358

37 W. I. Lenin, Werke, Bd. 33, Berlin 1962, S. 453
38 Marx/Engels, Werke, Bd. 25, Berlin 1986, S. 799–800
39 In Schweden und Finnland, wo die Werktätigen nach unseren Vorstellungen astronomische Einkommen haben und ihnen jede Art Bildung und medizinische Versorgung offen steht, existieren auf keinen Fall weniger Merkmale des Sozialismus als in unserem Lande.
40 In Finnland kostete im Winter 1988 ein Kilo Bananen 38 Kopeken, bei uns zwei Rubel, wie ein Kilogramm Rindfleisch. Außerdem gab es keine!
41 1988 explodierte auf dem Güterbahnhof in der Nähe einer streng geheimen nuklearen Forschungsstätte der Sowjetunion ein mit TNT beladener Waggon.
42 »Nur durch die Schwankungen der Konkurrenz und damit der Warenpreise setzt sich das Wertgesetz der Warenproduktion durch, wird die Bestimmung des Warenwerts durch die gesellschaftlich notwendige Arbeitszeit eine Wirklichkeit« (Marx/Engels, Werke, Bd. 21, Berlin 1981, S. 183). »Das Wertgesetz erscheint als das Gesetz der Preise« (Lenin) und nicht als die Gesetzlosigkeit des Staatlichen Komitees für Preise und seiner Filialen, die die Wirtschaftszweige beherrschen.
43 W. I. Lenin: Über wen lacht ihr? Über euch selbst! In: Lenin, Werke, Bd. 24, S. 580
44 Karl Marx: *Ökonomische Manuskripte 1857/58: Das Kapitel vom Geld.* In: Marx/Engels, Gesamtausgabe, II, 1.1, S. 90
45 Friedrich Engels: *Ludwig Feuerbach und der Ausgang der klassischen deutschen Philosophie.* In: Marx/Engels, Werke, Bd. 21, S. 294, 295–296
46 Karl Marx: *Zur Kritik der hegelschen Rechtsphilosophie.* In: Marx/Engels, Werke, Bd. 1, S. 379

eb edition berolina

Putins Lehrjahre in Dresden

Wladimir Usolzew
Mein Kollege Putin

Wenig ist bekannt über Wladimir Putins KGB-Tätigkeit im Dresden der 1980er Jahre. Wladimir Usolzew arbeitete Seite an Seite mit dem heutigen russischen Präsidenten und schildert authentisch aus der Innensicht den Alltag der Aufklärer in der Elbmetropole.

208 Seiten, 12,5 x 21 cm, Broschur;

ISBN 978-3-86789-829-4 | **9,99 €**

Bestellen Sie jetzt unter:
Tel. 01805/30 99 99 · Fax 01805/35 35 42*
oder unter www.buchredaktion.de

*(0,14 €/min Mobil max. 0,42 €/min)

eb edition berolina

Bereits in 5. Auflage

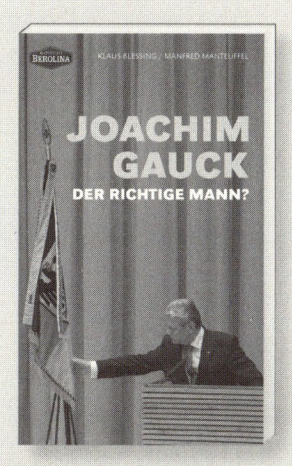

Klaus Blessing · Manfred Manteuffel
Joachim Gauck. Der richtige Mann?

Wie viele dunkle Schatten hat Gauck auf seiner angeblich weißen Weste? Brisanter Inhalt, kundig recherchiert, packend formuliert! Eine kritische Auseinandersetzung.

192 Seiten, 12 x 19 cm, Broschur;
mit Fotos und Dokumenten
ISBN 978-3-86789-803-4 | 9,99 €

Bestellen Sie jetzt unter:
Tel. 01805/30 99 99 · Fax 01805/35 35 42*
oder unter www.buchredaktion.de

*(0,14 €/min Mobil max. 0,42 €/min)

eb edition berolina

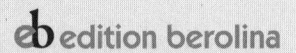

Wie wurde die Sowjetunion zur Atommacht?

Rainer Karlsch / Zbynek Zeman
Urangeheimnisse

Die Autoren haben für ihre politische Geschichte des Uranbergbaus im Erzgebirge erstmals Quellen aus internationalen Archiven ausgewertet und dokumentieren wie die UdSSR ihre »Uranlücke« zu schließen vermochte.

320 Seiten, 15,5 x 23,5 cm, Broschur;

ISBN 978-3-86789-833-1 | 9,99 €

Bestellen Sie jetzt unter:
Tel. 01805/30 99 99 · Fax 01805/35 35 42*
oder unter www.buchredaktion.de

*(0,14 €/min Mobil max. 0,42 €/min)